神经认知与教师教育

燕 燕 著

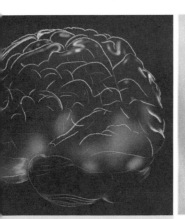

上海三联书店

献给爱人　栾文清

我的成绩是用他的肉身做成

自　序

　　2002年,我心无眷顾地辞去待遇优厚的事业单位,前往南京大学教育系攻读全日制硕士学位。百年名校,文史集蕴,理工驰名,名流穿梭,自然令人心生向往、神思飞动。汉口路的校园虽然坐落在车马人喧的鼓楼闹市区,然而一进校园,翠树浓荫,小径进深。径旁低层小楼,次第展开,与翠柏高下相间,又与较高楼房翻空错致。抬梁式屋顶给人古典的美,翘角的屋檐又有卷舒、凌飞之势。这些建筑的靛蓝琉璃瓦的蓝,红色墙砖的红,黑色屋顶的黑与碧绿松柏的绿叠交相错,更有一株半株的红夹在其间,宛如横幅长卷,又如数十里长的屏风。置身园内,缓步其中,给人古老、素朴、清奇、幽沉感。这种感觉在夜晚漫步时尤为浓重,即便此园并非五星精坠之地,风栖梧桐之所,却也郁然入怀,尘心归明。这可能就是校园人文之意味吧。人与文并生即人文;文因人而立即文明。校园如此性灵、秀雅,那开卷养正的教授们的讲授想必也能够动神启思,以发新见。

　　然而,置身教育学课堂,虽然竹帛立名的教授们襟怀笔墨,又至诚于课程,但我却是"一双迷茫的眼"。这是一位教授在他的课堂上公开点评我的课堂态度。我的确是"一双迷茫的眼"。因为我不知道这些知识于教育、教学的实践智慧的作用是什么，如果我们的所学必须是为了将来的所用。更令人匪夷所思的是，这些所谓的教育学原理性的知识除了空洞的言辞，乏力的文字，以及可随心所欲地造说的经验性之外，我看不到它们还有什么可用的价值。教育学课堂给我的教训是教育学的原理性知识，以及对教育学乃至高等教育学的理解，绝不是这些知识，也绝不在这样的课堂内。真正理解教育以及作为学科专业的教育学，我只能在教育学学科知识之外的领域里去寻找。当时的我根本不知道实证科学与教育学的关系，而是沉迷于历史、科学史、哲学、社会学、宗教以及诗歌等书籍。从专业角度来看，不可避免地，我成为老师们眼中"不务正业"的学生。但从个人发展来看，正是"不务正业"的"杂粮"育脑，却让天赋的亲哲学性分渐渐启开，虽然我自己对此一无所知，只是每每阅读哲思类的书籍让我倍感心亲与喜悦。

2008 年至 2011 年，我于吉林大学哲学院攻读全日制博士学位。我报考的专业是心理学，可出于天师的造化，命笔抒怀的却是哲学论文，即《梅洛－庞蒂具身性现象学研究》。而这得益于冰岛大学人文学院终身教授 Mikael Karlsson 老师以及吉林大学哲学院李为教授的双师指导。现象学知识论批判的具身认知观也为我重新理解教育、教学的原理性知识提供了新径。也是在吉林大学博士学习阶段即将完成时，我了解到教育学在欧美已经被认知神经实证化。2013 年受汉学家艾兰(Sarah Allan)教授的邀请，我于达特茅斯学院(Dartmouth College)的"亚洲以及中东语文系"访学。其间，并承波士顿大学终身教授 Steven T. Katz 教诲。在艾兰教授的推荐下，我旁听了哲学、教育学以及人类学的课程。虽然，我对美国实证化教育学模式早有耳闻，但置身于教育学的课堂，目视耳闻的全都是听、说、读、写、思维、想象、记忆、推理的脑皮层、神经机制与学习、教育原理,以及神经失能与阅读、认知障碍的相因关系,我仍然被深深地震撼。

唐娜·蔻奇(Donna Coch)教授带给课堂的不仅仅是具身认知的实证研究,以及对前沿知识的动态跟进,更为重要的是,她以及其他教授也在课堂内外实践着具身认知的原理。譬如,每次学习新的知识点后,下一次的课堂必然是课堂测验。再譬如,经过一段时间的课堂理论知识学习后,学生们必须到附近的小学或中学实践教学理论,并于课堂汇报见习经历。而在蔻奇教授的课堂上,知识的学习也是伴随着讲授而发生的分组讨论、个人提问、问题提引、主题讨论等方式进行的。具身认知观的教学理念以及视、听、言、动的具身认知学习方式被相乘相因地结合起来。这就为建构具身认知教育学原理凿开了户牖。不知多少次,有师生问我:究竟该怎样理解认知神经科学与教育学的关系? 我想最简单的回答是:认知神经科学让身体塑造并体现知识的不可见性可见化了。它也必将指导教学以身体塑造并体现知识的方式去开展。

这也是蔻奇教授的教育学课堂完全颠覆了我对教育学的成见的原因。教育学应该是这种原理意义上的学科知识:它知会我们认知的发生机制是怎样的;我们为什么能够获得知识与技能;知识是怎样习得的;为什么特殊儿童认知困难;该怎样帮助他们认知;阶段性的教学原则的依据是什么;我们的大脑既是道德的,又是数学的;既是阅读的,又是音乐的等。前来教育学系接受教育学知识与技能训练的学生,不分学科背景,但具有一个共同的目标:都是为日后具备从事小学、中学的教学资格做准备。他们将把所学的教育、教学知识运用到日后的教学指导中。换言之,教育学系的课程设置是面向未来教师的教师教育教育学。

自 2002 年至今,21 年过去了。我本人的研究也从现象学哲学转向多学科的跨领域的研究,尽管现象学具身认知哲学,尤其是梅洛—庞蒂的现象学是典型的跨学科的哲学研究。目前,我的研究领域已含括脑科学、神经科学、训诂学、身体性中国文化,以及神经科学与特殊教育学等领域。虽然名称各异,然而,一揆宗论的仍然是具身认知。稍有不同的是,我更愿意以"身体体现性"来对译"embodiment"这一英文单词。因为前缀的"em"把名词的"body"动词化,即以身体来体现。

在这 21 年的学术成长期中,我有幸与国内知名学者、国际一流学者共事、合作,或面对面交谈、学习,或同道书信往来繁多,承贤达明诲不可不谓多矣。然而,浅学如余,蚊力之弱,蠡测之知,纵然年年辛苦,也只偶有心得,而难会深微。只一事体会甚深,及至骨髓,那就是初学之士,遇"非他不可"之师的至关重要。章学诚《文史通义·师说》对此有过精论:

> 若夫授业解惑,则有差等矣。经师授受,章句训诂,史学渊源,笔削义例,皆为道体所该。古人'书不尽言,言不尽意',竹帛之外别有心传,口耳转受必明所自,不啻宗支谱系不可乱也。此则必从其人而后受,苟非其人,即己无所受也,是不可易之师也。学问专家,文章经世,其中疾徐甘苦,可以意喻,不可言传。此亦至道所寓,必从其人而后受,不从其人即己无所受也,是不可易之师也。苟如是者,生则服勤,左右无方,没则尸祝俎豆,如七十子之于孔子可也。至于讲习经传,旨无取于别裁;斧正文词,义未见其独立;人所知共能,彼偶得而教我。从甲不终,不妨去而就乙;甲不告我,乙亦可询;此则不究于道,即可易之师也。

鄙人感谢成长道路上天命预备的"不可易之师",如上文所举,也感谢所遇的"可易之师"。一切师心皆幸感遇见。感谢爱子羊羊,在写作过程中,不计其数地为妈妈寻找外文文献。谢意也传至特教系系主任蔺红春博士以及团队成员胡胜老师为本研究所做的贡献。同时感谢我的研究生,特殊教育专业的刘思琦、贺浈仪、贾玉杰、游靓为初稿勘查错别字。作者感谢画家孙贤以及我的本导制本科生王羽霆,为本书提供了作者绘画作品。最后,感谢淮北师范大学专科院博士李俊老师悉心指导基因工程知识的写作及勘误。

目　　录

前　言

　　从自然哲学家德谟克利特思辨地提出心灵居于脑,到解剖学家、医学家盖伦的普纽玛灵气说——脑与感觉、运动器官的灵气相通,智慧精英在实证人性的道路上扣端振绪、锻年炼月600多年;从盖伦的气与灵魂耦合的普纽玛灵气说,到同样也解剖动物的数学家、哲学家笛卡尔的动物灵气说,智术翘楚循环相因、砥砺岁月约1500年;从笛卡尔的神经心灵——感觉经神经传导至大脑再至肢体动作的发出,到英国生理学家查理斯·贝尔与德国生理学家弗朗索瓦·马让迪揭示的感觉与运动的不同神经根的证实,实验科学家继踵接武、播风扬势170多年;从托马斯·扬以及约翰内斯·缪勒的"特定神经能量法则"的举例发凡,到二十世纪的皮肤感觉点的电神经生理学的证实,神经生理学家又举要会新、文思相济150多年。居今思古,流于文字,我们难以感同他们开辟草昧、辞采杂陈的丰功伟业。《庄子·天运》说:"夫六经,先王之陈迹也,岂其所以迹哉! 今子之所言,犹迹也。夫迹,履之所出,而迹岂履哉!"①惟有浸身其文如足履其迹,沿根讨叶,茧中抽绪,历史贯通

---

① ［清］郭庆藩撰:《庄子集释》,北京:中华书局,2017年,第533页。

如景可见,我们才能心会那些思想者经历了怎样的殚精竭虑、腐心焦思,才有今日我们认为理所当然的知识。岁月因思想的相因承流而峥嵘;思想因岁纪的绵邈飘忽而光大。是以往者虽陈古旧,然余味却日日弥新。然而,我们不能说人类历史的本质是思想史——因为思想来自于足履。人类的历史是亲身介入的浸身认知史。因为每一个后继者都不仅仅是思慕经典、口诵宗经,更是以其肉身与世界相砥相砺,相磨相合,以至于新的知识形式是肉身通理、骨节体辞。因故,笛卡尔的“我思”的本质是肉身的“思”以及这“思”的翻转、迁移,再迁移、翻转的动作且不断高阶化。美国身体哲学家威廉·詹姆斯(William James)在《心理学原理》一书的第四章“习惯”(*Habit*)中写道“在全部教育中,最紧要的事是要让我们的神经系统成为我们的盟友而不是敌人。”①让神经系统成为我们的盟友也就是让“心、手、知”通为一体正如同我们的习惯性行为所揭示的知行合一那样。这就是詹姆斯于神经章节之后即开独章“习惯”的原因,因为习惯性的行为是身体的意识。习惯性的行为,或者说当新概念、新知识、新技艺成为习惯性的行为后,它也就成为身体体现性的知识(embodied cognition)。近一个世纪后,即二十世纪八十年代,科研人员在神经层面上证明了詹姆斯的观点,即习惯性的行为是身体体现性的形式。

　　这就是令人欣慰的跨学科的认知神经科学的力量,以及神经实证技术手段运用的发现。本杰明·利贝特(Benjamin Libet)在其刊发的实证研究的论文 *Unconscious cerebral initiative and the role of conscious will in voluntary action* 一文中介绍了他的试验

---

①　William James,*The Principles of Psychology*,China Social Sciences Publishing House ChengCheng Books Ltd,1980,p. 122.

研究。利贝特把电极放置在被试主体的头皮上;被试被要求发出简单的握拳或屈伸手指的动作。这些动作完全是自发且是内源性的。说它们是自发且是内源性的,指的是这些动作的发出不受外力的影响。通过运用 Event Related Potential(ERP,事件相关电位)的技术,利贝特发现:"这些自发、内源性的动作的确是以预备电位的方式而被发动、行出。平均 40 个这样的动作构成一个系列,并以即兴的方式发出时,期间没有任何一个被试报告说他是预先有计划地发出这个动作,所记录的预备电位具有平均化的趋势,都是从 550(±150)的负波开始,先于它的肌动动作的发生。它们被叫作'II 型'预备电位。"①我们该如何理解利贝特试验的意义呢? 瓦尔特·格列农(Walter Glannon)在其《大脑、身体、心灵:人性的神经伦理》一文中同样引证了利贝特的这个试验。他说:

> 本杰明利贝特(Benjamin Libet)于 1980 年进行了一系列的实验。该实验要求被试主体握拳或屈指。利贝特注意到大脑的无意识事件要比有意识地握拳提前 300—500 毫秒。②

答案已经在格列农的解释中。利贝特的试验结果表明:与动作相关的神经环路先行启动,然后,才有外观的可见性的动作。换言之,神经发生,或说意识活动,先于实际的动作数百毫秒。利贝特的实验是对 19 世纪末期詹姆斯知识具身观的回响:要让神经系统成为我们的盟友而不是我们的敌人。因为知识是神经机制的另

---

① Benjamin Libet,*Unconscious cerebral initiative and the role of conscious will in voluntary action*,The Behavioral and Brain Sciences,(1985) 8,pp. 529—566.

② Walter Glannon. *Brain*,*Body*,*Mind*:*Neuroethics with a Human Face*. New York,Oxford University Press. 2011. p. 43.

一面。詹姆斯实证原理的身体体现性知识观的发端并非独步，但为先声。继詹姆斯之后，推高扬举身体体现性知识观的哲学家是海德格尔与梅洛-庞蒂。美国学者 Andy Clark 在其著《此在：脑、身体与世界织为一体》一书中的开头这样写道："心灵的形象作为内在地与身体、世界与行动相互交织已经表露在马丁·海德格尔的《存在与时间》(1927)中，而在梅洛-庞蒂的《行为的结构》(1942)中被表述得更为清楚。"① 离开眼神、言语、肢体的动作等身体的表现性，我们无以认识心灵；离开肉感的视、听、触、嗅、味以及所有这些感觉的综合，我们无以感知、理解世界。世界在这些感觉的作用中显现、成形，哪怕这个个体只有惟一一种感觉能力，譬如，惟触觉感知的海伦·凯勒；哪怕从低级感觉系统到高级感觉系统都存在系统性损伤的特殊人群，譬如自闭症者。世界在他们的有限浸身中支离破碎地显现，只因为身体中枢的神经系统的支离破碎——那是肉身全整结构的分解。虽然神经损伤意义上的个体依旧可以形成习惯性的行为，可是，他们难以将客观形式化的知识习惯化，即肉身意识化。一切客观形式化的知识，无论它是简单的算术还是高级数理逻辑知识，在初学时都是认识的对象有待被掌握，但经过时间性的操作运用以及时间性的沉淀，成为习惯性的知识，即直接上手可用的知识。这就是深度知识：言述性的知识被转化为非言述性的、即手即用的知识。迈克尔·波兰尼说"我们的感官适应力，我们的原欲与恐惧感的冲动，我们的运动、平衡和稳定矫正能力，以及非言述智力从这些努力中生发出来的学习过程，只有在我们认为它们按照自己给自己制定的标准形成的表现得到它们自己

---

① Andy Clark, *Being There：Putting Brain, Body, and World Together Again*, Massachusetts Institutes of Technology, 1997, p. viii.

的默许时,才可以被说成是这样,才可以被说成是达到了它们被说成要达到的目的。因此,在我们的言述所起源的次求知努力的无数点的每一点上,或在我们的智力的任何非言述的技艺中,我们都依赖于我们自己的默会作为,我们都默许了这些作为的正确性。"①简单地概述迈克尔·波兰尼的这段话的意思就是,对于被制定出来或约定俗成的知识形式,惟有当它以被理解、产生的方式实现了再次被理解以及产出时,知识才成为身体的默会,即无需意识介入的可用的知识。换言之,默会性的知识是身体直接的而非反思的经验。

迈克尔·波兰尼的人类经验的默会属性,与现象学家的身体体现性知识观不谋而合。实证科学与体现性、默会性知识观的结合催生认知神经科学的诞生。弗朗西斯克·瓦雷拉(Francisco J. Varela)、埃文·汤普森(Evan Thompson)以及埃利诺·罗施(Eleanor Rosch)在合著 *The Embodied Mind—Cognitive Science and Human Experience* 中写道:

> 梅洛-庞蒂写作他的著作的时代——20 世纪 40、50 年代——势头强劲的心灵科学被分散在自成一体的各类学科中:神经科学、精神分析以及行为主义者的实验心理学中。今天我们看到的、被称作认知科学的新的跨学科混合领域的兴起,包括的不仅仅有神经科学还有认知心理学、语言学、人工智能,以及,在各中心点上,还有哲学。②

---

① 迈克尔·波兰尼:《个人知识》,贵阳:贵州人民出版社,2000 年,第 150 页。

② Francisco J. Varela; Evan Thompson; Eleanor Rosch, *The Embodied Mind: Cognitive Science and Human Experience*. The MIT Press,1991,p. xvi.

认知与人类经验之间的关系是一个身体体现性的过程。过去连通这两个领域的是心灵科学,但实证科学与现象学知识论批判运动的耦合使我们认识到心灵是身体的体现性。这也肇始、弛张了新楷式的教育学。哈佛大学教育学院皮特·布莱克(Peter R. Blake)教授与霍沃德·戈登(Howard Gardner)教授在 *A First Course in Mind,Brain and Education* 一文中这样写到:

当物理学在 20 世纪的上半叶一度受到社会的青睐时,20 世纪的下半叶则是生物学的一支独秀,它得益于新技术以及对有机体的研究在各个层面上的突破——从染色体到大脑再至整个有机体系统。生物学研究成果的报道不断主宰了科学期刊、新闻媒体、杂志的版面;相应增长的则是新闻记者以及公众对生物学的期待,即能够解决更好地理解心灵、大脑、教育等主要问题。20 世纪 90 年代,高校里的一些学院开始思索新的生物学研究成果对教与学的含义。[1]

脑科学、神经科学、认知科学等生物学导向的研究成果对教育学的含义首先就表现在一门新的研究领域的诞生,这就是他们的合作小组在 20 世纪末期提出的"心灵、大脑与教育"(Mind,Brain and Education)的跨学科融合,它也常被缩写成 MBE 的形式。MBE 不仅仅是探索新教育观的尝试,它更是改革教育学课程的先声。2000 年的哈佛大学的教育学研究生院,费舍教授(Fisher)和戈登纳(Gardner)教授开设了"认知发展、教育和大脑"的新课程,

---

[1] Peter R. Blake; Howard Gardner,*A First Course in Mind,Brain and Education,Mind,Brain,and Education*,2007. Vol. 1,p. 61.

此课程的授课时间为一年。布莱克与戈登把课程目标描述为"训练学生能够评鉴研究成果并形成跨学科的整体性的思维方式。从这个专业毕业出去的 MBE 专业人员应该能熟练地进行跨学科的对话、交流并能够最优化地做出服务教育目标的决策。"①

教育学专业的目标是通过对大脑、神经机制的工作原理的领会，努力实现教育的最优化，为此，教育学就必须与"特殊教育、医学、生物学、认知科学、专业咨询"②等背景与经验的研究者相结合，使学生"形成多学科的学术视野；具有学习的四大领域里的具体的、基于研究的知识；把孩子视为是完整的人的基于案例的经验。"③学习的四大领域就是计算能力、语言与文学、动机与情绪、概念变化。详细地说，他们的教育目标就是要让每一个将来从事教学的学生——无论他来自什么样的学科背景——经过教育学院的课程学习与专业训练后，能在各自的课堂教学与实践上，诸如语文、数学、物理、化学、生物、语言、文学等等，从认知的神经发生角度来经营课堂教学，帮助学习者切实有效地获得知识。因为，正如另一位哈佛大学教授瓦纳萨·罗蒂古茨（Vanessa Rodriguez）指出"人类的神经系统是理解教学中的人性之精核的最理想的框架。"④哈佛大学教育学院敢为人先的创举迅速地成为美国其他高校教育学乃至其他国家的教育学改革的路标。美国达特茅斯学院教育学系、波士顿大学教育学系、英国布里斯托大学的教育学院等

---

① Peter R. Blake; Howard Gardner, *A First Course in Mind , Brain and Education , Mind , Brain , and Education* , 2007. Vol. 1, p. 61.

② Peter R. Blake and Howard Gardner, *A First Course in Mind , Brain and Education , Mind , Brain , and Education* , 2007. Vol. 1, p. 61.

③ Ibid, p. 61.

④ Vanesa Rodrigues, *The Human Nervous System : A Framework for Teaching and the Teaching Brain*. Mind, Brain, and Education, 2013. Vol. 7, p. 3.

纷纷效仿哈佛大学教育学院的教育学专业的改革。神经实证化的教育学运动被开启。

教育学在美国的课堂实现了与认知神经科学的铰接而被认知神经化,即将听、说、读、写、计算、推理、想象等认知、学习的发生机制、原理的实证性研究引进、呈现给课堂,让智障儿童的大脑皮层、神经系统的结构与认知障碍的关系充实课堂。如此,教育学的课堂就坐落在脑的工作模式以及神经系统运作的格架内以示现认知发生的机制与原理并以此作为教与学的规式。与欧美神经实证教育学范式不同,国内教育学与认知神经科学、脑科学、生物学、心理学等仍处于学术壁垒的分界线上时,且教育学课堂模式以及教育学理论也流于概念论的空洞文字。如果学习的发生、知识的习得必然是神经系统、皮层结构的事件,那么,教育学就是对这种原理性知识的探究并以此建构教学的理论与方法。这种模式的课堂教学,其明显的优势首先是它在微观层面上直显了听、说、读、写、计算、推理、想象等思维活动发生的身体机制,即认知是可观察到的脑皮层、神经系统的结构性的重组;其次,如果身体的神经系统、大脑皮层是学习的主体,知识的获得、教与学的效果取决于神经系统、脑皮层的性质与状态,那么,优化的教学就是怎样使静态的课堂动态、可感化,把孤立独成的、概念论的知识变成学生亲体的操作以改变他们对接知识的单一途径。而认知神经化的课堂教学因为它引进了学习机制的正常与异常脑成像的对比,再现视频片段的教与学的真实情景,其可视化、直接性、色彩性等就已经作为一种浸身的体感激发了学习者的身心一体的介入而改变了学生狭隘地对接知识的入口与界面;再者,由于课堂教学内容的可视化、直接性与具体性,教师引领性的言语讲解、师生互动、分组讨论等活动的课堂就摈弃了传统课堂里的孤零零的概念学习、单纯想象、机械复制般的记忆认知。如此,认知神经化的课堂就如同维森特·兰尼尔说的"视觉艺术"的直通,即"单是视觉材料的安排就能激起感情的强烈反响",[1]而传统的课堂教学就类似"概念艺术"的间隙与疏离,即课堂教学"以文字定义的形式表达出来"[2]的概念片段。

深受实证化教育学的影响,2018年初,华东师范大学面向国内外召开了交叉融合的教育科学研讨会,实证模式的教育新形态草创伊始。随后不足一月的时间内,华东师范大学再次主会,直接把新形态的教育体式落实在脑科学的格局内。如此,基于脑科学准线改造教育的运动肇始兴发。继华东师范大学的新宪章后,各大高校模山范水,推波助澜。短短一年内,认知神经科学已呈飞动之势。因为当我们认识到在校儿童的学习吃力或障碍的发生的确与脑皮层的功能性弱化相关,那么,我们就可以通过设计针对性的教学项目来改善或提高脑皮层的功能以提助学习效果。艾利斯·坦普(Elise Temple)等人对读写困难(dyslexia)儿童的阅读的实证研究发现,这些儿童因为左半脑的颞顶皮层在进行语音加工时相比较控制组活动明显减弱,神经系统的反馈出现不连续性而使阅读出现困难。坦普等人引进一套计算机化了的听觉和语言加工干预项目。此训练项目是非言语的,而是在听觉上对发音进行了改动,比如快速的发音被降慢语速且音量扩大。经过精细的实验设计,坦普等人发现读写困难的儿童在阅读能力上有显著提高,一并改善的还有口语表达能力以及迅速命名的能力。而核磁共振图像也显示纠正后的、读写困难儿童的数个脑区的活跃性提高,其中

---

① 　维森特·兰尼尔:《视觉艺术》,福州:福建美术出版社,1990年,第13页。
② 　同上书,第13页。

就包括左颞顶皮层以及额下前沟回,而这两个区域都是对照组中的正常儿童在进行读写任务时参与工作的脑区。坦普等人这样写到:

实验表明左颞顶区皮层参与到儿童以及成人的语言加工中,但在读写困难的儿童以及成人那里在语音加工时出现不连续性。我们假定纠正将改善这种不连续性。作为对这种假定的支持,训练后的左颞顶区皮层增长了活跃性。活动量增加的颞顶区只是靠近而不是与进行相同任务的正常儿童的活跃脑区相同。因此,左颞顶区的活性的增长似乎仅仅是颞顶区断断续续反应的部分而不是完全的改善。左下前沟回也参与到语音的加工中。此区域在训练前的读写困难儿童那里也较为活跃,但却与正常儿童是不一样的定位。训练后,这些儿童的核磁共振图表明左下前沟回的一个部分明显活跃,而这正是正常儿童的认知活跃区。①

我们的大脑不仅仅是阅读的大脑,而且是时刻准备接受周围环境中一切可感的,以重塑自身结构的亲文化者、亲社会者。然而,大脑是怎样地与环境相结合而重塑自身获得知识的呢?马克·罗森茨维格(Mark R. Rosenzweig),爱德华·本尼特(Edward L. Bennett)和玛丽安·克利夫斯. 戴尔蒙德(Marian Cleeves Diamond)在 1972 年合作发表的研究论文中精细地揭示了脑的结构性变化。他们把被试的老鼠分别放置在资源丰富与

---

① Elise Temple, etc, *Neural deficits in children with dyslexia ameliorated by behavioral remediation* : *Evidence from functional MRI* , Psychology & Neuroscience, Vol. 100, 2003, p. 2860.

贫乏的环境中成长并通过解剖勘查大脑结构的差异性,他们
发现:

> 问题解决实验改变了大脑中的乙酰胆碱。……不同的经
> 验不仅仅改变了酶的活性也改变了脑的重量。……丰富环境
> 下的老鼠其大脑皮层更重、皮层亦增厚,乙酰胆碱的活性增
> 高,尽管每单元组织的酶的活性降低。……虽然经验的差异
> 没有改变每单元组织的神经细胞的数量,但是,丰富的环境使
> 胞体和细胞核都得以增大。……大多数的实验结果表明丰富
> 环境与贫乏环境之间的最大差异表现在枕叶皮层的显著
> 不同。①

环境的性质可以改变大脑的结构,而大脑结构的变化即是老
鼠习得了知识与技能。所以,认知神经科学与教育学的结合不是
生物性的,不是还原论的,而是示证了知识的与身。认知神经科学
的研究结果不仅提示给教师如何设计教学环境以促进学习者的知
识的与身,而且播种给教育学一个可期的展望,那就是对于脑损伤
者、智障者、读写困难者等群体来说,如果改善了他们的受损皮层,
也就相应地改善、提高了他们的认知能力。另一方面来说,认知神
经科学的指导性与实用性也为教育学进行了重新的定位,并为课
程的改革设定了方向。正如达特茅斯学院教育系主任唐娜教授
(Donna Coch)在其合作的论文中说"教育是典型的认知科学,然
而,教育作为一门学科却有一个糟糕的历史。美国教育法的变化

---

① Mark R. Rosenzweig and Edward L. Bennett and Marian Cleeves Diamond, *Brain Changes in Response to Experience*, Scientific American, Inc, 1972, pp. 24—25.

以及教育成就的国际间的差异——这些教育成就的取得通常都发生在经济发展相对良好的国家,再一次把教育的科学化引入到前沿的讨论中。当下,学界对通过认识神经科学来连通新的教育科学观与学习的兴趣越来越浓。"①

实证科学对教育学范式改造的高举似乎使教育失却了人性导引的力量与教化的要旨,因为还原性的实证研究在神经元的微度上把人量化了,教育在神经元与神经元之间联结的突触机制上被立范了,以至于教育的目标是对神经元的教育,是对大脑的教育。神经科学家勒杜克斯(Joseph LeDoux)说:"我将公然宣称,虽然我们不能形成一个完整的突触人格理论,但基于突触理解我们是谁,对我来说,却是一个可接受的目标。"②教育的目的就是教育、历练、规整神经元,因为人格收缩在神经元与神经元联结的方式上。这实际上是对实证化教育学范式的深度误读。如果神经科学揭示了认知是神经在学习,在认知,对神经认知的哲学反思又知会了我们身体体现性知识观,那么,实证范式的教育学就不是弱化了教师的美育、教化作用,相反,它对教师的综合素养、能力、教学热情与激情等都提出了更高的要求。因为说知识是身体体现性的,其实也就是在说知识、体验是个体性的、私我性的。"我"的知识与经验是也只能是"我"个人的,同理,一切客观形式化的知识也都是他者的、他性的。我的知识、情感、才能、所思、所想是通过我的言语、行为示现、示范给他者,成为他人的观察与动作,并通过他者体现性动作体证出来。他者、他性的知识也惟有经过我的身体的"理解"并通过身体的意识示证而出,才能成为我的知识。如此,教学的问

---

①　Daniel Ansari and Donna Coch,*Bridges over troubled waters*: *education and cognitive neuroscience*,TRENDS in Cognitive science,2006,Vol. 10,p. 146.

②　Joseph LeDoux,*Synaptic Self*,New York: Penguin Books,2002,p. 3.

题本质上就是示范、指引的问题，即探讨"怎样"有效地示范；就是语言的问题，即探究如何利用语言的"能指"以期与"怎样"相胜。因为学习是可感的肉身的再被迁转。达玛西奥说：

> 我们天生具有的神经机制因为刺激的作用而产生种种的肉身状态，这是初级的情绪机制。这样的机制内在性地偏好加工与个人及社会行为相关的信号，并且它在一开始就包含了把大量的社会情景与适应性的肉身反应相配对的种种倾向。然而，我们进行理性的决策所使用的大多数的肉身的标志很可能是我们在接受教育以及社会化的活动中、通过联结特定种类的刺激与特定种类的肉身状态在大脑中形成的。换言之，肉身的标志基于第二类的情绪过程。①

学习是个体的社会化过程，但个体的社会化在最根本的意义上来说是肉身的社会化。这就是教育、教化的不可或缺与塑造作用。教育是因着肉身的应感之能——达玛西奥也称此为肉身初级的情绪，对情绪的肉身进行社会化目的为导向的再迁——达玛西奥称此为肉身的第二类情绪过程。事实上，学习是肉身的再迁与屡迁。《左传·僖公二十七年》的记叙清晰地为我们揭示了这一点：

> 晋侯始入而教其民，二年，欲用之。子犯曰："民未知义，未安其居。"于是乎出定襄王，入务利民，民怀生矣。将用之。子犯曰："民未知信，未宣其用。"于是乎伐原以示之信。民易

---

① Antonio Damasio, *Descartes'Error*, Penguin Books, 1994, p. 177.

资者,不求丰焉,明徵其辞。公曰"可矣乎?"子犯曰:"民未知礼,未生其共。"于是乎大蒐以示之礼,作执秩以正其官。民听不惑,而后用之。①

民知义、知信、知礼等行为都是民众浸身在规范、导引的"义"、"信"、"礼"的社会氛围与社会生活方式中肉身发生迁转的体现性。可塑性是这肉身的可塑性;情本的肉身才是我们的一切认知活动不可测度的天机。教育学,归根结底,是对肉身怎样有效施教的问题;教育学专业的培养对象,即未来从事教育、教学的准教师,其专业性的知识、技能、经验与才能的发展就需要涵盖至少三个领域的知识体系:示范为教,身浸为学,体证为知。在示范性的动作与指引性的语言开放的空间里,学习者浸身介入地思维以及视、听、言、动地操作,直至身手体显出对概念的理解。教师的指引越具体、清晰、明确,则教学就越具引领性、启发力,学生的视、听、言、动的操作性也就越向认知目标聚合。思与认知都是在高标的指引下归向其所求知处。结括一言,教育学最有价值的探索在于熔钧哲学与实证以设教浸身认知维度的教师教育教育学理论,因为教育是时代性的现实活动,它在立足当下时,既沟通历史又面向未来。王国维说"夫吾国人对文学之趣味既如此,西洋物质的文明又有滔滔而入中国,则其压倒文学,亦自然之势也。夫物质的文明,取诸他国,不数十年而具矣,独至精神上之趣味,非千百年之培养,与一二天才之出,不及此。而言教育者,不为之谋,此又愚所大惑不解者也。"②教育学之旧堤渐圮,然新范式教育学尚未成,惟有沟通中

---

① 杨伯峻:《春秋左传注》,北京:中华书局,2016 年,第 488—489 页。
② 王国维:《人间词话》,南京:凤凰出版传媒集团,2009 年,第 85 页。

西,科学与哲思并行,才能育出梓材之士。浅学如余,所见不博,才思褊狭,然微志尚存,砥砺深耕,筚路蓝缕,以启迢篇,并待高明卓裁。

导　　论

　　几年前的一个夏天,一位家长带着她的儿子如约而至。她的儿子因为幼年脑外伤引发脑内出血,脑脊液、血液循环不畅,造成神经损伤,留下了后遗症。那一年,她的儿子 8 岁半。根据他妈妈的描述,该儿童在语言、认知、行为等方面均存在显著障碍。该儿童姓氏的首字母是 W,为行文方便,我们以 W 指称该儿童。初见时,该儿童还颇显拘谨,但拘谨中又掩不住儿童期的那种无多顾忌的躁动。随同我在家一起等待母子来访的还有团队其他专业成员,其中 H 老师兼具实验心理学与特殊教育学的专业背景,在与特殊儿童打交道方面颇具天赋。因为人多,氛围很快火热起来,这也助长了 W 儿童高亢的情绪。他兴奋地在房间里跑来跑去,口中发出难以听懂的言语,以及童年特有的、任性的笑声。妈妈一次次爱意丰满地提示他安静下来,但都难以缓和 W 儿童的亢奋力度。也是在 W 儿童说话方式中,我们认识到他一部分的"特殊性":言语没有声调,说话时没有起伏,声气粗重且隆隆。他的语言不像是"说"出来的,却像是字词如泥沙摩地般刮擦着声带被干涩地拉出且又戛然而止。这也就使他的语言听上去给人生硬、费力感。

　　W 儿童的语言里也缺乏情感。他的感受性是通过他自娱的笑声与躁动的行为被加在语言上显现出来的。如此,语言与情感的关系就如同粗糙的墙面与琉璃瓦是外在的贴合。他的语言特征造成了听感的困难。朱晓农在《音韵研究》中说"外国人学汉语,把'然'字读成[ʐan],把'人'读成[ʐən]。其所以难听,是因为读得太'强'了,摩擦太大了。"①"强"、"摩擦太大了"其实也是 W 儿童的语言特征。除此之外,我们还需要另外加上"硬"来描述他的言说方式。W 儿童的行为障碍也渐渐显露出来。他的左眼斜视,所以,他在视看时左侧脸部总是向右倾斜。即便他的眼睛与你对视,你也难以确定他在看着你,因为他的双眼并不是聚焦在同一点上。W 儿童也没有规范性的社会行为意识。比如,当我们大家在一个公共场合坐下来交流时,兴奋的他会大声喊叫,只有当他的妈妈爱怜地提高声调制止他的这种行为时,他才会安静下来。他的动作具有很强的随意性。比如,他会把玻璃水杯重重地砸在桌面上。当他的妈妈亲昵地高声提示说:"Wx(他的名字),不能那样放水杯,你会把它摔碎的。"接着,他又会重新拿起水杯,然后左侧脸向下倾斜,并尽可能地靠近左眼小心翼翼地把水杯轻轻地放回桌面。在我们眼里,这如同是演示性的行为。虽然我们大家都能看到他在努力地轻轻放,实际上他难以控制行为发出的力道,以至于我们听到的仍然是重重的碰撞声。

　　他的行走方式也与普通儿童不同。他在行走时右腿明显力度不够。更确切地说,他是用左腿拉着右腿行走。双腿的这种不协调感在该儿童上楼梯时更加鲜明。W 儿童需要用手拉住扶手,借助手臂与扶梯的力量提助身体攀升,且每一步都是左腿拉着右腿前行。显而易见,W 儿童从语言到行为,从情感到社交,都存在着

---

①　朱晓农:《音韵研究》,北京:商务印书馆,2008 年,第 132 页。

障碍。尽管我们还没有目视 W 儿童在知识学习上存在哪些认知障碍，但亲身性的初次交往已经让我们意识到 W 儿童的行为障碍是深度脑损伤所致。从此，W 儿童也就成为我们教学的对象。

团队接手了 W 儿童并根据其情况制定了个别化的特殊教学设计。该儿童主要由 H 老师负责。受训项目首先是动作技能的训练，包括粗大动作、精细动作等。教学并不集中语言与认知等。半年后，W 儿童的行为在粗大动作层面上取得了显著的进步。比如，初次见面时的 W 儿童无法完成下蹲的动作，每次尝试这样做时，他总是一屁股坐在了地上。起初，他的双腿也难以完成交替半跪的动作。经过半年多的教学，他已经能够完成下蹲的动作，尽管持续的时间不长，双腿也能执行交替半跪的动作，尽管动作缺乏流畅度，但腿部力量明显增强。

动作技能训练半年后，我与团队其他成员需要检查该儿童的认知情况，即伴随着儿童的动作技能的提升认知能力是否有所改善。这次的教学活动是在特教系的实验室进行的。这是一间较大的个训室，H 老师已经移走了教室的很多桌椅，以及教学设备，以至于教室比以往要宽敞得多。教室一角摆放了各种玩具、用具，散乱于地，另一角落则是由一片一片带有花纹、色彩的塑胶垫相互嵌合铺开的一处空间。这是动作训练的空间。沿着这片塑胶地展开的空间里有活动黑板、粉笔与黑板擦，旁边是几把塑料儿童小椅，地上摆放着大小不一、颜色各异的皮球。不言而喻，这是认知的空间。教室中间空出来的大片空间则是该孩子自由活动的场所。W 儿童看到我们进门兴奋感增加，因为他已经与 H 老师一起玩耍了一阵子。如同往常，H 老师先进行动作技能的训练，持续时间是半小时。

儿童的生活世界不同于成年人的一个区别可能在于他们需要

更多的新鲜感,以激发更多的躁动来释放成长中的身体外溢的能量。这个已经 9 岁的儿童在释放了亢奋的体能后稍微安静些。他看到我进来后很兴奋并羞涩地笑着。在 H 老师的提示下他向我问好。看到地上的这些球,我和颜悦色地对 W 儿童说"哦,Wx,这里有这么多球啊,我们一起玩球好不好?" W 儿童还是那种被拉出的粗声粗气又戛然而止的说话方式,以及他惯有的那种难以克制的兴奋。他却拉着我的手走到黑板前。"哦,这是你的小黑板啊?来,我们写字好不好?"。说罢,我在黑板上写下 1+1=? 的简单算式。他认认真真但弯弯扭扭地在等号后写了一个大大的"3"。因为脑损伤导致的中枢神经对肢体动作的规范控制有限,所以,他的动作常常表现为很强的夸张性与随意性。"哦,等于 3 啊"。我惊奇地说道并微笑地看着 W 儿童。看到地下的几只球,我顺势坐在了一个小小的塑料椅子,对 W 儿童说"来,我们一起玩球。"说话间,我拿起一只小球放在 W 儿童的右手上。"这是一只球",又拿起另一只放在他的左手上。然后,我把他的两只小手并在一起问道:"Wx,你的两只小手上有几只球?"稍作迟疑后的 W 儿童说"两只"。"哦,是两只么?我来看看。我们一起数一数,好不好?一只球加上另一只球等于两只球。1 加上 1 等于 2。哦,真是 2 啊,算对了。我们再来看看黑板上的算式 1+1=?"。表扬下的 W 儿童情绪激动、神情雀跃。他在等号的后面认真地写下了"2"。

我又在黑板上写下了 3+2=? 的算式。W 儿童没有计算出来。我们又回到数球的游戏;我让他数数他脚边的球。为了帮助他更好地区分颜色以及认知,我故意把不同颜色的 5 只小球放在他的脚边。可是,点数对他来说却是困难的一件事:他要么把 5 只球点数为 4 只,要么点数为 6 只。因为他会两次点数同一只球,又或者把两只球点数为一只。我们尝试了多次,他始终无法点数出 5 只球。多次尝试后的他突然跑开了，并说"头疼"。数学知识对于 W 儿童尤为困难。

W 儿童的认知障碍还表现在他的书写上。他是斜着向上在方格本上写字，写出的每一个字与方格也是不成比例地大，因而一页纸上也就写不了几个字。W 儿童的斜视不仅影响着写字，而且影响阅读。平日里父母教他阅读认字，但因为斜视的问题，他常常会跳字或跳行阅读，导致阅读能力难以提高。综上所言，不难看出 W 儿童的行为障碍是系统性的，均与脑损伤相关。从多年前接手这个案例至今，5 年多的时间过去了。中间，随着他入学特殊学校，我们的教学介入中断。最近，我们又与该"儿童"接触了一次。他已经是十几岁的男孩了。他的妈妈约我们去本地的人民医院见面，这个十几岁的男孩正在那里住院。他已经长高了、也长大了。他一开口说话，仍然是数年前那种粗重又戛然而止的方式。我向他问好，他很快接住话头并打开话题。虽然他的表达性语言以及感受性语言仍然缺陷明显，但我诧异地发现他已经能够介入到开放性的对话中。我将对话抄录如下，其中 Y 指代本人。

　　　　W：Y 老师。

　　　　Y：Wx 你好啊。啊，Wx 你长高了、长大了？去哪里读书了？

　　　　W：去一家学校。明天可以打电话给你吗？

　　　　Y：你明天还想找 Y 老师？

　　　　W：明天你什么时候有时间？

　　　　Y：明天早上吧。Y 老师很忙，晚上聊天，可能会忘了吃饭。

　　　　W：好，那就明天早上。

Y：Wx，你上学了吗？

W：**上学**。

Y：你在哪里读书啊？

W：XX 特殊教育中心。明天早上几点？

Y：9 点可好？

W：9 点。

Y：你怎么**摔倒**了？

W：**摔倒**了。

Y：哦。一定很疼吧？

W：我感冒了。一直在吃药。

Y：哦。感冒了，一直在吃药。现在好些了吗？

W："没有回答。"

Y：Wx，等 Y 老师走后，你准备做什么？

W：聊天。

Y：你经常聊天吗？

W：**每天晚上**。

Y：与谁聊天啊？

W：**有很多小朋友**。

Y：哦，Wx 有很多小朋友啊。你的数学进步了吗？

W：**不能进步**。

Y：学习上有进步吗？

W：**学习、读书、认字**。

Y：你认识了多少字啦？

W：不知道。

Y：谁教你认字啊，Wx？

W：妈妈。

Y：Wx 今年多大了？

W：13 岁了。

Y：那我们明天早上 9 点视频，可好？

W：好。

与 W 儿童一起玩耍了一会。我帮着 W 儿童的妈妈推着医用手术车，推着他一起去检查脑核磁共振。幸运的是，W 儿童的大脑并没有增加新伤。我离开了医院，第二天早上 9 点他没有视频过来。以上黑体标出的"上学""摔倒了""每天晚上""有很多小朋友""不能进步""学习、读书、认字"等言语，都存在表达上的缺陷。它们或者是重复了问句的一部分，或者与上一句缺乏逻辑关联。W 儿童在使用副词表示否定的意思时也存在语法错误，比如"不能进步"。W 儿童也难以用语言表达自己的感受性。当我告诉他如果明晚聊天，可能我会错过晚餐，他无法使用语言来回应以表达情感性的共鸣。相反，他直接约定第二天早上聊天。一个孩子，因为脑外伤，从 2 岁多到 8 岁半再到 13 岁，十几年过去了，可"学习"对于他来说依旧是枢机不通、关键已塞。

如此，我们不得不发问：对 W 儿童的教学介入的可能性是什么呢？我们又该怎样对 W 儿童以及类如这样的儿童进行教学？如果脑与神经的损伤导致学习不能，那么，反观之，普通日常性的学习又是怎样发生的呢？我们所说的知识，其本质是什么？什么又是学习的原理？由这些疑问引申出来的更为关键的问题是普通教育学的基础是什么？我们该怎样理解教师的作用，如果知识的学习有它内在的神经机制，我们又该怎么理解教师的专业性？如果学习是中枢神经的作业，难道神经机制、脑的功能不应该成为教育学的专业性知识吗？我们更要进一步深追：如果教师、学习、知识等概念与神经、脑皮层、皮下组织等概念是交织、糅合不可分的，那么，针对未来教师的专业性培养的教育学又应该是怎样的？带着对这些问题的思考与探索，我们含笔腐毫、砥砺心志以钻坚求通。本书的第一章将探讨神经与神经学习原理。它将追溯 19 世纪神经学习原理以及 20 世纪对神经学习原理的扣端振绪。从自在、自为的心灵观到神经心灵观的演变也伴随着神经科学历史的追叙而含括其中。本书的第二章从叙事的角度解释神经学习理论，即学习是身 - 浸、身 - 居特定时空下的社会、文化性的神经学习、神经叙事。知识是内外一体的神经叙事、浸身认知的形式示现。因为学习是浸身介入的神经 - 发生或说是神经 - 学习，那么，知识的习得就不是传授的。恰恰相反，知识的习得是神经介导下的己身的淬炼与迁转。这就需要我们重新理解教师的作用、教师的专业化、教师教育的专业化培养，以及教学评估等问题。而这些挑战性的问题也就构成本书第三章的内容。西方身体哲学以及实证科学揭示的知识的身体体现性本质，又让中国文化中的浸身认知观被揭橥。钩沉并梳理浸身认知文化观，阐明它对建构教师教育教育学的意义就构成了第四章的内容。

第一部分　语言的神经装置

你在阅读这些文字时，你已置身于这个自然世界中的一个奇迹中。因为你、我都属于同一个物种，它具有出类拔萃的能力：我们能够在彼此的、具有相当精确性的大脑中塑造种种事件……这种能力就是语言。①

——斯蒂夫·平克《语言本能》

索绪尔说"人类的天性不在于口头言语，而在于构造语言的天赋——不同的符号对应不同的观念的系统。"②特伦斯·霍克斯在解读索绪尔这句话时说"我们可以把人描述为一种在语言中独特地进行发明和创造的动物，也就是说，他是处于一个复杂的系统或结构中，其中特殊的符合和独特的概念或'意义'相对应而符号跟概念或'意义'明显地联系在一起。说来也巧，发声器官居然成了在社会交际的现实世界中语言得以具体实现的主要工具和载体。然而，'……人类的天性不在于口头言语，而在于构造语言——不

---

① Steven Pinker, *language Instinct*, New York：Harper Perennial, 2007, p. 1.

② Ferdinard de Saussure, *Course in general linguistics*, translated by Wade Baskin, New York：Columbia University Press, 1893, p. 10.

同的符号与不同的概念相符合的系统——的天赋。'这种天赋被称为'语言的天赋',事实上,'超出了各种器官的功能',可以把它看作是'更为普遍的驾驭符号的天赋'。这种构造符号的天赋或能力在语言方面产生的东西可以看作是更大的结构,尽管我们实际从来没有看到或听到过这种结构,但是我们可以从它在人的实际话语中的一时表现推断出来。"[1]无论是索绪尔还是特伦斯都突出了"语言天赋"之实,意欲了解"语言的天赋",我们不妨对这种"天赋"进行大体构位,即把它落实到我们所具有的某一官能,如同我们行走的天赋与我们的腿相关。因为,假如我们不能这样做,那么,"超出了各种器官的功能"就隐于晦,因为我们会困顿"语言的天赋"与这种"超出了各种器官的功能"是怎样的关系。而这本身就隐含了"语言的天赋"是我们的某一器官的官能之义。

1. 从语言器官到语言的神经装置

约翰·摩根·欧文(John Morgan Allman,以下简称欧文)在《进化的大脑》中间"我们是怎样获得思考与感受的能力的?我们的这些能力与其他有机体的这些能力是怎样的不同?我们的大脑赋予给我们种种官能,并驱动我们追问这些问题。"[2]我们的所思、所想、所感都源自大脑的能力,钩沉这些能力的原道,就需要我们了解大脑,了解它的形状、结构,并穿透头骨,深窥如同宇宙黑洞般的大脑的内室。人的大脑,就如同我们在 TED 演讲中看到的、哈佛大

---

[1]　特伦斯·霍克斯:《结构主义和符号学》,上海:上海译文出版社,1987 年,第 12 页。

[2]　John Morgan Allman, *Evolving Brains*, New York: Scientific American Library, 1999, p. 2.

学神经科学家吉米·泰勒(Jill Bolte Taylor)手中的所捧物:它有前部与后部,并带着一根长长的脊髓。脊髓接受从身体的外周感觉接收器传来的感觉信息,也负责把大脑的运动信号传给肌肉。对于一些低级反射运动,譬如,当医生用一把小锤轻敲你的膝盖时,叩击下的膝盖会立刻拉动你的小腿急速前踢。这是锤头刺激了四头肌致其被拉紧。膝盖受到刺激后,肌肉中的感觉接收器放电,这也激活了脊髓背侧根的感觉神经元。感觉神经元通路又直接激活了脊髓中的阿尔法运动神经元并使四头肌收缩从而完成了反射活动,即跳膝反射。它是由脊髓直接实现的反射活动。虽然同时你也感觉到了膝盖被敲打了一下——这是因为感觉信息通过低级中枢脊髓神经系统向高级中枢神经系统传导,但脊髓反射先于此发生。换言之,此类反射作用是不需要高级皮层介入。低级中枢神经系统有助于稳定我们日常生活中始料未及的撞击,但应对复杂、开放与动态的日常生活,我们需要高级中枢神经系统的介导与参与。这似乎让人想起让﹣皮埃尔·尚热(Jean-Pierre Changeux,以下简称尚热)的那句话:"人用他的大脑思维。"①虽然这并不是我们言说的况味,但它却成为我们的开篇引语:我们将从大脑开始叙理教育的宗经。

我们的大脑有左右脑两个半球,中间经胼胝体相连。大脑最显眼之处是它的新皮质。从物种进化史来看,大脑新皮质是最后进化的结果。它处于大脑各半脑的最外层,是大脑的最外围的组织。欧文解释"皮质"的含义时说"'皮质(cortex)'这个单词指的是一个物体的外壳或外皮。"②克尔·加扎尼加(Michael S.

---

① Jean-Pierre Changeux, *Neuronal Man*, Translated by Dr. Laurence Garey, New Jersey: Princeton University Press, 1985, p. 3.

② John Morgan Allman, *Evolving Brains*, New York: Scientific American Library, 1999, p. 28.

Gazzaniga,以下简称加扎尼加）及其合作者在 *Cognitive Neuro-science-The Biology of The Mind* 合著中也给出了解释。"'皮质'这一术语指的是外面的一层皮，就像树的树皮，在较高级哺乳类动物以及人类身上，它是向内折叠且是卷积的。皮层向内折叠的叫脑沟与脑回。"①神经科学家发现"新皮质，大脑皮质中的一部分，是只存在于哺乳类物种的一种结构。"②可哺乳类物种进化出的这种新皮层具有什么样的优越功能呢？欧文继续解释说："新皮层是数毫米厚的叠合的神经组织。未折叠的新皮质将会是 20 万平方毫米的、相当大的一张餐巾纸。正是被折叠为紧缩的一块一块的以至于减少了联结皮层各处所需要的线路的数量，或许也才能被装进婴儿的头骨内，且如此小以便通过母亲的产道。"③

20 万平方毫米也就是 2000 平方厘米，而且欧文认为人类大脑皮层的折叠是为了更好地被装进颅骨内，也方便母亲生产新的生命。这与加扎尼加等人的笔彩略同。在解释人脑新皮层的折叠具有的功能时，加扎尼加等人说"首先，它们能使皮层叠进头骨内。如果人脑皮层被平铺开来类如老鼠的皮层那样，那人类的大脑将会很大。人脑皮层的全部表面积是 2200—2400 平方厘米，但因为广泛的折叠，大约 2/3 的皮层限在脑沟深度内。其次，高度折叠的皮层把神经元置入更紧密的、相互联系的三维空间中，减少了轴突的长度，也因而减少了不同皮层间的神经传导时间。这种节省是

① Michael Gazzanige, Richard Ivry, George Mangun, *Cognitive Neuroscience—The Biology of The Mind* (*The Fifth Edition*), New York: W. W. Norton & Company, Inc. 2014, p. 52.

② John Morgan Allman, *Evolving Brains*, New York: Scientific American Library, 1999, p. 28.

③ Ibdi, p. 28.

因为长程的、皮质间联结的轴突在皮层下通过白质而延伸了,它们与远程皮层的联结并不遵从皮层表面的折叠。如此,大脑也就节省了耗能。第三,通过折叠,相邻皮层更加接近,譬如,以回为界的相邻皮层就比这些回是平铺的情况下更是一线之隔的接近。"①如果把人脑的新皮层平铺开来,它的尺寸大致相当于一张对开的人民日报。这也与欧文与加扎尼加等人对人脑皮层的近似估算值相当。欧文与加扎尼加都给出了各自的估算信息,且也都表达了类似的观点:大脑皮层的折叠利于头骨的容纳。皮层被折叠后,各皮层间的空间距离被拉近缩短,神经元与神经元之间的突触传导耗时减少,而且长程或短程神经通路的传导所消耗的能量也显著降低。

然而,即便如此,欧文与加扎尼加等人看待大脑皮层的视角还是户牖各异。欧文是从大脑的进化角度来解释人的大脑。譬如,在解释大脑的大小尺度时,他说"长成并维持一个大尺度的大脑的成本无论是对于个体还是它的父母来说都是非常高的。在一个人类的新生儿身上,大脑吸收了几乎是全身 2/3 的新陈代谢的能量,巨大的负担来自人类婴儿占比较大的大脑,以及树突成长、突触形成、髓鞘形成等额外的能量需求。而这甚至比成人的大脑所需要的维持能量都要大。因为大脑所需求的几乎是婴儿能量供给的2/3,这可能就限制了进化中的大脑尺度的上限,因为肌肉以及其他生命器官,心脏、肝肾以及消化器官也一定是耗能的。"②而加扎

---

① Michael Gazzanige, Richard Ivry, George Mangun, *Cognitive Neuroscience—The Biology of The Mind*(*The Fifth Edition*), New York: W. W. Norton & Company, Inc. 2019, p. 49.

② John Morgan Allman, *Evolving Brains*, New York: Scientific American Library, 1999, p. 175.

尼加等人则是从神经与认知的关系来谈大脑皮层。"大脑皮层各叶在神经加工过程中具有不同的功能。有时,我们非常幸运,因为大脑皮层大致的解剖分区与特异性功能密切相关,比如初级运动皮层就在中央沟的前面。然而,更为典型的是,认知的脑系统常常由各种网络构成,这些网络的各组成部分又分布在皮层的不同脑叶。另外,大脑的很多功能——无论是感觉的、运动的还是认知的,既依赖脑皮层又依赖皮下组织。因此,这也就令人生畏地认识到认知功能与它们在大脑中出现的脑区相关。"[①]

　　根据加扎尼加等人的观点——事实上,这也是神经科学史的发现,我们的大脑是认知的大脑。不仅如此,大脑的认知功能与认知活动的类型由皮层的分区与功能定位来决定,正如他们提到的处于大脑中央沟前面的初级运动区。把认知与脑皮质的功能定位与分区以及皮下组织关联起来,我们就为认知的发生,即认知的皮层化、神经化,确定了一个可见、可触,甚至可内窥的具体性的场所。而且这种可内窥的可能性会随着技术手段的多样、翻新、精密度的提高成为渐进的侵入与深窥,譬如我们当前所使用的正电子成像、功能性核磁共振成像、近红外光谱等技术。然而,在19世纪中期,人们是借助解剖学实现脑皮层的功能定位,从而把心智活动与大脑结合起来。"第一个在新皮层内对功能进行确定性分区的是法国解剖学家保罗·布洛卡(Paul Broca,1824—1880)于1861年实现的。"[②]1861年,布洛卡所在的巴黎近郊的一

---

① Michael Gazzanige, Richard Ivry, George Mangun, *Cognitive Neuroscience——The Biology of The Mind*(*The Fifth Edition*), New York: W. W. Norton & Company, Inc. 2019, p. 53.

② John Morgan Allman, *Evolving Brains*, New York: Scientific American Library, 1999, p. 31.

家医院迎来了一位转科过来的男性病人。布洛卡发现这位病人
除了能说出"tan"这一个单词外，没有其他言语。几天后，这位病
人去世了。这对这个病人来说是不幸的，但对科学研究却是一件
盛大的幸事且影响深远。对这位丧失了语言能力的病人状况穷
思而不得其解的布洛卡解剖了这个病人的大脑。令布洛卡诧异
的是这位病人的大脑除了额下回有一处损伤，其他脑区并未见
损伤。

1861年，法国外科医
生**布罗卡**解剖失语症
患者，发现布洛卡语
言脑区，位于额下回。
1874年，德国医生**韦
尔尼克**发现了颞后回
语言脑区。

　　布洛卡大胆地得出了一个结论：该处损伤导致这位病人的语
言障碍；他无法产出语言，即运动性失语。布洛卡发现的这块脑区
也就是现在我们所称的布洛卡脑区。布洛卡脑区见下图。

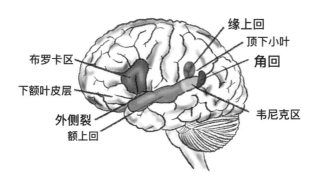

图 1　左半脑的语言区

布洛卡语言区、韦尔尼克语言区以及角回在左半脑的解剖
图解。关于此图的原始参考图形，详见 *Cognitive Neuro-*
science—The Biology of The Mind，第五版，第 477 页。

　　这是大脑左半脑的侧图。图中标有 Broca's area 的淡紫色区域就是布洛卡脑区。它位于额叶的额下回。罗布卡发现的失语症也被称为布洛卡失语症，或前路失语症，或非流畅性失语症，或表达性失语症，或无语法失语症。布洛卡脑区发现的意义在于它改变了人们根深蒂固的传统语言观：语言不是心灵的功能而是脑的功能。如此就为语言、行为、认知、社会交往等活动的发生从脑皮层、神经机制上寻找原理性的解释提示了新径。然而，把这个病人的语言功能的丧失归为布洛卡脑区的损伤，并不是对这个病人失语症的完全的解释。一个明显的挑战性问题就是：丧失语言功能的这个病人为什么会发出"tan"这个单词呢？这是第一个问题。第二个问题则是布洛卡脑区损伤的人未必会丧失语言。第二个问题就是布洛卡脑区在 20 世纪 90 年代末遭遇的挑战。1996 年，失语症问题专家 Nina Dronkers 发现 22 位布洛卡脑区损伤的病人中，只有 10 个人患有布洛卡失语症。这就是相反的情况：即并非布洛卡脑区损伤的人也产生了语言障碍。譬如，"布洛卡脑区深处，包括脑岛皮质以及基底神经节的部分损伤"[1]也导致了布洛卡失语症。这种情况下的失语症，其病理或许借助新的技术手段对更多、更深层的脑区的成像就可以确定答案，因为这些脑区并不像布洛卡脑区那样位于脑的新皮层上，而是隐藏在了脑区深处。让解剖学难以回答的是第一种情形，即尽管布洛卡脑区损伤了，但他依旧能够说出"Tan"这个词。这或许也是以下这个事实的原因吧：这个只能说出"Tan"的病人的大脑与布洛卡本人的大脑一起保存在巴黎的

---

　　① Michael Gazzanige，Richard Ivry，George Mangun，*Cognitive Neuroscience—The Biology of The Mind*（*The Fifth Edition*），New York：W. W. Norton & Company，Inc. 2019，p. 473.

一家博物馆里。因此,我们至少可以得出以下这个结论:"Tan"这个词并不能诉诸于个别脑区的损伤或完好。它是超越脑区的问题。如果是这样,那么,一个严肃又深刻的话题就顺势而出:语言是个别脑区的事业吗?在回答这个问题之前,我们还要追叙语言的其他脑区的发现。因为 20 世纪的西方哲人对语言的反思性认识是在文化的义脉中兴发。

布洛卡脑区发现后的第 13 年,即 1874 年,另一个语言区在德国被解剖学家、精神病学家卡尔·韦尔尼克(Carl Wernicke,1848—1905)揭示。与布洛卡的这个只会说"tan"病人不同,韦尔尼克的病人说话流畅但语言毫无意义,更是答非所问。以下是1874 年 3 月 18 日韦尔尼克的记录。他一个单词一个单词地记下了那天早上他与名叫 S.D 的一位女性患者的对话。

　　韦尔尼克:早上好,你好么?

　　病人:谢谢你。我很好。

　　韦尔尼克:你多大了?

　　病人:我还好。

　　韦尔尼克:你多大了?

　　病人:你是说,我在喊叫什么,我是怎么听的吗?

　　韦尔尼克:我想知道你多大了?

　　病人:我无法准确地告诉我被叫作 shear。我被叫作 hear。

　　韦尔尼克:你愿意把你的手给我么?

　　病人:我真的不知道,我的什么?理查德在哪?我的瑟德姆。我的理查德。

　　韦尔尼克:有什么东西是你想要的吗?

　　病人：我不知道它叫什么？我非常熟悉它。我的中部发肿。我非常清楚人们是怎么那样叫它的，但我没有想起来。①

　　这位患者虽然没有语言产出障碍如同"Tan"病人的语言行为，但从两者的对话来看，韦尔尼克的病人无法理解韦尔尼克的语言；韦尔尼克也无法理解他的这位病人的语言。如同布洛卡，韦尔尼克在这样的病人去世后解剖了病人的大脑，发现在颞上回的后部有一块脑区受伤，这就是为我们所知的韦尔尼克语言区。图1中标有Wernicke's are及指向处即是韦尔尼克语言区。韦尔尼克失语症的特征是语言流畅但却毫无意义，它只是文字的堆砌。韦尔尼克病人的语言让我们想起乔姆斯基列举的一个句子"无色的绿色观念猛烈地沉睡（Colorless green ideas sleep furiously）。"②我们姑且也同乔姆斯基一样把这个句子标为（1）。他又调换这个句子中的一些单词，重新得出句式（2）："Furiously sleep ideas green colorless"。乔姆斯基并说"可以合理地假设，英语话语中从来没有过句子（1）（2）（当然也从未有过其中任何一部分）…… 在实际话语中他可能从来没有听见或看见这两个句子里的任何一对词语在一起搭配。"③尽管，乔姆斯基说"句（1）和（2）同样是无意义的（nonsensical），但是任何操英语者都可以辨析出只有前一个是合语法的。"④斯蒂夫·平克同样分析了乔姆斯基的句（1）。平克

---

　　① Robort S. Cohen and Marx W. Wartofsky：*Boston Studies in Philosophy of Science*（Ⅳ）edited，Dordrecht（Holland），D. Reidel Publishing Company，1969，p. 69.
　　② 诺姆·乔姆斯基：《句法结构》，北京：商务印书馆，2022年，第4页。
　　③ 同上书，第5页。
　　④ 同上书，第4页。

说"他(乔姆斯基,作者注)设计这句话时不仅仅是为了表明无意义也可以是语法的,而且也表明不可能的词语序列也可以是语法的。在英语语境里,'无色'这个词紧接着'绿色'这个词的可能性一定是零。同样,'绿色'后接'观念'、'睡眠'、'猛烈地'等词的可能性也一定是零。然而,这些单词被串起来却是一个组织良好的英语句子。相反,当一个人实际上以概率列表的形式将单词组成单词链的时候,所产生的单词串远远不是组织良好的句子……串起来的句子是怪异的英文,但不是英语。"①

韦尔尼克的病人的语言,譬如,"我无法准确地告诉你我被叫shear",如同"无色的绿色观念猛烈地沉睡"一样是"无意义也可以是语法的"。然而这种"无意义也可以是语法的"句子并不是可理解的言语。因为病人既不能通过语言表达自身让他人理解,又不能理解他人的话语以实现对话的社会性交往功能。病人的言语是平克所说的"英语式的单词链",尽管这个病人使用的是德语。"英语句子与英语式单词链的差异"②在于前者是语言,它是根据一定的语序把词语组织起来,具有表达性或感受性与可理解性,并期待着一种意义的对接,正像韦尔尼克的发问:"有什么东西是你想要的吗?"在常态化的情境下,就医者能够会意韦尔尼克的言语信息中至少包含以下几个要点:1. 对方在表达一种职业的关切;2. 对方在询问我的疾患;3. 我需要清晰详细地描述我的疾患;4. 我可能要接受治疗;5. 这位医生或许能够帮助我减缓或解决疾患等。说者与听者之间言语的环流对接,如同地球的南北极的磁场,是方向性的、序列的、动态的、开放的,同时又是封闭的。方向性、序列、

---

① Steven Pinker,*language Instinct*,New York:Harper Perennial,2007,p. 85.
② Ibdi,p. 85.

动态、开放又封闭的语言特征既保证言说的意义明了，又延展、续开对话的行进。也就是说，对话的目的是从"根概念"中引出、导出"根概念"所内含的语义信息，使根概念与衍生的概念在空间上形成根－茎关联的意域，在语言形式上形成核心句与表达句的主－从结构。我们撷取《红楼梦》中的一段对话来释之。它同样与就医相关，记叙的是贾蓉的问诊与张太医的回答。为行文简略，我们对这段引言稍作了改动：

　　贾蓉道：请先生看一看脉息，可治不可治。

　　先生伸手按在(秦氏的)右手脉上，调息了至数，宁神细诊了有半刻的功夫，方换过右手，亦复如是。诊毕脉息，说道："我们外边坐罢。"

　　贾蓉道："先生请茶。"于是陪先生吃了茶，遂问道："先生看这脉息，还治不治得？"

　　先生道："看得尊夫人这脉息：左寸沉数，左关沉伏；右寸细而无力，右关虚而无神。其左寸沉数者，乃心气虚而生火，左关沉伏者，乃肝家气滞血亏。右寸细而无力者，乃肺经气分太虚；右关需而无神者，乃脾土被肝木克制……心气虚而生火者，夜间不寐。肝家血亏气滞者，必然肋下疼胀，心中发热。肺经气分太虚者，头目不时眩晕，寅卯间必然自汗，如坐舟中。脾土被肝木克制者，必然不思饮食，精神倦怠，四肢酸软……大奶奶是个心性高强聪明不过的人；聪明忒过，则不如意事常有，不如意常有，则思虑太多。此病是忧虑伤脾，肝木忒旺……这就是病源了。"于是写了方子，递于贾蓉。

　　贾蓉看了，说"高明的很。还要请教先生，这病与性命终究有妨无妨?"

先生笑道:"人病到这个地位,非一朝一夕的症候,吃了这药也要看医缘。依小弟看来,今年一年是不相干的。总是过了春分,就可望痊愈了。"贾蓉也是个聪明人,也不往下细问了。①

雅格布森说"说话者选择单词,并把它们结合成他所使用的那种语言的句子;句子反过来又被结合成话语。但是,说话者在选择词语时绝不是随心所欲的:他的选择(除去极少数旧词新意的情况)一定来自他与他的听众共同具有的词库。交流的引擎很可能接近了言说事件的本质,当他假定在最有利的信息交流中,说者与听者都自行使用着或多或少相同的预制表征的档案盒:词语信息的说者选择这些*预盼可能性*的其中之一,而听者也应该是从'已经被预见与提供的诸多可能性'的集合中做了相同的选择。因此,言说事件的有效性要求它的参与者使用共同的编码。"②雅格布森的这段话用在这里来解释贾蓉与张太医的对话可谓是贴切恰当。这两者的对话正是围绕着"脉息"与"可治"或"不可治"展开的。因为"可治"与"不可治"是针对"脉息"而言,所以,这段对话的"根概念"就是"脉息"。如果我们以图来表示,则对话中的言语从"根"生发的开放、拓展又凝聚、封闭的关系一目了然:

"脉息"左指向的箭头表示贾蓉的言语信息;右指向的箭头表

---

① 宋书森编:《中国古典四大名著·红楼梦》,包头:内蒙古文化出版社,2002 年,第 49—50 页。

② Roman Jakobson and Morris Halle: *Fundamentals of Language*. Mouton & CO. ' S-GRAVENHAGE,1956,p. 58.

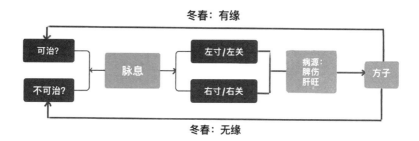

图 2　对话中的语言的横向结构图

示张太医的言语信息。这些词语虽然不断向左右流动铺排——因而一个方向性的、动态的、序列的、开放又封闭的信息系统始终在稳定地呈现,且无论句子怎样横向扩展,句式怎样转换,句意怎样松散地被关联——它们总是被"脉息"这一"根概念"牢牢拉牵、把攥,就如同枝杈无论怎样性向各异地向空间延伸,却终究与干、根相连。借用乔姆斯基的语言来解释句意不断在流动、被拓开的意域,那就是"语言的每一个句子要么是内核句,要么是用一个或更多转换式序列从构成一个或更多内核句基础的语符串推导出来的。"[①]我们用的"根概念"与乔姆斯基的"内核句"相似,但因为乔姆斯基是从语言层面来分析句子的转换生成的语法特征,所以他用"核心句"来提领,而我们是通过分析对话来理解语言的语法本质,所以我们用"根概念"来提挈。贾蓉与张太医的对话实际上是以"脉息"这一概念启辞,所有拓开、延展的句子,都是前后追腠,跗萼相衔,所以文交义注,首尾相贯。故此,围绕"脉息"的对话就能把说者与听者不断带入新的语意、语境以及人与人、人与自然的宽大、敞开的背景中。两者对话中的语言既关系生命又关系生活。患者的生活世界就在诊脉与方子中被勾描出来。如此,语意的空

---

① 诺姆·乔姆斯基:《句法结构》,北京:商务印书馆,2022 年,第 36 页。

间就在树状图的语言结构中被铺展开来。上图就可以再转换为
下图：

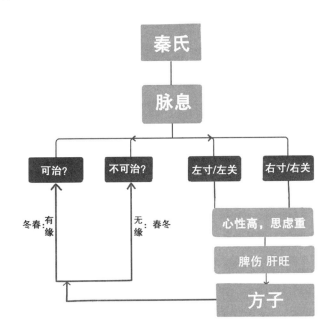

图3　对话中的语言的树状结构图

通过图示，"根概念"的"脉息"提挈贾蓉与张太医两个人言语
的对接与互嵌的结构关系也就一目了然。"根概念"强大的统合能
力如同把外延的支柱包含于内的具有张力的拱门，将不断拓展、延
伸、变换的言语及其投射的语意空间含括于内。被言说的语言如
同张太医那只把脉的手，既有明确的目标指向性又被更多的目的
信息勾连、充满。而无论被说出的语言怎样被延展、转换，它们始
终被"根概念"所统摄。拓展的句句之间织综比义，相接为用，并与
"根概念"形成根－茎相依的关系。然而，反观韦尔尼克与其病人
的对话，我们根本找不到如同我们在贾蓉与张太医的语言对接中
看到的那个"根概念"，以及围绕这个"根概念"织开的语言系统。

我们以下图表示：

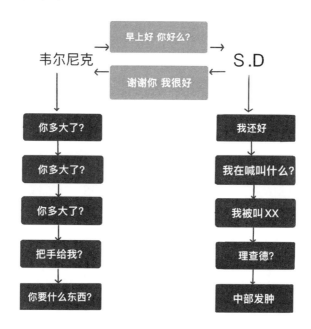

图4　韦尔尼克与 S. D 双轨式话语图

　　显而易见，韦尔尼克的言语与 S. D 的言语如同放眼望去却看不到汇聚点的并行的铁轨，又如同风中的沙粒离散分落、各不相关。因为双方的言语都不在双方的"种种预盼的可能性"中。"两个个体——说者与听者，在空间上的分开，常常也是时间上的分开，是由内在的关系连接起来的：说者所用的符号与听者所了解以及诠释的符号一定存在着某种等同。没有这种等同，信息不会产生任何结果——即便它被听者听到也无法影响听者。"①可以肯定的是我们不会像 S. D 那样说话，把字、词或词组一个接着一个地从口中罗列而出；我们在听他人说话时也并不

---

　　①　Roman Jakobson；Morris Halle：*Fundamentals of Language*．Mouton & CO．' S-GRAVENHAGE，1956，p. 62．

是刻意地听每一个词。如果我们说的话只是字的堆积，那我们说出来的就不是语言；如果我们刻意去听每一个词或每一个字，那我们将什么也听不到。"当我们听或阅读时，我们通常记忆的是主旨，不是每一个单词，因此，一定有一个类如主旨的东西，它并不是单词的组合。"①被言说、书写的语言是超越单词的组合的。在言说中，我们看到了在言说的深处支持着言说、并使言说得以发生的基础。"也就是，我们使用一种编码来转换单词间的顺序以及思想的结合。这个编码，或者说是一种规则，被称为生成语法。正像我已经提到的，我们不能将它与我们在学校里接触到的教育学的和文体上的语法相混淆。"②不难看出，平克的这段叙述钩沉的其实是乔姆斯基的影子。

这就需要我们转向乔姆斯基，因为"转换生成语法"③的思想首发在他的《句法结构》中。乔姆斯基说他的句法研究是为了建构一种理论，这个理论的目的是让我们在英语句型、句式的转换与生成中理解"语法可视为某种装置，该装置能产生被分析的语言里的句子。"④譬如，"*John drinks wine*（约翰喝酒）"。这是一个合语法的句子。这句话的形式化表达就是 $N1(NP1)\text{-}V(s)\text{-}N2(NP2)$。$N$ 或 NP 代表名词或名词词组；$V(s)$ 表示根据主语的单复数确定的谓语动词形式。把这个例句中的前后两个名词进行位置的调换，我们就得到了它的被动句型"*Wine is drunk by John*（酒被约翰喝了）"。于是，主动句型 $N1\text{-}V\text{-}N2$ 也就被转换为 $N2\text{-}Be\text{-}en\text{-}by\text{-}N1$ 的被动句型。这是生成新句式、新句型的形式化转换，当

---

① Steven Pinker, *language Instinct*, New York: Harper Perennial, 2007, p. 47.
② Ibdi, p. 45.
③ 诺姆·乔姆斯基：《句法结构》，北京：商务印书馆，2022 年，第 116 页。
④ 同上书，第 1 页。

然它必须满足一些限制条件,譬如,动词 V 必须是及物动词,以及
by 的限制性位置等。因为乔姆斯基的语法研究的目的是通过分
析英语句子来确定句式、句型是怎样产生的,这就是他所称的"语
言层面"上的核心工作。音位层、形态层、短语层等句子的组构成
分都不过是服务于合乎语法的句子表达的需要,要遵从句法的形
式规则。当构成句子的这些成分需要根据强调的内容,比如主动
句改为被动句,对调构成成分在句中的位置时,"对调的方式是由
结构因素决定的。"①关于 *John drinks wine* 这句话,有一点需要
指出,那就是这个句子是从核心句 *John drinks* 句式添加了一个
宾语"*wine*"扩展而来。因此,该核心句还可以通过增加助词或助
动词或时态变化来转换、生成其他新的句式。譬如:

　　　　Johncan/would/should/will drink.

　　　　John has been drinking.

　　　　DoesJohn drink?

　　　　Did John drink?

　　　　What does John drink?

　　　　What hasJohn been drinking?

　　　　……

　　但句子经改写转换、生成新句式必须要满足限制性条件中的
全部或部分规则。譬如,句子是由名词(词组)＋动词(动词词组)
组构而成,这是对句子的语法规定。现在,有名词 John 或 ball 以
及动词 drink 或 take。根据"重写 X 句→Y 句"的指令,名词 John

①　诺姆·乔姆斯基:《句法结构》,北京:商务印书馆,2022 年,第 34 页。

与动词 drink 就组构成句子"John drink"。但这只是满足了句法的要求而不是语法的要求。这个句子的主语是第三人称单数,根据谓语动词的单数形式规则,"drink"必须要在词尾加后缀"s"(有些词需要加"es")。于是,这个句子就在语法的规定下,转换生成了新句式 "John drinks"。而"drink"还可以转变为"is drunk",但"occur"却不能转换为"was occurred"。乔姆斯基认为被转换生成的句子的合法性、合理性是由句式必须遵循的限制性规则与条件来保障,他把这些规则叫作"语法转换式。"①自然语言中的语句的无限性就是通过语法规则的转换式实现的。乔姆斯基的语法研究之所以不考虑语义,是因为他认为,以主－被动语句间的转换为例,这种转换有时会产生语言的形式特征与语义特征不对应的情况。譬如,"*Everyone in this room knows at least two languages*(这个房间里的每个人至少会两种语言)"。这个句子传达的语义信息是这个房间里的、每个人的语言能力问题,即每个人都会至少两种语言。其中隐含的是还有人会三种或四种以及更多种语言的可能性。根据语法规则把它转换为被动句,则"everyone"与"two languages"在句中的位置要进行对调,同时必须满足语法规则的限制性条件,即谓语动词词尾的形式变化。如此,则句子就转换为"At least two languages are known by everyone in the room(至少两种语言是这个房间里的所有人都会说的)"。转换后的句子传达的信息不是人运用语言能力的问题,而是语种的问题,即两种或三种甚至更多种语言被运用的问题。从句子的组构形式上来看,转换生成的被动句是合语法的,但是,这两句话的语义却明显产生了歧义。"房间里的每一个都会说两种语言",这种普遍性可能为

①　诺姆·乔姆斯基:《句法结构》,北京:商务印书馆,2022 年,第 34 页。

真,且主动句中作为宾语的"two languages"之所指具有暗含的确定性,即具体的哪两种语言,这是由句子所在的语境限制、给定的。但转换后作为主语的"two languages"可能是任意的两种语言,句意就被添加了不确定性。这就是转换在语义上的不对等。因为语义的歧义性,所以,语法研究就不能是内容性的,即语义的,因为"英语不是有限状态语言",[①]我们无法穷尽英语的所有句子而研究句法或语法,相反,我们却可以聚焦句与句之间的形式规则与结构特征来理解句子是怎样被转换生成的。所以,乔姆斯基说他要"搭建的理论框架完全是形式的、非语义的。"[②]

　　但是,完全从形式规则上来理解句子的转换生成以及自然语言的无限性状态的现象与本质,而忽略语义的曲变,难免胶柱鼓瑟。因为不是所有的句子都有它的被动时态,譬如,"I slept well last night",又或者"He resembles his father"等句子。它们就没有被动句。同时,对于那些合语法的而无意义的句子,它们能告诉我们什么呢?日常生活中,我们又需要这样的句子么?维特根斯坦说"我们拿一个语句并将其中各个词的意义都告诉某人;这就告诉了他怎样应用这些词因而也就告诉了他如何应用这个语句。如果我们选择的是一串无意思的词的序列而不是这个语句,他就不学习如何来应用这个词列。"[③]所以,即便是乔姆斯基创造了这个句子,"colorless green ideas sleep furiously",但他也同样解释说这个句子很难在英语话语中被听到。同样,对于另外样式的句子,譬如,"The child seems sleeping",虽然有语义,但却不是一个合语法句。它也同样不能被英语母语者所接受。相反,他们会说

---

①　诺姆·乔姆斯基:《句法结构》,北京:商务印书馆,2022 年,第 10 页。

②　同上书,第 86 页。

③　维特根斯坦:《哲学研究》,北京:商务印书馆,2012 年,第 268 页。

"The childseems to be asleep"或者"The child is sleeping"。这对于汉语亦是同样的道理。我们上文中例举的 W 儿童用"不能进步"来回答"你数学进步了么?"的问话,显然也不符合汉语的语法规则。尽管我们知道 W 儿童是在表达"没有进步的意思"。但我们在日常生活中不会那样去说话。

当然,乔姆斯基的句法研究并不只局限于句法的转换生成的形式与结构的探究。他从句子的语法规则的形式化要求来研探组构句子的原则与方法,以理解人类的语言结构,并在对形式规则的探赜中钩沉了一种深层、隐蔽的力量:我们具有理解并运用语言的形式能力,即"形式共性。"我们还以上文中援引的中医例证来剖析两者之间对话开展的可能性。图示见下图。

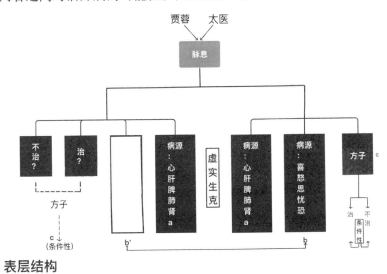

表层结构

图 5 语言层面上的结构图

这是听者－说者在言语、语音层面上的交互结构图。因为它们是可听、可读的,因而也是浅表性的结构。把这个结构图形式化,我们就得出下面的图示:

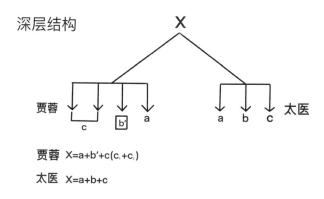

图 6 形式的深层结构图

根据以上的这个形式结构图把贾蓉的语言结构形式化,我们就得出 $X=a+b'+c(c1+c2)$,张太医的则是 $X=a+b+c$。其中 C1、C2 是表示"治"与"不治"的符号。因为 b 并没有出现在贾蓉的话语中,但实际上它已经隐含在"脉息"的语义信息中。我们以 b'代替,并以空白处表示。如此,贾蓉与张太医就不仅在语言层面上,即可理解、可支配的言语、语音层面上具有共性,而且在支配这些词汇并运用它们来组构、形成句子所依据的语法规则与原则上也具有共同的语法基础。我们可以把形式化的语法规则表述为 $= a+b(+b_{0+}b_{1+}b_2+\cdots\cdots)+C(+C_{0+}C_{1+}C_2+\cdots\cdots)$。这既不是语言层面上的语法,也不是写作文体上的语法,而是深层意义上的形式化的语法,且又具有生成性。"深层"不是"心理"的意味,而是在"语言说"的本质意义上。[①] 说出来的这些合语法的言语是浅表的,即它们是显现出来的可听或可读的,但语言之如此说的逻辑却是深层性的,即支配合语法的这些句子的法则、规则与原则是深层不可见的。也是因为这些深层的语言法则使双方能够彼此理解对

---

① 孙周兴选编:《海德格尔选集》,上海:上海三联书店,1996 年,第 983 页。

方的语言,并形成了由语法规则支配下的、听者－说者之间语言层面上的交汇,用乔姆斯基的话来说就是"说者－听者共具基础的语法系统,并操习在对语言的运用中。"①

我们之所以不说这是听者－说者共同的"心理"词典,是因为如此说法忽略了语言的深层结构是一种形式化的可转换性。乔姆斯基的语法研究就是基于这种形式能力来建构他的"形式化的普遍性的语言"理论,②这种"形式性的普遍性指归的是语法中的规则的特征以及规则间相互联系的方式。"③语言的这种形式上的普遍性是我们每个人都具有的"人性的、天生的、'语言形成能力。'"④乔姆斯基多处提到人类所具有的这种语法意义上的天生能力。"儿童的这种天生的概念形成能力以及这些能力意指的普遍性的语言体系。"⑤乔姆斯基并用"语言习得装备(a language-acquisition device)"⑥来说明我们为什么能够形成语法上的形式规则。这个装备能够对原初的语言数据进行搜寻、验证、评估以发展一个语言模型,即内化了的语法。这个内化了的语法能够帮助学习者识别、判断他接触到的语言是哪一种语言,以及什么样的语言数据、经验能够启动"语言习得装备"进行运转。虽然,乔姆斯基也提到"正常情况下,在某些方面,语言学习需要真实的生活环境",⑦但对于意在建构普遍性的语法理论的语言学家来说,这并不是他关心的对象,所以,乔姆斯基继续写道:"但是,假如这是真

---

① Noam Chomsky, *Aspects of The Theory of Syntax*, Massachusetts Institute of Technology, 1965, p. 4.

② Ibid., p. 29.

③ Ibid., p. 29.

④ Ibid., p. 30.

⑤ Ibid., p. 32.

⑥ Ibid., p. 32.

⑦ Ibid., p. 33.

的,那也不足以表明真实环境下的信息对语言习得所起到的决定性作用,一旦机制运转起来,孩子就开始学习语言了。"①

一旦机制运转起来,当语料被输入我们语法的装置,我们就在"语言习得装备"的运转机制的限制下,即语法的形式规则,产生、转换、生成符合条件的语句。不仅如此,由于使用同一种语言的个体因为在"语言习得装备"的运转形式上具有同质性,否则,建构这种"形式的,而非语义的"理论就毫无意义,因此,受这种深层语法支配的语言学层面上的语法,比如语音、语义以及语用学等,就在群体性的语言行为中体现出来。这就是乔姆斯基阐释的语法须满足"充分性的外在条件",②即"所生成的句子对母语者来说必须是可接受的。"③对于任何一种自然语言的母语者来说,无论是听觉上的还是视觉上的,或者说是口语的或书面语的,"听起来"或者"读起来"的"合不合语法"——这是由词或词组在话语中的位置安排来调谐、引控的,都是由运用该语言的母语者所共同遵守的语法规则来评估、判断。

乔姆斯基认为语言的语法本质归根结底是语言的形式特征问题。虽然他从句子的形式结构来分析、研精句子产生的抽象方式与规则具有革命性意义,但因为他局囿于对句法的形式特征的分析,以及对语言的语法通则的寻求,所以他并未深刻认识到(或者他意识到了,但仍然以牺牲句子的意义作为追求普遍语法为代价)两个问题:(1)基于句法的形式转换而抽离出语法的形式规则具有不完备性,因为句子之所以如此写,即主、谓或主、谓、宾或其他更

---

① Noam Chomsky, *Aspects of The Theory of Syntax*, Massachusetts Institute of Technology, 1965, p. 33.

② 诺姆·乔姆斯基:《句法结构》,北京:商务印书馆,2022 年,第 41 页。

③ 同上书,第 41 页。

复杂的成分在句中的位置以及之所以如此安排的原因,也就是句子的结构化问题,是与句子所承载的信息功能分不开的,即句子的语义属性。"所生成的句子对母语者来说必须是可接受的",不仅仅是句子的形式特征,还有语义表达的清晰与完整。以上例举的主－被动句型的转换产生的歧义即是例证,句子的形式、结构特征与组构成分在句子中的位置布局所表达的信息内容是分不开的。"形式"是句子组成成分的布局的形式,是服务于句子的功能作用的满足。(2)形式化的语法本身就是认知的。因为语法并不是剔除语义内容的纯形式的规则,而是"语法具有意义。"①当我们对他人提供的帮助表示感谢时,我们会说"非常感谢你"。韦尔尼克的另一位名叫 S. P 的女性病人有时也会这样说"非常感谢你"(Thank you very much)。可是,正像韦尔尼克强调的那样,S. P 患者常常会用"我非常感谢你的给予(I thank you very giving)"②来表达"非常感谢你"的意思。

这个病人的说话方式之所以让韦尔尼克有"逆耳之言"之感,是因为"非常感谢你"这句话的词语结构是韦尔尼克的认知语法,即雅格布森说的"预制的表征"或"种种预盼的可能性"。然而,韦尔尼克的这个病人的语言却是违反认知语法的,所以,韦尔尼克难以理解 S. D 的言语;S. D 也无法理解韦尔尼克的语言。韦尔尼克把他的这些病人——这些病人的失语原因并不是布洛卡脑区以及外侧裂周围皮层的损伤——称为感觉性失语。"尽管原因不一,失语症的临床表现在两个极端的区间内变化,即纯粹的运动失语以及纯粹的感觉失语。这两种形式是解剖上的两种语言中心存在的

---

①　Ronald W. Langacker,Cognitive Grammar,Oxford University Press,2008,p. 3.

②　Robort S. Cohen；Marx W. Wartofsky,*Boston Studies in Philosophy of Science* (IV) edited,D. Reidel Publishing Company,1969,p. 71.

不可拒绝的证据……运动性失语症是伴着前额叶的第一个脑回的损伤出现的,然而,据我所知,还有文献提到了另一种失语症,既感觉性失语症,但原因不明。"①

在韦尔尼克探究感觉性失语症的原因时,"布洛卡脑区并不是唯一的语言中心功能区"②的观点已被学界广泛接受。当时还有另一种观点认为"外侧裂周围的所有脑区都构成了语言器官。"③韦尔尼克的大量临床经验让他认识到颞枕叶是感觉性失语症的病源,并阐释了他的语言观。"我解释言语过程只是一个自发运动机制在言语所必须的运动中的特殊运用,这个自发运动具有具足的基本特征。颞枕叶的感觉功能与前额叶的运动功能是这个理论的基本要素。"④韦尔尼克认为颞叶的第一个弯曲处(the first temporal convolution),即我们今天说的额上回,与我们的感觉相关。所以,颞枕叶——颞叶的一部分,其损伤导致的一个感觉障碍就是"正确的与错误的可读单词的无意义的混合。"⑤韦尔尼克记下了他与这样一位病人的对话。韦尔尼克手拿一副手帕问他的这位名叫 Kunschkel 的男性病人:

韦尔尼克:"这是什么?"

病人:"那是一个很好的网。"

韦尔尼克:"网?"

病人:"不,它不是网,它没有那么硬。"

① Robort S. Cohen; Marx W. Wartofsky, *Boston Studies in Philosophy of Science* (IV) edited, D. Reidel Publishing Company, 1969, p. 66.
② Ibid., p. 45.
③ Ibid., p. 44.
④ Ibid., p. 92.
⑤ Ibid., p. 89.

韦尔尼克："那它是什么呢?"

病人："我们叫它手帕。"

韦尔尼克："我们还叫它什么?"

病人："正像我们理解的在贵族分支中我在贵族中移动 (As we understand in nobles branches I moves in aristo-crats)。"①

"正像我们理解的在贵族分支中我在贵族中移动",这句话在两个知情者的对话中并用来描述那个既定的、特殊的社交场合,或许具有情境的意义,譬如,贵族间的鸡尾酒宴会上。但在这个对话语境里,病人的言语让韦尔尼克无所适从,不知所云。原因并不仅仅在于它的不合语法性,因为一个明显的语法错误就是 K 病人对第一人称"I"之后的动词"move"做了第三人称的词尾变化的运用;也不仅仅在于它的无意义,即没有言传可具理解性的、任何确定的交流信息。虽然我们在日常生活中也会听到无意义的句子,譬如,"英国总统明日到京",但它却并不妨碍我们理解这句话传达的信息,即"英国的最高级别的领导人明日要抵达北京。"这位病人的言说方式直接与我们的认知语法相冲突:我们不会以这样的方式说话,正像我们不会说"我非常谢谢你给予"或"我谢谢你非常给予"。一个年轻的妈妈对她的 2 岁半的女儿说:"天太晚了,你要上床睡觉"。这个不愿上床睡觉的孩子回答说:"上床不"。但是,当她 3 岁多的时候,她不会再回答妈妈"上床不",而是"不上床"。母语为汉语者更能接受"不上床"而不是"上床不"。换言之,我们

---

① Robort S. Cohen; Marx W. Wartofsky,*Boston Studies in Philosophy of Science* (IV) edited,D. Reidel Publishing Company,1969,p. 78.

总是以确定了的词语序列来说话。

变换一个句子的组构成分而形成新的句子,无论是对于英文还是汉语来说,都是句法的应用。譬如,"这河有十丈深"。这个句子可以转换为"这河深十丈",或"这条河,深十丈"。我们也可以说"一条十丈深的河"。但根据郭绍虞,我们"却不大说'一条深十丈的河'"。① 之所以如此,是因为"这是汉语音乐性和顺序性的关系"②决定的。因此,"所生成的句子对母语者来说必须是可接受的"是由被言说的语言之所用来决定的,而不仅仅只是合语法的问题。语用比语法更重要。所以,尽管"colorless green ideas sleep furiously"、"一条深十丈的河"等句子在语法上说得通,但前者不会出现语用中,而后者也极少出现在日常性的语用中。我们在日常生活中说的是语言,也就是语用的问题。而语言的运用是处于语言环境中的个体自然而然的能力。个体不是通过语法来学习语言,相反,个体在语用中体现出语法。英国文学评论家威廉·燕卜荪(William Empson)在《朦胧的七种类型》中说"大多数孩子都会玩掷球游戏,但鲜有小孩精通动力学;更好的例子是,有些人善于换字游戏,一眼看出一个字母也不错,许多人则不能,因为分析过程虽然并不特别费脑筋,但却非常单调。很明显,这种认识整体的过程在语言研究中特别普遍而重要。大多数人都要学说话,在语法家还没有诞生之前,他们的语言中就包含了语法了。"③母语者在语言环境中习得的是"说话",即语言的运用或说语用,语法在语用中。所以在语法上被造出来的句子,"colorless green ideas

---

① 郭绍虞:《汉语语法修辞新探》,北京:商务印书馆,1979 年,第 66 页。

② 同上书,第 66 页。

③ 威廉·燕卜荪:《朦胧的七种类型》,北京:中央美术学院出版社,1998 年,第 5 页。

sleep furiously",它不是语用的适用性,也就不会进入到英语的日常语言环境中。

　　语法是语言被如此言说的认知。譬如,母语英语者会脱口而出"John drinks wine",而不是"wine drinks John"。这种"颠倒"句被乔姆斯基认为不是句子而排除。同样,汉语母语者的我们会不假思索地说出"你吃饭了么?",而不是"饭吃你了么?"我们说不出诸如此类的"颠倒"句子,可这样的句子却是韦尔尼克失语症者的言说方式。精神病学、神经科学以及解剖学向我们实证地揭示了布洛卡脑区或深层或周边脑区、外侧裂、脑岛以及韦尔尼克脑区或周围皮层等是语言的器官,它们的损伤会导致我们的语言障碍。虽然,正如同布洛卡语言区的损伤与布洛卡失语症不是必然对应的关系,韦尔尼克语言区的损伤也并不必然导致语言理解困难。"新近研究揭示只有当韦尔尼克区以及颞叶后部周围脑区都损伤时,或联结颞叶语言区与其他脑区的白质损伤时,韦尔尼克失语症才是必然的。"①但是,布洛卡脑区、韦尔尼克脑区以及它们的深层或周围脑区的损伤会导致语言障碍的事实,至少为我们理解本能的语言提供了参考性的基础。19 世纪中叶的精神病医生把脑解剖学与我们的心智能力关联后,比如,语言能力的脑区定位并创造性地提出了"语言器官"这个概念,所产生的语言理论就将以新的范式呈现出来。韦尔尼克说"先前的理论在理论上提出各种中心假设(协调中心、概念中心等),但这样做的时候并没有考虑到解剖学,原因在于,那个时候人们对脑的功能还一无所知,也还不能为解剖学的结论提供支持性的证据。采用神经解剖学的彻底性研

---

　　① Michael Gazzanige, Richard Ivry, George Mangun, *Cognitive Neuroscience—The Biology of The Mind (The Fifth Edition)*, New York: W. W. Norton & Company, Inc. 2019, p. 481.

究,利用当前已被广泛接受的实验心理学的原则,把解剖数据转为心理形式,并基于这些数据来建构理论,是一种完全不同的方法。"①

"完全不同的方法"的心智能力的脑区定位在十九世纪与解剖学密不可分,而在当代则与认知神经科学交织相缠。与十九世纪解剖学打开人的大脑从生理解剖上来寻找脑区与心智能力对应的方法不同,认知神经科学则是利用高科技技术手段,无创伤性地扫视人的大脑,并进行功能性的、可视化的成像。当前,对大脑功能性成像的尖端技术是功能性核磁共振成像(functional Magnetic Resonance Imaging,简称 fMRI),与正电子发射成像计算机断层成像(Positron Emission Computed Tomography,简称 PET)。面对一个特殊儿童,比如阅读不能者,我们也会像当年的布洛卡疑惑 Tan 病人为什么不能说话那样疑惑这位儿童为什么不能阅读。于是,研究者们为这位儿童设计阅读测验样本,譬如,英语的形－义、音－义或汉字的形－音、形－义或形、音、义的正确的配对组合,并把他送进核磁共振机器里。该儿童平躺在机器里,设计好的教学内容呈现在他的眼睛上方,当他进行认知性阅读活动时,尽管吃力困难,但与阅读理解相关的脑区会被激活,而这些相关脑区的血流量与耗氧水平明显增高,即血氧水平依赖较其他脑区显著。同时,研究者们也以普通儿童为对照组,并将两组阅读时的相关脑区的激活部位与血氧水平依存进行对比。于是,我们发现并确定某些脑区与英文阅读能力相关;另外脑区与中文流利阅读相关。尽管研究者是在数据的叠加状态下确定这些相关脑区,但这丝毫

① Robort S. Cohen; Marx W. Wartofsky: *Boston Studies in Philosophy of Science* (IV) edited,D. Reidel Publishing Company,1969,p. 92.

不妨碍我们对大脑的功能分区所做的还原性的理解。自然，也是在核磁共振技术的运用下，"加扎尼加与他的合作者开发了一项技术，如果大脑皮层能够被平展铺开，那么，利用大脑切片的核磁共振图像来重构，那么，这个人的大脑皮层会是什么样。他们发现具有语言意义的所有脑区是相接的且是一个连续体。皮层的这个脑区，即左外侧裂，可以被认为是一个语言器官。"①外侧裂是语言器官并不是一个新奇的发现，韦尔尼克在寻找感觉性失语症的原因时就已经提及，正如我们以上的引证。但是，二十世纪晚期技术的优越性为我们提供的"语言器官"的证据，却比十九世纪的技术以及神经科学家的推测要强大的多。

比核磁共振成像灵明度更高的成像技术是正电子发射计算机断层显像。如同功能性核磁共振的技术程序，正电子发射计算机断层显像技术同样是把认知主体送入 PET 机器里，然而在 PET 机内呈现认知任务，由机器记录脑脉冲经过程序分析并成像。所不同的是，PET 检测需要注射一种功能显示剂，当机内认知主体在认知活动中时，相关脑区就因为功能显像剂的作用而显现出来。研究人员就能够把认知活动类型与大脑的激活部进行功能性的定位。不仅如此，研究人员还可以运用事件相关电位（Event Related Potential，简称 ERP）来侦测大脑是怎样区别对待"单词"与"非单词"的，或者当我们发"e"或"v"的读音时，ERP 的正负波形会告诉我们什么。

从十九世纪解剖学的手术刀到二十世纪认知神经科学尖端技术的仪器，从布洛卡脑区的发现到大脑中语言器官的定位，我们似乎在大脑那可测量的方寸之间蓦摸到了一向无处可寻的心灵。这

---

① Steven Pinker, *language Instinct*, New York：Harper Perennial, 2007, p. 313.

心灵就是技术手段下的我们可以直接目视的脑区,伴随着说话、阅读,那些脑区的血流更浓了,氧耗更多了。于是,高度的血氧水平依存(Blood Oxyen Dependence)成为我们描写、刻画、确定、判断语言器官的依据。虽然我们在这些高度血氧水平依存的脑区以及脑区间没有看到字、词、句、标点符号等,但至少是那些正常活跃的脑区让我们明白我们内具的语言心灵。当我们透过屏幕目视这些忙碌的脑区时,我们对己身人性以及人性的能力油然而生一丝慰籍:语言原来是我们每个人拥有的器官,正如同布洛卡的惊呼“我们用左半脑说话。”①语言的抽象性与神秘性也似乎在可视化的成像中成为可触摸的实在,如平克所说“语言比思想更可触。”②可是,我们在问题的解决中又炮制了难题:运动性失语的“Tan”病人却能说出“tan”这个单词;感觉性失语症的患者却能流畅地说出句子,虽然既无意义又无逻辑。显然,“语言器官”是一个容易令人心生混乱的概念。因为如果我们把语言能力还原为这些器官的官能,那么,我们又将规整、安排、布局语言之如此被言说的法则安放在何处呢? 我们是不是又把这些语言的法则还原到构成这些器官的基因编码以支配语言器官的语法呢? 甚至,我们还要进一步追问又是什么法则主宰了语法的基因编码? 如果这些脑区的血氧水平依存是合语法性的语言的工作状态,而言语之类的声音或单词之类的形状等认知与血氧水平的高低相连,如同唱歌的音调由音频高低来示现,那么,“仅仅通过寻找大脑中那些邮戳般大小的斑点,我们将永远无法理解语言器官和语法基因。”③或许我们不应

① Jean-Pierre Changeux, *Neuronal Man*, Princeton University Press, 1985, p. 120.

② Steven Pinker, *language Instinct*, New York: Harper Perennial, 2007, p. 48.

③ Ibid., p. 11.

该把那些指趣语言活动的脑区理解为"语言器官",而是把它们称为"语言的神经装置。"①(Allman,202)它是生物性的大脑在社会文化机制、尤其是语言系统中获得了"语法"。"人类语言根本就是人的生物学的一部分———一种本能。"②如果我们把隐含在语言中、并支配着语言如此说的纯形式的语法,看作是神经系统的尺度、法理,那么,"语言的神经装置"的工作法则,或许只能是神经元与神经元之间、神经与神经之间、脑区与脑区之间对话的秩序以及默会协同的逻辑。平克所说的不是"学校里接触到的教育学的和文体上"的"生成语法",应该在这个意义上被理解才能符合他提出的"语言本能"的论断。"语言的神经装置"排除了"语言器官"的偏狭,因为以上所述语言脑区之外脑区的损伤同样导致了语言能力的丧失,且是理解高级语言能力的丧失。

2. 语言的神经装置

布洛卡的以及韦尔尼克的病人都是因为脑部受伤而导致了语言障碍。事实上,即便是布洛卡脑区以及韦尔尼克脑区完好无缺,其他脑区的损伤同样会导致语言障碍,且是与以上所述病人的言语障碍不同的语言障碍。比如,理解隐喻能力的丧失。在我们转向隐喻能力前,我们先看这个案例中的脑损伤者的语言与概念认知之间的关系。因为它正好为我们思考教师的角色提供了极好的素材。个案中的施耐德是二战期间德国的一位士兵。在战场上,枕叶区被炮弹单片击中的他虽然保全了性命,但认知上却发生了

---

① John Morgan Allman, *Evolving Brains*, New York: Scientific American Library, 1999, p. 324.

② Steven Pinker, *language Instinct*, New York: Harper Perennial, 2007, p. 11.

深度且多面向、多维度的障碍,他因而也成为德国精神病学专家戈尔德斯坦的病人。我们首先来看一下施耐德知觉障碍中的一个经典例子。当把一支自来水笔呈现给施耐德时——笔帽上的夹子没有向他显示出来,他的认知经历了以下几个阶段:"它是黑色的,蓝色的,并有光泽。它有一个白色的帽子。它是长形的,像棍子一样。它可能是一个工具。它发光而且反光。它可能是一个彩色的玻璃。"①为了提高他的这一认知行为的可能性,团队成员把笔拿得很近,并让笔帽上的夹子转过来以便能够向他显示出来。最后,施耐德终于把可能性收缩到"这可能是一支铅笔或自来水笔。"②这时,施耐德用手摸了摸自己胸部的口袋。"它是放在那里的,用于记事。"③

显然,这是典型的认知不能的障碍性行为;没有一个普通人是这样认识一个日常用品,比如,自来水笔。但施耐德的认知障碍并不是我们引证此案例的要义,至少就当前的讨论来说。我们举要此例是因为与认知相关的施耐德的言语,即贯穿于破碎零散认知过程中的施耐德本人的语言特征。我们不妨思考一下:施耐德的这些语言起到的是什么作用? 从认知过程来看,施耐德的概念系统完好,他通过自己的言语——有声语言,来提示、介导对用具"笔"的认知,逐步在语言的导引下编织他破碎的认知能力,最终实现对这一用具的命名。这是语言的作用,即"为所见的提供可能的意义"。然而,问题正在于概念性的言语为什么能够帮助他实现对用具的命名呢? 可以肯定的是,施耐德的有声言语,即口之发音、

---

① M. Merleau-Ponty, *Phenomenology of Perception*, Routledge & Kegan Paul Ltd, 1962. p. 151.

② Ibid., p. 151.

③ Ibid., p. 151.

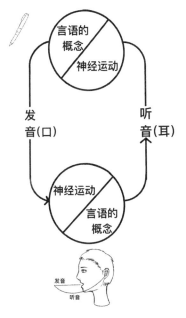

图7　听-说-知环路

耳之听音与神经对用具(虽然在最彻底的意义上,我们应该说是一个具体的人,譬如施耐德)的理解,即认知,构成了一个环路。我们以下图来表示施耐德的听-说-知的环路。

施耐德的枕叶区损伤导致他不能命名的认知障碍。不能命名的认知障碍通常有两种类型:一是不能命名活的生物;二是不能命名人造用具。不能命名的认知障碍,我们以上讨论韦尔尼克的病人时已经有所涉猎。比如,K病人会把韦尔尼克手中的手帕叫作"网"。

病人的语义错乱,所以,韦尔尼克失语症又被称为是"语义错乱(semantic paraphasias)。"[1]他们本来可能是想说"牛"这个概念,但他们实际上用的却是"马"这一单词。概念的"语义错乱"有它的神经病理原因;不同类型的命名障碍是不同的神经环路损伤所致。因此,不能命名活的生物的神经机制与不能命名人造物的神经环路并非相同。不能命名活的生物的神经环路通常涉及到"颞下皮质与颞叶内侧,以及这些脑区的前部。颞下皮质的前部与客体辨认的视觉感知的脑区很接近,而且颞叶内侧包括从联合区到海马脑区的重要的中继投射。海马是编码长期记忆信息的重要

① Michael Gazzanige, Richard Ivry, George Mangun, *Cognitive Neuroscience—The Biology of The Mind (The Fifth Edition)*, New York: W. W. Norton & Company, Inc. 2019, p. 484.

结构。"①这些脑区的损伤会导致不能命名活的物体。这段引言中隐含了一个知识点需要额外阐释说明,那就是颞下皮质。它还承担一个重要功能:与我们在客观世界里辨识所见物是"什么"的视觉通路有关。我们以下图来说明。

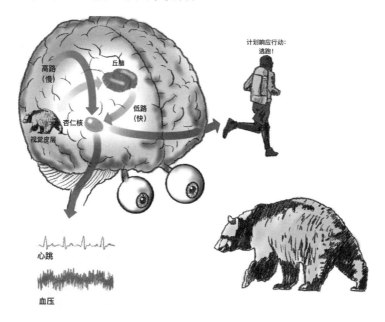

图 8   视觉的"高路"与"低路"传导图

本图来自 *Cognitive Neuroscience—The Biology of The Mind*,第五版,第 448 页的修改。

这幅图形象但简约地为我们诠释了视觉感知一头熊的神经冲动是怎样从视网膜向各兴趣脑区传导的,以及怎样唤醒了我们的情绪应急反应机制,并驱动了应急行为。在视觉冲动从视网膜向脑内传导时,编码着视觉信息的神经冲动首先到达枕叶区的初级

①   Michael Gazzanige, Richard Ivry, George Mangun, *Cognitive Neuroscience—The Biology of The Mind* (*The Fifth Edition*), New York: W. W. Norton & Company, Inc. 2019, p. 486.

视觉加工区,即后脑部标有"熊"的图像的部分。但这只是关于视觉物的粗略的信息。神经冲动再经初级视觉加工区分别向上与向下传导:向上即向顶叶背侧传导,这是被视物"在哪里"的空间信息通路,即"熊"的空间位置信息;向下分流传导,即向颞叶下部传导,这是被视物"是什么"的信息通路,即所见物是一头"熊"的信息。这两条视觉神经通路都属于高级通路,因为它们都传向脑皮层,并由脑皮层进行信息的综合、比较、分析、判断等高级认知功能的活动,所以,它们被称为"高级通路",正如图中所标的"高路"字样。因而传导耗时也比较长,所以也被标示为"慢"通道。

由上可知,当我们看到一个客体并命名它是"什么"时,颞下皮质是参与到这一认知过程中,并承担重要的视觉认知功能。颞叶的这些区域损伤将导致无法命名的失认症。施耐德虽然不是颞叶的这些皮质损伤,但他的枕叶区深度损伤,导致视觉神经传导从枕叶区到顶叶背侧的"在哪里"通路,以及到颞下皮质的"是什么"通路被中断。然而有所不同的是,在施耐德认知不能的例子里,研究人员呈现给他的是一支自来水笔,而不是活的生物体。感知"活的生物"依赖的是活的生物体的视觉信息的提取,譬如,熊的形体、颜色、大小、行走等特征就与长颈鹿的不同。视觉感知,正如上图示例,是神经的直接动作,也即神经直接认知。视觉认知人造物,譬如一支自来水笔,其认知过程虽然必然涉及到视觉皮层,但因为它更多涉及到的是人造物的功能、作用,这就不单纯是视觉特征,而是与语义关联起来。即视觉认知并命名"这是一支自来水笔",是与对它的功能、作用的有意义的语言描述分不开。然而,在现实的研究领域里,对于那些脑区受伤而无法辨认人造物的病理研究非常有限。"对人造物的命名尤为困难的病人,对其脑区进行病因定位的情况少之又少。最简单的原因可能是这样的病人被确诊并被研究的案例寥寥。但是，左额叶与顶叶看起来是加入了语义的加工。这些区域或接近大脑的感觉运动区或与之重叠，因而它们也就很有可能加入到对动作的表征中，而这些动作是人造物被使用时的动作。"[1]

可是，仅仅说额叶、顶叶与临近脑区，譬如，运动皮层的加入，可能与我们的视觉感知、命名能力相关，未免穿凿会巧。事实上，即便我们可以确定哪些脑区负责视觉辨认、命名人造物，如同布洛卡、韦尔尼克通过解剖把病人的语言障碍安放在额下回、颞上回后部，我们也并没有解决语言的问题，因为显而易见的困难在于：与某一人造物相关的语义又是怎样从这些脑区的功能关联中生发起来的呢？这个问题，本质上，也是布洛卡语言区、韦尔尼克语言区所面临的挑战：即特异性的语言无法具体还原到某一脑区。"出现了许多新的语言神经模型，它们与布洛卡、韦尔尼克首先发现的经典模型不同。在当代模型中，这些经典语言区不再总被认为与非常具体的语言相关，它们对语言加工所起到的作用也并不如经典语言模型所描述的那样。"[2]

施耐德看到一支自来水笔，无法视觉认知它，可他却能用词汇来描写它。无容置疑的是：这些词汇与施耐德眼中的这根"长形的棍子"存在记忆库上的关联性。二十世纪七、八十年代，伊丽莎白·沃瑞顿（Elizabeth Warrington）与她的研究者对不能命名人造物的患者认知进行研究，她们提出的假设是"这样的病人反映了信息的类型是与语义网络中的不同的单词一起存储的。生物性的

---

① Michael Gazzanige, Richard Ivry, George Mangun, *Cognitive Neuroscience— The Biology of The Mind（The Fifth Edition）*, New York: W. W. Norton & Company, Inc. 2019, p. 486.

② Ibid., p. 503.

范畴(水果、食物、动物)更多依赖物理特性或视觉特征(比如,苹果的颜色),人造物是由功能性质识别的(比如,我们是怎样使用锤子的)。"①两种类型的语义网络不同也意味着与这两种不同的认知相连的语义有各属的环路。这个问题仍然在激发着后来研究者的热情。二十世纪九十年代,有研究者利用脑成像技术,继续追踪命名不能的神经环路。结果发现,"当命名活的动物时,梭状回的外侧(大脑的腹侧表面)与颞上沟被激活。而命名动物也激活了视觉加工过程的早期阶段,即左侧枕叶内侧。与命名活的动物形成鲜明对比的是,辨别、命名工具的神经环路涉及到梭状回内侧、左颞中回以及左侧前运动区,而这个区域也会被想象手的动作激活。"②

　　实证科学在深掘认知与脑区的功能关联时具有强大的力量。可是,假如施耐德依旧活着,并被科研人员送进了核磁共振机器里,再假如先进的脑成像技术向我们揭示了施耐德不能命名的认知过程显示出他的梭状回、左侧颞中回以及左侧前运动区等脑区的激活与普通人不同,这一切对于我们理解施耐德的语言与认知之间的关系又启发什么了呢? 提供了什么帮助呢? 同时,脑成像技术又能够告诉我们听觉的以及概念的之间的关系是怎样建立起来的吗? 假如我们以实证的方式把认知与特定脑区的功能对应起来以解释我们在世的感知、认知活动,那么,诸如"长形的棍子"这样的概念,我们可以把它与初级视觉加工区的视觉成像对应起来,可对于"黑色的","蓝色的"等词,我们是不是也认为存在着与"黑

---

　　①　Michael Gazzanige, Richard Ivry, George Mangun, *Cognitive Neuroscience—The Biology of The Mind* (*The Fifth Edition*), New York: W. W. Norton & Company, Inc. 2019, p. 486.

　　②　Ibid., p. 486.

色的"、"蓝色的"相对应的神经环路,或者说我们的神经系统变
"红"或变"蓝"了? 维特根斯坦早就否定了符号－心理对应论的
概念理解,比如当他说"是不是说'R'代表一个红色方块就在于,
用这种语言的人在使用记号'R'时,总有一个红色方块在他心中
呈现呢?"①

如果我们把施耐德的言语视为是对一个未知的问题的分解步
骤,并把它们进行排序,则序列如下:

它是

黑色的……

蓝色的……

并有光泽……

它有一个白色的帽子……

它是长形的……

像棍子一样……

它可能是一个工具……

它发光而且反光……

它可能是一个彩色的玻璃……

……

有人或许解释施耐德的这些语言最终提示施耐德得出"这是
一支自来水笔"的结论,是因为语言帮助他在心理上形成了笔的意
象。如果是这样,我们恰恰需要知道语言何以能够建立一个心理
的意象? 或者说听觉与概念之间是怎样建立起一种关系的呢? 索

---

①   维特根斯坦:《哲学研究》,北京:商务印书馆,2012 年,第 38 页。

绪尔给出的解释是：

> 　　语言符号依据结合、联想而定，此联想由将两种截然不同
> 的事物连接起来的心智所引致，但这两种事物都具精神性，且
> 都居于主体内：听觉印象与概念相联结。听觉印象〈不是物质
> 的声响〉，而是声响的精神印记。①

　　听觉之所以能让我们产生概念是因为听觉能够在我们的精神
上留下听觉印象。听觉印象不是物质的声响，即听觉不是物理性
的声音，而是以声音的形式表现的概念。比如，当我们听到"树"这
一发音时，它会在我们的精神上留下痕迹，以至于"shu"这个发音
以及它所指的"树"这一概念都成为了我们精神上的实在。下次当
我们再次听到有人发出"树"这一概念时，它就与我们的精神痕迹
相吻合。每一个单词就是以这种精神性的实在存在于我们的大脑
里，并通过联想的方式被我们运用到现实语言中。可是，这并不是
我们对听觉语言的加工方式。"不像书写文字，听觉言语的信号并
不是清楚地可离散状，辨识一个单词的开始与结尾其实是很困难
的。当我们说话时，我们通常每秒会脱口而出 15 个音素，一分钟
会增加到大约 180 个词语。令人不解的是我们这样说时中间没有
间隙或中断，也就是说词与词之间没有停顿。"②书面文字是独立
块状的如同我们这里的每一个汉字，可是，口头语言却不是像书面

---

　　①　费尔南迪·德·索绪尔：《第三次普通语言学教程》，上海：世纪出版集团，
2009 年，第 84 页。

　　②　Michael Gazzanige, Richard Ivry, George Mangun, *Cognitive Neuroscience—
The Biology of The Mind（The Fifth Edition）*, New York：W. W. Norton & Compa-
ny, Inc. 2019, p. 490.

文字的块状，而是连续性的。下图是"what do you mean?"的
波形。

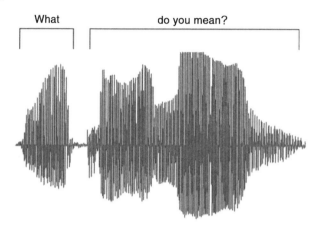

图 9 引自 *Cognitive Neuroscience—The Biology of The Mind*，第五版，第 **490** 页。

从图示中不难看出，每个词的词尾与下一个单词的开头之间没有可分的界限，尤其是"do you mean？"之间词尾词首的密切相连就好像它们只是一个单词的不同的音节而已。所以，当我们听到"what do you mean?"这句话时，我们听到的并不是一个又一个单词的听觉印象并通过连接在一起的单词的组合。相反，我们听到的是一个完整的句子——中间没有间隙或中断的句子。同样，发音与概念的结合也不是联想的机制，而是我们的神经系统就以听觉的能指系统运作的。施耐德的"黑色的"、"蓝色的"、"并有光泽的"、"它有一个白色的帽子"、"像一根棍子"等言语虽然支离、割裂，但它们是"能指"，口－耳相通地指引功能损伤的神经在"黑色的……蓝色的……并有光泽的……它有一个白色的帽子……像一根棍子……它可能是一个工具……它发光而且反光"等言语的提示下，形成一个意义系统。梅洛-庞蒂

解释说：

> "这一点是很清楚的，即语言干预了每一个阶段的认知，而这是通过为所见的提供可能的意义实现的；认知是关联着语言在各方面推进的：从'长'到'像棍子一样的形状'，从'棍子'到'用具'，再从那里到'用于记事的用具'，最后，得出了'自来水笔'。"①

施耐德从认知的不连续性到认知的完成，是与他自我提示、自我引导、自我开启的语言相关。在整个认知过程中，他的语言不是解释，不是描述，而是指引杂乱无向的"思"向着一个系统的完整结构过渡。这个过渡中，作为能指的语言的提示作用必不可少，如同路标指引着"思"之前行。同样不可缺少的是时间的渐进与过程，这是"思"的自身展开的必要性。"在整体语言里，能指本质上具有听觉的特性，只在时间上展开，〈具有〉借自时间的特性。"②一种与这些言语的主导性相关的聚合结构渐进、渐成，用梅洛-庞蒂的话来说就是语言为"所见的提供可能的意义"。最终，施耐德得出"这是一支自来水笔"的结论。

如果语言是为了提示可能的意义结构的形成与认知目的的达成，那么，教师的作用是什么呢？我们又该怎样理解教师的授课呢？传统的教学观受韩愈的"师说观"影响较深，认为教学就是"传道、授业、解惑"。比如，他说："古之学者必有师。师者，所以传道

---

① M. Merleau-Ponty, *Phenomenology of Perception*, Routledge & Kegan Paul Ltd, 1962, p. 151.

② 费尔南迪·德·索绪尔：《第三次普通语言学教程》，上海：世纪出版集团，2009年，第109页。

受业解惑也。人非生而知之者,孰能无惑?惑而不从师,其为惑也,终不解矣。"①"受"与"授"通。可"道"怎样传、"业"怎样授呢?韩愈并没有述及。相反,韩愈认为文词语意等知识的学习并不是他所说的"道"与"业"的知识。"彼童子之师,授之书而习其句读者,非吾所谓传其道解其惑者也,句读之不知,惑之不解,或师焉,或不焉,小学而大遗,吾未见其明也。"②读,音 dòu,清代语法学家马建忠解"专论句读,而句读集字所成者也。惟字之在句读也必有其所,而字字相配必从其类,类别而后进论夫句读焉。"③"句读"也就是语意已尽的停顿处。句读句是由字组成的,所以,"句读"与"字"无法分开。齐佩瑢解"'读',是指字音字义而言;所谓'义',是指日常通行的用义而言。"④知"句读"也就是知构成句子的字的古音古义,以正读古字,通晓古言。可是,根据韩愈,教师如果帮助学生学习字的音、形、义,以及句读句的知识,那就不属于传道、授业、解惑的内容。

不幸的是,我们不仅在阅读不能、计算不能、认知障碍、语言不能、心智迟缓、脑损伤等儿童身上,看到他们学习字的音、形、义以及句子阅读等基础知识的困难,正像我们在行文之初介绍的 W 儿童那样,而且我们还在他们所接受的特殊教育的方式中,深刻理解了知识并不是传授的,而是以语言指引的内在联通的实现,如同施耐德对"笔"的认知。海伦·凯勒问她的老师安妮·莎莉文"灵魂是什么?"莎莉文回答说"任何人都无法知道灵魂的

---

① 孟宪承选编:《中国古代教育文选》,北京:人民教育出版社,2014 年,第 209 页。

② 同上书,第 209 页。

③ 马建忠:《马氏文通》,北京:商务印书馆,2018 年,第 10 页。

④ 齐佩瑢:《训诂学概论》,北京:商务印书馆,2015 年,第 4 页。

样子。但可以肯定的是它不是身体，而是我们用来思考、希望和爱的那一部分。"①我们该怎样理解莎莉文的这些语言文字呢？莎莉文的这些言语如同手指指向处，我们顺着指示性的手指看到手指所指处：一个人在思考。我们也对"满怀着希望，爱与被爱"并不陌生。于是，一下子我们就明白了"什么是灵魂"。莎莉文的这些语言不是对"灵魂"的定义，不是对灵魂的描述，但是我们却在她的语言中"看到"了灵魂，即能"思想、希望与爱"的能力。我们的灵魂在思想、希望与爱的动作中体现。

教师不可能把知识放入到学生的大脑里，正如同施耐德需要自己的"思"之通才能得出那是一支笔的认知。教师的语言就如同施耐德的阶段性、导引性的语言，学习者在教师引动性的语言中抑扬寸心，舒布其思，自组织地形成词语勾连的图景。《论语·颜渊》仲弓向孔子问仁。子曰："出门如见大宾，使民如承大祭。"②孔子没有以下定义的方式向仲弓解释：仁是能敬畏人，故能爱人。相反，而是以"如见大宾"、"如承大祭"的引－图画的视觉性语言来呈现"仁"的情景。我们似乎看到了"见大宾"的一副图景。这也是《左传》为我们提供的图景。《僖公·九年》周襄王嘉奖齐桓公于僖公八年安定王位，命周大夫宰孔赐齐桓公祭庙肉。《左传》记事如下：

> 王使宰孔赐齐侯胙，曰：'天子有事于文、武，使孔赐伯舅胙。'齐侯将下、拜。孔曰：'且有后命——天子使孔曰：'以伯舅耋老，加劳，赐一级，无下拜！'对曰：'天威不违颜咫尺，小

---

① 安娜·莎莉文：《教育手记》，王智编译，北京：中国盲文出版社，2003 年，第118 页。

② ［清］刘宝楠：《论语正义》，北京：中华书局，2017 年，第 485 页。

白,余敢贪天子之命,无下拜?——恐陨越于下,以遗天子羞。
敢不下拜?下、拜;登、受。①

这段记叙毫无疑问是文字,但它也是图像。我们图示如下:

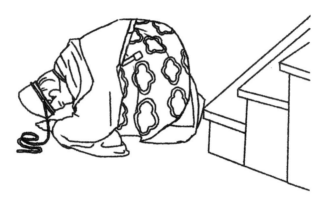

图 10　齐桓公下、拜图

我们不知道"见大宾"是什么样子,可是,当我们读到这一段文
字时,我们似乎看到了齐桓公对宰孔"下、拜;登、受",如上图所示。
这即是"见大宾"时的敬、畏与爱,而这也就是"仁"。同样,当我们
读到"出门如见大宾,使民如承大祭"时,这些文字又让我们想起孔
子是怎样从《左传》里学习到这些知识的。它出自春秋早期白季与
晋文公的一段对话。《左传·僖公三十三年》记事:

　　初,白季使,过冀,见冀缺耨,其妻馌之,敬,相待如宾。与
之归,言诸文公曰:"敬,德之聚也。能敬必有德。德以治民,
君请用之!臣闻之:出门如宾,承事如祭,仁之则也。"②

---

① 杨伯峻:《春秋左传注》,北京:中华书局,2016 年,第 356—357 页。
② 同上书,第 548 页。

冀缺与其妻因相敬故相爱,所以仁爱有德。人可为仁,但也可不仁。什么是不仁?《论语·八佾》孔子说"人而不仁,如礼何? 人而不仁,如乐何?"①敬、畏、爱、德是仁,看到这些行为的样式,就是看到了"仁"之示现。可是,孔子又把"仁"与"礼乐"关联起来,可听的礼乐又如何成为可视化的"仁"的呢? 还是《左传》为我们提供答案。鲁庄公十九年时,周惠王与蒍国、边伯、石速、詹父、子禽祝跪五大夫发生矛盾。五大夫与王子颓联合犯上作乱,并攻伐周惠王。庄公二十年的冬天,《左传》叙述如下:

> 冬,王子颓享五大夫,乐及徧舞。郑伯闻之,见虢叔曰:"寡人闻之:哀乐失时,殃咎必至。今王子颓歌舞不倦,乐祸也。夫司寇行戮,君为之不举,而况敢乐祸乎? 奸王之位,祸孰大焉? 临祸忘忧,忧必及之。盍纳王乎!'虢公曰:'寡人之愿也。"②

庄公二十一年,郑厉公、周惠王与虢叔合力杀王子颓及五大夫。王子颓与五大夫为臣不仁,礼乐失时,故遭杀身之祸。郑伯虽尽人臣之力,然而他自身也犯了相同的错误,即礼乐失时,最终与王子颓是同样的命运。《左传·庄公二十一年》:

> 郑伯享王于阙西辟,乐备。王与之武公之略,自虎牢以东。原伯曰:"郑伯效尤,其亦将有咎!"五月,郑厉公卒。③

---

① 〔清〕刘宝楠:《论语正义》,北京:中华书局,2017 年,第 81 页。
② 杨伯峻:《春秋左传注》,北京:中华书局,2016 年,第 233—234 页。
③ 同上书,第 236—237 页。

　　无论是王子颓还是郑伯都僭越了王室礼制，享受了他们在社会等级上不应该享受的礼乐，用孔子批评季氏的话来解释则是"八佾舞于庭，是可忍也，孰不可忍也？"①以上是由"仁"这个概念拓展、织结的语义网路，我们把它图示化也就成为了下图。

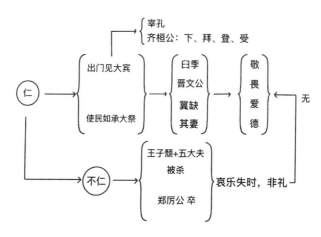

图 11 "仁"概念语义图

　　"仁"作为一个概念，并不是可视化的，尽管汉字有它的象形特征。我们对"仁"这个概念的学习也是通过对这个概念的运用以及语义关联的理解识记的。但"出门如见大宾，使民如承大祭"使"仁"这个概念可视化了。孔子用这句话向仲弓解释什么是"仁"时，无论是孔子还是有此历史背景知识的人都会想起《左传·僖公三十三年》提到的臼季与晋文公对话的史事。再由这一概念，我们被引向"仁"与"礼乐"之间的关系，并在历史典故中体会"仁"与"礼乐"之间的内义互嵌，骨肉勾连。孔子述及"仁"这一概念时，自然地，人与人之间也存在"不仁"之反向行为。"仁"概念的内涵，以及概念与概念之间的关系，就在引－图像化的语言中被拓展、延伸

---

　　①　［清］刘宝楠：《论语正义》，北京：中华书局，2017 年，第 77 页。

开来。孔子的这种引－图像化的语言把概念置于语义网络中,置于讨论之域,概念的实意就被语境所赋予、甄别,广延性的知识结构与概念学习就被建构、生成。因此,学习的发生不是孤零零的概念习得,而是与词相连的骨肉情境的共同呈现。词－境的这种语用共同性、相依性才是词的内容的规定性。

如上所述,引－图像化的语言帮助我们理解知识与概念的学习,这种语言方式的特征是能够借助言语创造知识的视觉化的图像,把无形、不可触摸的概念认知视－听一体化,实现知识的亲感的直接性与具体性。我们常常认为语言是听觉的问题,与视觉无关。譬如,我们在练习第二种外国语的时候,我们不断强化的就是对这种语言的听觉敏感性,即"耳熟"而已。再者,以上我们举证的语言脑区中并没有视觉区,而这也就强化了语言－听觉的观点。语言－听觉的模式认为一个头脑中编码的知识经过听觉神经的转化就可以在另一个头脑中被编码、存储起来。杜威把这种静听的教学模式称为是"一个人的头脑对别人的依赖。"杜威写道:

> 如果我们留心看看一般的教室,例如按几何图形排列着一行一行的简陋的课桌,紧紧地挤在一起,很少有移动的余地;这些课桌的大小几乎都是一样的,仅能够放置书、笔和纸;另外,有一个讲台,一些椅子,光秃秃的墙壁,还可能有几幅画。我们看了这些情况,就能推断在这样的场所可能进行的惟一的教育活动。这一切都有利于'静听'的,因为单纯地学习书本上的课文,只是'静听'的另一种形式,它标志着一个人的头脑对别人的依赖。'静听'的方式意味着被动的和吸收的……如果什么都是建立在'静听'的基础上,那么教材和方法就只好划一起来,耳朵和反映耳朵的书本便构成一切儿童

相同的媒介物。①

　　知识借助耳朵的功能就可以被占有,因为听觉是负责把知识传送到头脑中的通道,也因为我们具有记忆功能。在语言－听觉中,记忆的功能被提到知识获得的中枢地位。这不仅仅是因为我们的大脑需要这些字、词、句、逻辑、公式等存储的知识作为加工的原料或辅料,而且我们的语言加工本身也需要记忆功能。加扎尼加等人说:

　　把大脑里的工作机制与语言分析结合在一起的一个新的语言神经模型是有彼得·哈格如特(Peter Hagoort)提出的。他的模型把语言加工分为三个功能性的组成部分——记忆,整合与控制——并辨别了它们在大脑中的可能性表征。

　　1. 记忆。从心理词典或单词的长时记忆中存储与提取,正像本章开始处定义的那样。

　　2. 统一。从词典上提取语音、语义以及句子信息并整合成一个完整句子的全面表征。在语言理解中,语音、语义以及句子信息的统一过程能够平行加工(有时或同时);不同类型之间的信息也相互作用。统一使哈格如特的模型是一个基于受限性的相互作用的模型,正如前面已经讨论的。

　　3. 控制。把语言与行动关联起来(例如,双语或回话中的轮换)②

----

　　① 赵祥麟、王承绪编译:《杜威教育名篇》,北京:教育科学出版社,2006 年,第25—26 页。

　　② Michael Gazzanige, Richard Ivry, George Mangun, *Cognitive Neuroscience—The Biology of The Mind* (*The Fifth Edition*), New York: W. W. Norton & Company, Inc. 2019, pp. 503—504.

我们以上文中的"郑伯效尤,其亦将有咎"为例来诠释彼得(Peter)的这一模型。初闻者可能并不理解"郑伯效尤,其亦将有咎"指义为何。假如我们先行讲述了王子颓与五大夫合谋犯上作乱,并与周惠王分庭抗礼,僭越王室礼制,乐备六代,又及舞乐这一史事,当我们再次听闻郑厉公亦备六代之乐及舞乐,我们立刻就会明白"效尤"之所指。这种"明白"既是我们曾经知晓王子颓舞乐过节的经验事实,又是因为司职记忆的脑区向我们呈现了与"效尤"相关的、被记住的内容,并与当前我们正在接触的新材料相互作用,形成一个内容统一的知识形式。于是,"基于有限性的相互作用"的结果就会产生:听者再次闻听"郑伯效尤,其亦将有咎"这句话时,立刻理解了它的意思。记忆固然是我们一项非常重要的心智功能,因为语音的、语用的、语句的等信息的表征需要心智有能力留住听觉的或视觉的信息,从工作记忆向短时记忆或长时记忆转化。我们的知识、经验、技能一天一天的积累与丰富,与我们的记忆功能密切相关。但我们还需要问这样的问题:我们是仅仅通过听觉来理解语言的意指的么? 一个年轻的妈妈抱着一个婴幼儿,口里不停地说着"喝水"、"用杯子喝水",婴幼儿仅仅通过妈妈的语言就理解了"杯子"、"喝水"这些概念的意义了么? 当妈妈在不停地说这些语言时,她还用另一手握着盛水的杯子,送到婴幼儿的口边。在妈妈的有声语言以及口－手一体地操作中,婴幼儿的眼睛、耳朵被视－听一体地引动,并与妈妈的声音、口、手的动作交融,最终满足了喝水的愿望。视觉性地看,听觉地"听",以及视－听触感地共同起作用,帮助了该婴幼儿形成对"水杯"、"喝水"以及"用水杯喝水"等世界的感知。其中,哪里是声音的感知,哪里是视觉的认知,事实上难以分辨,因为婴幼儿是在视、听、触等全方位、多感官地身居其中习得对世界的认知。

显然,婴幼儿并不是仅仅通过听妈妈的声音获得对语言的理解,以及对世界的认知。"仔细研究之下,我们会明白传统上被认为是特定感觉区域的实际上是多感官效应。例如,在一项功能性核磁共振研究中,当声音同时伴随着视觉刺激时,听觉皮层会更加兴奋。鉴于血氧水平依赖反应的缓慢增长的时间窗口,这种增长可能是更多地在做准备,即把视觉信号作为声音的线索。"①我们是视听一体地听－看语言,听－看世界。认知神经科学解释说这是我们大脑的联觉机制。"大脑各区域包括众多神经元,它们对不止一种感觉起反应。这就是多感觉。多感觉整合出现在大脑的很多区域里,无论是皮下组织还是皮层上的。"②其中,皮下组织的上丘(superior colliculus)是我们的一个重要的多感觉脑区。因为"上丘中包含着环境中的视觉、听觉,甚至是触觉的有序的地形图。上丘中的很多神经元是多感官特性的,能够被多种感觉通道的信息输入激活。这些神经元把来自各种感觉通道的信息结合起来,并进行整合。事实上,多种感官信息输入时,这些神经元的激活程度要比单一感官的信息输入时更强。当单一通道的刺激无效激活时,这些增强的反应将会更加有效。如此,较弱的、甚至是激活域限水平之下的、单一通道信号的合力就能够被检测到,并使所有的神经元协同对刺激做出反应。多感官信号也比单一通道信号被大脑视为更可靠的信息来对待。"③

　　我们天生需要多向度、多纬度、多感官的信息输入,这是由我

①　Michael Gazzanige, Richard Ivry, George Mangun, *Cognitive Neuroscience—The Biology of The Mind* (*The Fourth Edition*), New York: W. W. Norton & Company, Inc. 2014, p. 210.

②　Michael Gazzanige, Richard Ivry, George Mangun, *Cognitive Neuroscience—The Biology of The Mind* (*The Fifth Edition*), New York: W. W. Norton & Company, Inc. 2019, p. 207.

③　Michael Gazzanige, Richard Ivry, George Mangun, *Cognitive Neuroscience—The Biology of The Mind* (*The Fourth Edition*), New York: W. W. Norton & Company, Inc. 2014, pp. 209—210.

们肉身的构造与感觉装置决定的。即便是功能特异性的听觉神经系统,也是视觉的装置。"多感官活动在很多脑皮层也被观察到。颞上沟(superior temporal sulcus)就是联觉区,既接受来自各种感觉皮层的信息,又把信息传送到各感觉皮层。神经生理学家就辨识了猴子的颞上沟同时对视觉的、听觉的以及本体感觉的刺激做出反应。"①因为我们的大脑是联觉的,所以,如果仅仅把我们置于听觉的世界里,比如,静听课堂模式的学习,又仅仅把耳朵当作是知识学习的发生机制,并认为通过理解了教师的语言就能够获得知识,那么,不仅"传道授业"是徒劳的,而且大脑的联觉能力也因为长期被限制而功能弱化。优秀的教学是教育者能够创造语言、文字的联觉功能,让联觉感知的大脑以它本身应有的联感方式去感知,去认知。教学的最重要的功能就是教师要发挥语言、文字的联觉功能。这就把我们带到了这样一个问题面前:什么是基于语言、文字的联觉功能、语言指引的教学?

3. 语言指引与教学

回答什么是基于语言、文字的神经联觉功能的教学,我们需要首先理解什么是语言、文字的联觉功能。我们以林庚在《唐诗综论》中的举例来开启本节的叙论:

> 我过去曾经写作一篇小文《说水分》,'水分'可以有两种解释:一般说到文章里水分太多,因此淡而无味。我所想说的

---

① Michael Gazzanige, Richard Ivry, George Mangun, *Cognitive Neuroscience——The Biology of The Mind* (*The Fifth Edition*), New York: W. W. Norton & Company, Inc. 2019, p. 207.

'水分'乃是指水是生命的海洋,任何生命都离不开水分。《红楼梦》中说贾母把鸳鸯调理得像个'水葱'似的人儿。干葱当然不行,光是葱也不行,这里的玲珑传神之处正在于那水分带来了鲜明的生意。王维《积雨辋川庄作》中有两句诗:

漠漠水田飞白鹭,阴阴夏木啭黄鹂。

也有人是抄的,说是抄了李嘉祐的

水田飞白鹭,夏木啭黄鹂。

是否抄的姑且不论,反正王维的这两句要高明得多。这两句多了"漠漠"和"阴阴"四个字,为什么就会好呢?水田当然是'漠漠'的,夏木当然是'阴阴'的,这不是多了一点废话吗?其实不然。因为'水田飞白鹭'与'夏木啭黄鹂'是平行地写了两个景致,黄鹂在树上叫黄鹂的,白鹭在水田上飞白鹭的,各不相干,这里并没有飞跃的力量。多了'漠漠'和'阴阴',就把它们连成了一片。阴阴让夏木有了一片浓阴之感,漠漠使水田蒙上了一片渺茫的色调,岸上的一片浓阴与水田的一片渺茫起着画面上烘托的作用,这就是情景中水分的作用。从浓阴的深处到渺茫的水田,到鲜明的白鹭,越发衬托出白鹭之白与茫茫中飞动的形象,使得整个气氛鲜明活跃,潜在的感性因素如鱼得水地浮现出来,这才不是干巴巴的,而李嘉祐的'水田飞白鹭,夏木啭黄鹂'则难免有些干巴,因为它缺少那应有的水分。

水分使感性连成一片,那么飞跃性又到哪里去了呢?这里我们不妨仍引用前面的例子,'曲终人不见,江上数峰青',这青的感受其实正是出现在曲终的刹那间,真要是余音已不复在耳时,数峰也就不那么青了。[①]

---

① 林庚:《唐诗综论》,北京:商务印书馆,2020年,第283—284页。

　　"漠漠水田飞白鹭,阴阴夏木啭黄鹂"要比"水田飞白鹭,夏木啭黄鹂"好,可好在哪里呢? 林庚大师没有从律诗的用词对仗,音韵平仄等特征来分析王维与李嘉祐的这两句诗句,即林庚没有用理论的语言来分析诗词。相反,他引入日常生活中的用语"水分"来解释改造后的诗句的生意。诗句的"水分"的生意是读者的单一的感觉通道被多感官丰富化了,它是通过诗人对语言的创造性运用实现的。比如,王维把"漠漠"加于"水田飞白鹭"之前,"阴阴"于"夏木啭黄鹂"之前。如此,"水田飞白鹭,夏木啭黄鹂"的视觉性的叙事观赏,就因为"漠漠"的视觉、"阴阴"的温度觉而被转化为"我"之看境的更为强烈的感受性。王国维说"词以境界为上。有境界则自成高格 …… 有造境,有写境 …… 有有我之境,有无我之境。'泪眼问花花不语,乱红飞过秋千去。''可堪孤馆闭春寒,杜鹃声里斜阳暮。'有我之境。'采菊东篱下,悠然见南山。''寒波澹澹起,白鸟悠悠下。'无我之境也。有我之境,以我观物,故物皆著我之色彩;无我之境,以物观物,故不知何者为我,何者为物。"[①]"漠漠"、"阴阴"的语言力量就在于王维把李嘉祐的"无我"之写境转变成了"有我"之造境。水田、白鹭、夏木、黄鹂就有了"我"之"漠漠"、"阴阴"的感性。换言之,李嘉祐的诗句是"观"境,而王维则把它"观 - 感"化了,为"观"填充了亲身的感性。

　　林庚的"水分"转用就稀释了诗歌理论的厚度与硬度,诗句分析也就不再是思维思量的对象,心灵分析的素材,而是经由"漠漠"的视觉体验以及"阴阴"的温度觉,转化为读者可亲感、亲触的感性。林庚说这是文字的"飞跃的力量"。事实上,在文字的"飞跃的力量"上,我们已经分不清哪里是文字、语言的界限,哪里又是我们的感

---

　　①　王国维:《王国维文学论著三种》,北京:商务印书馆,2019 年,第 25 页。

性。因为在"漠漠"、"阴阴"中,浓阴深处连着的渺茫的水田,以至于水田、白鹭、夏木、黄鹂,从境到情的连为一体,实现了看者的视觉、温度觉的联动与飞跃。其中,没有李嘉祐笔下的各不相干的景致,而是王维的"漠漠水田飞白鹭,阴阴夏木啭黄鹂"的人、境、情、景的交融。这就是王维造境的诗句的优越性。林庚所说的"水分"既是诗句的感性,又是人的感性。我们更应该说"水分"是人的感性;它是一种感性与另一种感性的连通、共在,或向着另一种感性的迁转。

教师授课的语言既应该如"漠漠"、"阴阴"实现的"飞跃",又如"曲终人不见,江上数峰青"的感觉的联动。听曲是听觉的感性;曲终是听觉神经暂时性地不再与曲子廉肉相准。曲终的听觉戛然而止处是"青"的视觉感受性异军突起。听觉的连续性被"青"的视觉感受性放大。听者从听觉转向了视觉。林庚说"语言的飞跃带来的感性上的丰富交织,使之在艺术上连成一片。作为诗的语言并不需要拉大距离来证明它的飞跃性,而是需要具备这种充沛的潜在能力。"①然而,语言的飞跃性归根结底是因为我们感性的相通、可通与飞跃。诗歌所要实现的就是使语言更能体现出它的能指,即让读者实现他的感性飞跃。林庚接着说:"若没有感性潜在的交织性,语言上的飞跃就无所凭借,没有飞跃性的语言突破,感性也就无由交织。诗人的创造性正是从捕捉新鲜的感受中锻炼语言的飞跃能力,从语言的飞跃中提高自己的感受能力,总之,一切都统一在新鲜感受的飞跃交织之中。"②林庚对诗歌语言的分析又如何不是课堂上教师的语言所应该具备的特征呢? 如果这是文学课上的古诗词欣赏,我们又如何能说林庚大师的授课语言没有实现学习者感性的飞跃呢?

---

① 林庚:《唐诗综论》,北京:商务印书馆,2020 年,第 284 页。
② 同上书,第 285 页。

最优秀的教学是语言的运用能够引动通感联觉,如果多通道地通感联觉是我们原本性地感知世界的方式。认知神经科学从实证的角度向我们揭示大脑是多感官通道的,但我们感知世界的通感能力以及我们在现实中对通感的运用,要远远多于这种原理性的知识的描绘。如果我们把现实中以通感联觉感知世界的方式看作是感知整体,认知神经科学实证性地揭示的神经元多感官地感知世界就是部分——因为它们是分析还原性的,那么,对通感联觉的真实态的描述与回归才是对我们真实感知世界方式的揭示。这也是格式塔知会我们的视看现象世界的原理,即"整体大于它的部分之和。"①我们以歌声为例。我们的歌声既可以高亢又可以低沉。《礼记·乐记·疏》:

> 故歌者上如抗,下如队(坠),曲如折,止如槁木;倨中矩,句中钩,累累乎端如贯珠。(礼记集说,222)《疏》:"上如抗"者,言歌声上响,感动人意,使之如似抗举也。"下如队"者,言声音下响,感动人意。如似坠落之意也。"曲如折"者,言音声回曲,感动人心,如似方折也。"止如槁木"者,言音声止静,感动人心,如似枯槁之木止而不动也。"倨中矩"者,言其音声雅曲,感动人心,如中当于矩也。"勾中钩"者,谓大屈也,言音声大屈曲,感动人心,如中当于钩也。"累累乎端如贯珠"者,言声之状累累乎感动人心,端正其状,如贯于珠,言声音感动于人,令人心想形状如此。②

这一段是论述歌之形状。歌声是听觉,但"抗举"、"坠落"是运

----

① 库尔特·考夫卡:《格式塔心理学原理》,黎炜译,浙江教育出版社,1997,第228页。
② 《十三经注疏》,北京:中华书局,2015年,第3350页。

动觉,"枯木"、"大屈曲"是视觉,"累累乎"又是本体感觉。周振甫解释这段话:

> 《礼记·乐记》里指出音乐'感动人意','上如抗'像把声音举起来,举起来要用力,这就跟肌肉运动觉联系起来。'下如坠',声音从高到低,像从高出落下来,这就视觉联系。《老残游记》里记大明湖边听白妞黑妞说书,声音一层高似一层,用攀登泰山来作比,越升越高,也是从声音联想到攀登的肌肉运动觉与泰山的视觉。'曲如折',声音的转折,如表达音调的变化,引起听众情绪的变化。'止如槁木',声音止静,像枯木的止而不动,这如白居易《琵琶行》里说:
>
> 　　水泉冷涩弦凝绝,凝绝不通声渐歇,
> 　　　别有幽愁暗恨生,此时无声胜有声。
>
> 　声音从高到低,从低到像泉水因冷而凝结那样越来越低沉,低沉到好像要停止那样,这就是如枯木之止而不动,但并不真的停止,从低沉中发出一种幽愁暗恨,所谓'无声胜有声'。这就从听觉引起视觉如槁木,引起触觉,如泉的冷涩。'倨中矩'指声音雅正,合乎规矩。矩指方正,规指圆规,圆规也就是勾中钩了。'累累乎端如贯珠',状声音的圆转像珠子,这个圆转的声音,一个接着一个联起来的,所以称'贯珠',这也就是听觉通于视觉了。从听觉引起人的视觉、触觉,也就是音乐不光使人感到悦耳,'声入心通',引起人的感情,所以会通于视觉和触觉,这样写,不光写出音乐之美,也写出音乐感动人的力量,写出音乐的作用。"①

————————————

① 　周振甫:《诗词例话》,北京:中国青年出版社,2008年,第246—247页。

　　歌声、弦声是听觉的,但它们又是运动觉的、视觉的、触觉的、本体感觉的等。歌声引动了我们的通感联觉。或许,我们更应该说我们并不是仅仅以听觉的形式来欣赏音乐,而是以通感联觉的方式来感知歌声。但不同于实证科学的通感联觉的论述,我们理解的通感联觉并不只是我们的大脑或者是大脑的某些脑区的协同作业。相反,通感联觉是构成我们这块气血肉身的性情。《文心雕龙·声律》说"夫音律所始,本于人声音也;声合宫商,肇自血气,先王因之,以制乐歌。故知器写人声,声非学器者也。故言语者,文章关键,神明枢机,吐纳律吕,唇吻而已。"①虽然教师的授课不是形同音乐课,我们也不能把这一段描述当作教师授课语言的考量标准。但是,《礼记·乐记》的这一段描述以及周振甫先生对它的解说,举要的是这样一种认识:我们不断拓开与提高的感知能力是这能抗能坠的感性的肉身的能力;语言需要具有穿透性,才能引动这肉身、气血的上抗下坠,以尽情释放它的感性的感动。钱锺书《通感》说"乐记'上如抗,下如坠',就是韩愈《听颖师弹琴》诗里的描述:'浮云柳絮无根蒂,天地阔远随飞扬。…… 跻攀分寸不可上,失势一落千丈强诗里的描写 …… 那才是'心想形状如此','听声类形'……把听觉转化为视觉了。'跻攀分寸不可上,失势一落千丈强',这两句可以和'上如抗,下如坠'印证,也许不但指听觉通于视觉,而且指听觉通于肌肉运动觉;随着声音的上下高低,身体里起一种'抗'、'坠'、'扳'、'落'的感觉。"②

　　"心想形状如此"乃是"身体里起的'抗'、'坠'、'扳'、'落'的感觉",即身体的语言,音乐的抗坠是其实身体的感性力量在造势,在

① 刘勰:《文心雕龙》,杭州:浙江古籍出版社,2011 年,第 119 页。
② 周振甫:《诗词例话》,北京:中国青年出版社,2008 年,第 246 页。

宣发。同样,口头的、书面的言辞也是这肉身的语言在造势。杨树达《汉文文言修辞学》举例"张橘轩诗:'半篙流水夜来雨,一树早梅何处春?'元遗山曰:佳则佳矣,而有未安。既曰一树,乌得为何处,不如改一树为几点,便觉飞动。"[1]"一树"提供给人的是实在的某处的空间感,是写实,而"几点"却是不落实处的空旷与广阔感。"几点"是比"一树"更为舒布、广漫、敞开、空泛、拉开的空间感。被"几点"拉开又广漫的空间里有次第早开的梅花,于是,从聚焦的梅花到敞开的空间,视觉上的飞动之势就被烘托而出。这就是不同的用字拓开的空间感与语言的造势能力,但它归根结底是身体的可抗可坠的感性能力。孔子早就认识到语言、文字的指向、指示、指引功能,所以孔子说"辞达而已矣。"[2]《仪礼聘礼记》:"辞无常,孙而说,辞多则史,少则不达。辞苟足以达,义之至也。"[3]就"几点"与"一树"相比,显然"一树"并非是"辞达"。

孔子的"辞达"不能仅仅理解是文言的修辞,比如,《论语·泰伯》"出辞气,斯远鄙倍矣。"[4]杨树达解"远鄙倍,言辞当求美也。"[5]"辞达"是为人之师的条件、作用与力量。北宋陶岳《五代史补》记"齐已,长沙人,…… 时郑谷在袁州,齐已因携所为诗往谒焉。有早梅诗曰:'前村深雪里,昨夜数枝开。'谷笑谓曰:'数枝非早,不若一枝则佳。'齐已矍然,不觉兼三衣叩地膜拜。自是士林以谷为齐已一字师。"[6]从"一树"到"几点",从"数枝"到"一枝",我们说这是教师之为师的作用与力量。可我们该如何理解作为人师的作用与

---

① 杨树达:《汉文文言修辞学》,北京:中华书局,1984 年,第 25 页。
② 刘宝楠:《论语正义》,北京:中华书局,2017 年,第 643 页。
③ 同上书,第 643 页。
④ 同上书,第 292 页。
⑤ 杨树达:《汉文文言修辞学》,北京:中华书局,1984 年,第 2 页。
⑥ 同上书,第 18 页。

力量呢？我们可不可以说这些一字师对语言的运用要比学习者更具表达性？当我们说语言是表达时，我们解决了语言的什么问题呢？因为说语言是表达，这是在说语言的功能，它无涉"语言是什么"的本质理解。所以，欲解教师的作用以及教师与语言的关系，有待于对语言的本质的透视。

海德格尔分析流俗之见的语言观时说：

> 流俗之见认为，说是发声器官和听觉器官的活动。说是有声的表达和人类心灵运动的传达。而人类心灵运动是以思想为指导的。根绝这种语言规定，有三点是确定无疑的：
>
> 首先并且最主要的一点：说是一种表达。认为语言是一种表达，这是最为流行的观念。这种观念以关于某个表达自身的内在之物的观念为前提。如果把语言看作表达，那么就是从外部来表象语言，而这恰恰是由于人们通过回溯到某个内在之物来解释表达。
>
> 其次，说是人的一种活动。据此我们必得认为：人说，并且人向来说一种语言。我们因此不能认为，语言说；因为后者乃意味着：语言才产生人，才给出（er-gibt）人。倘这样来看，则人就是语言的一个保证（Versprechen）了。
>
> 最后，人的表达总是一种对现实和非现实的东西的表象和再现。
>
> 人们早已知道，上述对语言特性的标画不足以界定语言之本质。而当人们根据表达来解释语言之本质时，人们便给它以一个更为广大的规定；人们把表达看作人类诸活动之一，并把它建构到人借以造就自身的那些功能的整个经济结构中去。

·········

然而,它们全然忽视了语言的最古老的本质特性。因此,尽管这些观念是古老的和明确的,但它们从未把我们带到作为语言的语言那里。

语言说。语言之说的情形如何? 我们在何处找到这种说? 当然,最可能是在所说(das Gesprochene)中。因为在所说中,说已经达乎完成了。在所说中,说总是蔽而不显。在所说中,说聚集着它的持存方式和由之而持存的东西,即它的持存(Wahren),它的本质。①

传统观认为是我们在说一种语言,它是在个体语言行为尚未发生前的一种为全体成员所领会、占有、言说的要素,索绪尔称之为整体语言。个体的语言行为就是要把这整体语言转换为对语言的占有与支配,并进入到整体语言对人的言说方式的塑造的模式中。"没有什么不是经由个体语言,也就是经由已被领会了的言语的总和,从而(直接或间接地)进入了整体语言,反过来,没有什么个体语言可以在这产品的转化(制作)期间称作整体语言的,整体语言给个体提供了用以构成其言语的要素。"②个体必须经由个体性的语言行为才能进入到整体语言的系统中,因为整体语言的要素作用、存在样式以及它的符号功能是在个体的语言行为的具体发生中体现出来的,言说的行为把个体带进他与世界的可定义、可描述的具体关系中,并确定自己在这个世界里与他人的关系。这就是语言的"能指"。

---

① 孙周兴选编:《海德格尔选集》,上海:上海三联书店,1996 年,第 984—986 页。
② 费尔南迪·德·索绪尔:《第三次普通语言学教程》,上海:世纪出版集团,2009 年,第 107 页。

　　言说的个体在语言的"能指"中,指向一个他的语言组构的概念世界,因而他本身也就是符号,就是"能指"。他实践着语言但不需要思考语言,索绪尔说:"语言的实践不需要深思熟虑,说话者在很大程度上并不意识到语言的规律。"①如果我们实践着语言却不需要思考它,那是因为作为能指、符号的我们被语言借用来说话;因为"语言是语言。语言说。"②这就是语言的本质。所以,不是我们占有语言,而是语言占有我们,让我们成为它的语法,它的语句,它的符号,它的概念,简言之,即语用。我们因为它对我们的占有,因为它在我们身上的运作才成为了人,成为言说的人,成为某种符号的能指。"人的根本存在就在于成为这样一个指明者。"③

　　每个人在"语言说"的意义上都是指明者——指明"把作为语言的语言带向语言"④的言说方式。这种"语言的语言",或者说"元语言"⑤在布洛卡的、韦尔尼克的病人身上失去了,他们因而也无法将"语言的语言带向语言"地说出。"语言的语言"的丧失揭示了他们的存在样式的走样、变形。所以,言说方式不单纯是言说的行为,它是生存样式被展示、铺陈。语言不是表达,或者说语言在这样一种意义上才是表达:存在样式在言说方式中被陈列、显明。在言说的样式中,说者与世界的关系被明证:它可能是贫馁的、褊狭的、肤浅的,也可能是富宏的、全采的、深刻的。因故,"几点早梅"要比"一树早梅"更余味曲包;"一枝"比"数枝"

---

①　费尔南迪·德·索绪尔:《第三次普通语言学教程》,上海:世纪出版集团,2009年,第113页。

②　孙周兴选编:《海德格尔选集》,上海:上海三联书店,1996年,第984页。

③　同上书,第1212页。

④　同上书,第1122页。

⑤　同上书,第1062页。

更自然会妙。郑谷、元好问之被拜为一字师是因为他们为齐已、张橘轩指明了一条道路,开放了一个空间:更简言达旨、博文该情、明理立体的空间。齐已、橘轩领会这余味,意会这妙韵是顺情通达还是纠缠不清是由他们的"语言的语言"的样式与情采决定的。齐已、橘轩惟有自行开通,体会到"一枝"之该情,"几点"之义精,他们才能在这一要义上与师齐行并进。这是郑谷、元好问对齐已、橘轩的智识的启导。

我们之所以称这样的启智为智识指引是因为它不是惟知识论的,而是对天地文德、宇宙人生的领悟。知识论意义上的知识不过是天地文德、宇宙人生的附丽。教师的作用与力量是智识的启引,孔子"不愤不启,不悱不发"①虽辞约但旨丰,撮要的正是这个道理。郑玄注:"孔子与人言,必待其人心愤愤,口悱悱,乃后启发而为之。如此,则识思之深也。说则举一隅以语之,其人不思其类,则不重复教之。"②"其人不思其类",即启引不能使之自通,自不能通,也就不复再启导。因为启导的效用归根结底是由"思其类"的其人的智识尺度决定的,所以,孔子说"中人以上,可以语上也;中人以下,不可以语上也。"③

教师是智识的启引,所以,"教比学更难,人们知道这一点,但却很少思考这一点。为什么教比学更难呢?并不是因为教师应具有更多的知识积累,并得做到有问必答。教比学难是因为,教意味着让人去学。真正的老师让人学习的东西只是学习。所以,这种老师往往给人造成这样一种印象,学生在他那里什么也没有学到,因为人们把获取知识才看作是'学习'。真正的教师

---

① 刘宝楠:《论语正义》,北京:中华书局,2017 年,第 259 页。
② 同上。
③ 同上书,第 235 页。

以身作则,向学生们表明他应学的东西远比学生多,这就是让人去学。教师必须比弟子更能受教。"①孔子用"默而识之,学而不厌"②说出相同的道理。太宰问子贡:"夫子圣者与? 何其多能也?"③子贡说"学不厌,知也;教不倦,仁也。仁且知,夫子既圣矣。"④孔子的"学不厌,知也"是孔子知其无知。"吾有知乎哉? 无知也。"⑤孔子"默而识之,学而不厌"的行为示范了颜回,使之成为博文、约礼的人。我们把教师对学习者在行为样式上的指引称为知行指引。

　　除了智识指引,知行指引,教师还是理识指引。子贡说"夫子之文章,可得而闻也。夫子之言性与天道,不可得而闻也。"《注》曰:"夫子文章谓诗书礼乐也。"⑥我们把诗、书、礼、乐等分门别类的知识学习称为是理识形式的知识。如此,"性与天道"就是智识形式的体悟与领会。施耐德以语言导引思维一点一点地拓展开来,直至最终得出结论。从施耐德的认知过程来说,这是支离破碎的思维被语言提示着、导引着在行进,让碎片化的自身被串成一个整体呈现出来。碎片化的思维紧紧吸附着语言如同水蛭的吸盘紧紧吸附在生物体表面。我们不妨把施耐德的认知过程看作是对普通人一下子完成认知这一过程的拆解或慢镜头的回放,于是,语言对思维的启开、引动与疏展的力量就被陈列、昭告出来。这实际上就是教与学之间的关系:零碎、稀薄、赢弱、散乱的思维在教师导向

　　① 　孙周兴选编:《海德格尔选集》,上海:生活·读书·新知上海三联书店,1996年,第1217页。

　　② 　刘宝楠:《论语正义》,北京:中华书局,2017年,第254页。

　　③ 　同上书,第329页。

　　④ 　同上书,第254页。

　　⑤ 　同上书,第332页。

　　⑥ 　同上书,第184页。

性语言的指引下,自行疏通又自行凝聚,自行会意又自行领悟,乃至思尽瘁于自身以萌蘖新思。

语言的指示性力量、指引性的能力在刘鹗的《老残游记》说书人王小玉的言语势态中酣畅淋漓地示现出来。钱锺书曾用这一段来阐论中国传统文学作品中的一种写法手法,他称之为"通感"。我们则引用这一段来领会语言的能指:

王小玉便启朱唇,发皓齿,唱了几句书儿。声音初不甚大,只觉入耳有说不出的妙境:五脏六腑里,像熨斗熨过,无一处不伏贴;三万六千个毛孔,像吃了人生果,无一个毛孔不畅快。唱了十数句之后,渐渐地越唱越高,忽然拔了一个尖儿,像一线钢丝抛入天际,不仅暗暗叫绝。哪知他于那极高的地方,尚能回环转折。几啭之后,又高一层,连接有三四叠,节节高起。恍如由傲来峰西面攀登泰山的景象:初看傲来峰削壁千仞,以为上与天通;及至翻到傲来峰顶,才见扇子崖更在傲来峰上;及至翻到扇子崖,又见南天门更在扇子崖上:愈翻愈险,愈险愈奇。那王小玉唱到极高的三四叠后,陡然一落,又极力骋其千回百折的精神,如一条飞蛇在黄山三十六峰半中腰里盘旋穿插。顷刻之间,周匝数遍。从此之后,愈唱愈低,愈低愈细,那声音渐渐地就听不见了。满园子的人都屏气凝神,不敢少动。约有三二分钟之久,仿佛有一点声音从地底下发出。这一出之发,忽又扬起,像放那东洋烟火,一个弹子上天,随化作千百道五色火光,纵横散乱。这一声飞起,即有无限声音俱来并发。那谈弦子的亦全用轮指,忽大忽小,同他那声音相和相合,有如花坞春晓,好鸟乱鸣。耳朵忙不过来,不晓得听那一声为是。正在缭乱之际,忽听霍然一声,人弦俱寂。这时台下叫好之声,轰然雷动。①

　　王小二越唱越高,高之情形如何呢?刘鹗用"一线钢丝抛入天际"来形容之,这就把听觉视觉化了。王小二的音高是一节一节的高起且又是回环转折的曲转,刘鹗再用登泰山的目视之一峰高过一峰来拟容之,这同样是把听觉视觉化。不仅如此,"登山"之字样也唤起了我们的运动觉,王小二节节上拉的音高就如同我们曾经经历的、登山时步步登高的肌肉的紧张感。声音如弹子被从底层射到天空,然后做烟花散。这又是触觉。我们也想像不出王小二的"骋其千回百折"的神气,但我们曾经有飞蛇在空中盘旋穿插的视觉记忆,借助这一视觉经验,我们理解了王小二说书之激昂与澎湃。虽然我们不能亲临王小二说书的现场,无法感受到其"神魂颠倒"的口齿的力量,可是,在刘鹗的视觉化、触觉化、运动觉化的描述性语言中,我们看到了高抛的钢丝,泰山的峰,飞旋的蛇,穿天的烟火等,这些就是王小二高亢又低沉的语言,疏放又收敛的神情,昂扬又抑郁的音调。它们犹如在眼前,在耳边。刘鹗的语言让我们"看到了"王小二说书的空间场景,以及他说书时活灵活现的形象。"听声类形"乃是语言、文字让我们视看的能指的力量。语言、文字的能指力量在诗歌中亦更透彻。王维的《山中》:

　　　　荆溪白石出,天寒红叶稀。
　　　　山路元无雨,空翠湿人衣。②

---

① ［清］刘鹗:《老残游记》,上海:古籍出版社,2022年,第10—11页。
② 王维:《王维诗集》,上海:古籍出版社,2022年,第416页。

潺潺流淌的荆溪声是听觉，天寒是温度觉，白石出、红叶稀、山路、无雨、翠色是视觉。然而，山路又给人运动觉，湿人衣则有被触之感。这是词语在我们身上引发的感觉。从句子层面上看，"荆溪白石出"是动感，"天寒红叶稀"则是静景；"山路元无雨"是静态，"空翠湿人衣"则又是动感。从词语到句子，它们是语言、文字，但它们更是我们的视觉、听觉、触觉、温度觉、运动觉等。在绮交的文字中，我们"看到了"王维行于翠绿又微寒山路中的图景：

图 12　王维行山图

此图由画家孙贤提供。孙贤的绘画多次参加北京画展并获奖。

苏东坡评王维的画是"味摩诘之诗，诗中有画。观摩诘之画，画中有诗。"[①]王维的诗句把我们带到一幅画前，更应该说是把我们置入一处风景中。王维的诗句既是视觉的、听觉的又是触觉的，

---

① 苏轼：《苏东坡全集·卷4》，北京：燕山出版社，2009年，第3231页。

那是因为王维的语言、文字就是我们的视觉系统、听觉系统以及触觉系统的融通，并从中淬炼而出。事实上，不仅仅是文学作品中的语言、文字是视觉的、听觉的或触觉的。比刘鹗的语言更具视感的是中医的语言。我们来欣赏、品味明朝名医李中梓关于脉象与脉神的一段描述：

> 脉之理幽而难明。吾意所解，口莫能宣也。凡可以笔墨载，可以口舌言者，皆迹象也。至于神理，非心领神会，乌能尽其玄微？如古人形容胃气之脉，而曰不浮不沉，此迹象也，可以中候求也；不疾不徐，此迹象也，可以至数求也。独所谓意思欣欣，悠悠扬扬，难以名状，非古人秘而不宣，欲名状之而不可得，姑引而不发，跃如于言词之表，以待能者之自从耳。东垣至此，亦穷于词说，而但言脉贵有神。惟其神也，故不可以迹象求，言语告也。又如形容滑脉，而曰替替然如珠之圆转；形容涩脉，而曰如雨沾沙；形容紧脉，而曰如切绳转索；形容散脉，而曰如杨花散漫；形容任脉，而曰寸口丸丸。此皆迹象之外，别有神理。就其所言之状，正惟穷于言语，如借形似以揣摹之耳。[①]

脉象是指感的，可手下指感的触觉却是珠之圆转的视觉；如雨沾沙、切绳转索的运动觉；杨花散漫的视觉。我们读的不是语言、文字，而是语言、文字意欲显明的隐匿性，所以，越是视觉化、听觉化、触觉化、味觉化、嗅觉化的语言，它的能指功效也就越强，也就越能带给我们直接的、亲感性的可触的真实。中医为什么要用这

---

① 包来发编：《李中梓医学全集》，北京：中国中医药出版社，2011年，第105页。

样亲感性的语言呢？李中梓说"悟理虽入微之事，然迹象未明，从何处悟入，思境未苦，从何处悟出，必于四言之诀，二十七字之法，诵之极其熟，思之极其苦，夫然后灵明自动，神鬼来通。"①这是为了便于学习。学习是学习天地、事物之理，但欲入几微之理，须先感物之象。物之理在肌浸肤润的亲感中，并是这富足深感的自明通。王维《酬张少府》诗句早有相同的表述：

晚年惟好静，万事不关心。

自顾无长策，空知返旧林。

松风吹解带，山月照弹琴。

君问穷其理，渔歌入浦深。②

松风吹带，山月照琴，渔人行入水浦深处并渔歌满船，这就是"理"：在人的亲感中的天地之理以及事物之理。换言之，"理"是身亲体感的、不在场的可通性。王维用他的视、听、触等感官形式的语言与文字例证了符号化的语言的能指力量。我们已经在上文中追述了十九世纪中期的"语言器官"，二十世纪中期乔姆斯基的"语言习得装置"，以及二十世纪末平克的"语言本能"。不难看出，传统语言观，即把语言视为抽象的符号体系或表达的工具，正被语言是我们的神经装置观点所取代。但是，我们依旧心昧不明并会继续追问：语言是怎样成为我们视觉的、听觉的或触觉的神经装置的呢？这里谈到的语言与视触觉的关系与教学是什么关系呢？它又对教育、教学具有怎样的启示呢？我们或许可以从海伦·凯勒的

---

① 包来发编：《李中梓医学全集》，北京：中国中医药出版社，2011年，第105页。

② 王维：《王维诗集》，上海：古籍出版社，2022年，第186页。

受教经历中一窥究竟。美国现当代著名女作家海伦·凯勒儿时是个既无视觉又无听觉的特殊儿童。海伦感知世界的最便利的方式就是她的触觉,她通过触来触知世界。海伦·凯勒触摸"水"来习得"水"的概念的经历或许是回答以上这些问题的最好的线索,亦深中学习之理、学习本质之肯綮。我们把她的老师安娜·莎莉文的描述全引如下:

> 1887 年 4 月 5 日早上,她在洗脸的时候指指水,又拍拍我的手,我知道她是想知道"水"这个词,因为每次她想知道什么东西的名字时,就会做这个动作。我在她手上拼写了一遍"水"这个单词,也就没在多想。直到早餐之后,我突然想到,说不定"水"这个新词可以帮助她弄清"杯子"、"牛奶"的难题。

> 我带着海伦散步到井房,让她拿着一只大杯子放到水管口下面,我开始抽水。冰凉的水住满了杯子,我在海伦空着的手上拼写了'w-a-t-e-r'(水),第一遍写得很慢,第二遍就快了些,紧接着水从她的手上急泻而下,冰凉的感觉与单词联系在一起,使她大吃一惊。

> 杯子从她手中滑落,她愣愣地站在那里,一道全新的光彩溢满她的脸颊。她连续拼写了几遍'water'之后,便蹲下来,指着水泵和架子问它们的名字,又突然转身问我的名字。我在她手上拼写了'teacher'(老师)。

> 海伦显得无比兴奋,回屋的路上,她问我她触碰到的每一样东西的名字,短短的几个小时,她的词汇量又增加了三十几个,如 door(门)、open(开)、shut(关)、give(给)、go(去)、come(来)。

> ……

第二天一早,海伦像一个容光焕发的小仙子,飞来飞去地触摸每一样东西,并不断地问着它们的名字。

……

那是让我永生难忘的一天,通往海伦心灵的智慧之门终于被打开了。任何人都无法想像,我们彼此是多么地激动。

……自从海伦知道了语言的奥妙之后,她每一天,甚至是每小时都在不断地进步。去任何一处,她都会迫切地向我询问那些她没有学到的东西的名字。她十分希望把这些单词拼写给她的朋友们,也很希望把手语字母教给她所有碰到的人。她每学会一个新单词,都会异常快乐。她开始放弃使用手势和表意动作,并使用起词汇。所有人都发现,她的表情一天比一天生动,一天比一天富有灵性。①

海伦的心灵的智慧之门在海伦的手被水触摸后的触感中打开。被水流触后的手的感觉,与海伦每天都在用手触知世界的触觉不同,后者是对象性地关涉物性之感——海伦在用手询问"它是什么";也与莎莉文每天在海伦的手上拉开单词的每一个字母间距以拼写的刻意性的被触不同,这需要海伦集中她的心灵完全在莎莉文手的动作带给她的触觉中,并依据这分开、独立的触感来串联起拼写的符号并强识它——海伦在问"这是什么符号"。相反,被水流触的手带给海伦的是"冰凉的感觉"——凉凉的、滑滑的、柔柔的且流动的感觉。它是手之触觉与水的合流,莎莉文拼写的这个符号也在这合流中融化为冰凉感觉的一部分。这"冰凉的感觉"

---

①　安娜·莎莉文:《教育手记》,王智编译,北京:中国盲文出版社,2003 年,第47—51 页。

之触感触开了海伦全身的感觉,改变了她以往探询式地询问所触是何物这一单纯性地触知世界的方式,以至于使海伦"大吃一惊"并"愣愣地站在那里"。因为,假如,以往的触知是在功能上分化的五觉之一的触觉的特性这一意义上来说,虽然海伦的视觉、听觉都已经失去功能——在五觉分化的特异性功能上来说,那么,这一次的水流之触的被触知——在其中海伦的"冰凉的感觉"与对"水"的感知发生了熔融,就不再是往日样式的触知。这伸出去的手被水流触的触感有一种独特的能力,它作为一座桥梁连通了思想与动作,以至于它既是触水的手的动作——同时亦承受着被水触动,又是思想本身。

海伦在触水的手之触中被水流之感深度触动。梅洛-庞蒂说"通过这种触与被触之间的再交叉,触的手之动作本身融入到了它们所探究的世界中,并被带到了和手相同的地方;这两个体系互相与对方贴合,就像一个橘子的两半相互贴合那样 …… 感到柔细与粗糙的触、感到事物的触——这是身体和其空间的被动感受。"①"冰凉的"触感让海伦与水无缝贴合以至于海伦无法区分哪里是她的触觉,哪里又是水的物性。她身感的只是冰凉,这冰凉既是水,又是"water",即符号、概念。对于海伦而言,"水"不再是单纯的物,而是"冰凉的感觉",是可触知的概念。我们不能说海伦是通过她的手的触感会意了"水"这一概念,而是,那冰凉的手感触知就是海伦的触知。我们也不能说"水"的概念就是"冰凉的感觉",而是她全部的自己在手的冰凉感的触知中一下子理解了"水"这一概念,是思想在动作中迅速结晶。那一时刻下,海伦的触觉即是她

---

① 梅洛·庞蒂:《可见的与不可见的》,罗国祥译,北京:商务印书馆,2008 年,第165 页。

的视觉、也是她的听觉,虽然她既没有视觉,也没有听觉。"我们应该习惯于认为一切可见的都在可触的中被切分,一切可触的存在都以某种方式在可见性中被允诺,而且不仅在被触者与触者之间,而且在可触的与嵌入自身之中的可见的之间都有相互侵入与侵越,正如反之,可触的本身不是可见的之虚无,不是没有视觉的存在 …… 在可触的中有可见的重复和交叉,在可见的中则有可触的重复和交叉。"①海伦"大吃一惊"地愣在那里是因为水流之触突然为她打开了一个全新的空间——完全敞开的触觉为她开放的一个通明的空间,即被冰凉感敞开的、可用手触知其他概念的认知。从此,海伦对触知抽象、干瘪的符号的认知再也没有了兴致,而是"像一个容光焕发的小仙子,飞来飞去地触摸每一样东西"。这是海伦带着"冰凉的感觉"向世界进发,并以敞开的方式去触知世界,让感性的触知以类如冰凉感的方式一下子赋予词语符号的肉感形式,一如符号的"w-a-t-e-r"从"冰凉的感觉"的溶液中瞬间析出。这就是莎莉文所说的"海伦知道了语言的奥妙。"这奥妙就在于"水"的"冰凉的感觉"在触开的触知中径直将符号概念化了。卡西尔同样分析了海伦的触感。我们全引如下:

> 从信号和手势的运用到词语亦即符号的运用这决定性的一步过渡,在这里描述得再清楚不过了。儿童们在这一刻的真正发现是什么呢?海伦·凯勒在此以前已经学会了把某物或某一事件与手语字母的某一信号联结起来。在这些事物与某些触觉之间的一种固定联结是此以前就被建立起来了的。

---

① 梅洛·庞蒂:《可见的与不可见的》,罗国祥译,北京:商务印书馆,2008 年,第 166 页。

但是一系列这样的联结,即使被重复和扩大,仍然不是对人类言语及其意义的理解。要达到这样一种理解,儿童们就必须作出一个新的和远为重要的发现,必须能理解到:凡物都有一个名称——符号的功能并不局限于特殊的状况,而是一个普遍适用的原理,这个原理包含了人类思想的全部领域。在海伦·凯勒那里,这个发现是突如其来的。她是一个七岁的女孩,除了某些感觉器官的缺陷意外事件,有着良好的身体状况状况和高度发达的智力。但是由于疏忽了对她的教育,她在智力上一直极为迟钝。后来,突然出现了决定性的发展,就像产生了智力的进化——这个孩子开始用一种新的眼光来看待世界了。她懂得了,词的用途不仅是作为机械式的信号或暗号,而是一种全新的思想工具。一个新的天地展现在眼前,从今以后这个孩子可以随心所欲地漫步在这无比宽广而自由的土地上了。①

卡西尔的分析是从触觉走向符号,因为根据卡西尔的定义,"人是符号的动物(animal symbolicum)";因为"所有文化形式都是符号形式。"②海伦要想真正进入人的世界——人的文化的世界,就必须理解符号的意义,理解词语的指向性的指义。词语的指义与局囿又狭迫的信号、手势的固定运用不同,它把海伦直接带入符号的世界。世界不再是手语的标签,而是符号的标记,词语的关联。这也意味着海伦与他人、世界的关系重新开始:她将以词语的拥有者与他人共享生活的世界。所以,海伦学会了新单词就放弃

---

① 恩斯特·卡西尔:《人论》,甘阳 译,上海:译文出版社,2007年,第48—49页。
② 同上书,第37页。

使用手语,并热切地与他人分享新单词。海伦自"水"的概念从"冰凉的感觉"中促然成形并从中猛然拔起的那一刻时,她就为自己预制了走进"人类思想的全部领域"的可能性。然而,钩沉海伦"智力的进化"的原因,我们还必须拷问触觉,因为是那一刻的触觉触开了海伦,绽开了思想,并在全部绽开的触感中肉身直接做成了"水"的概念。美国语言学家惠特尼(Wiliam Dwight Whitney)说"人类使用喉、唇、舌来讲话,说到底是出于偶然。他们觉得这非常方便。但倘若他们使用视觉符号或手势,归根结底还实在是同样的语言,不会有任何差异。"①在海伦的例子中,是触觉在交流并"言说"概念。语言对于海伦来说是触感化了的词语符号。

我们是在通感的意义上使用触开的触知这一概念,用莎莉文的语言来说就是智慧之门被打开的情状。换言之,海伦是在她未曾期待的经验中经历了被水流经的手的感觉,它多于"冰凉的感觉"这句话本身的所指。这种多余感也多于海伦日常的触觉知会她的世界之状,消融了习惯性的触觉与物相接触时的有限性,把海伦带入了一个通感式地与物亲感的触摸概念的触知中。周振甫解释"'通感'是把听觉、视觉、嗅觉、味觉、触觉沟通起来。"②虽然海伦并没有视觉与听觉,但这并不妨碍海伦日常性触觉的局促与偏狭被"冰凉的感觉"突破、冲开,力量如此之强以至于日常性的触觉的边界被一下子推远,在弥散的"冰凉的感觉"中"水"的概念淬炼而出。海伦并被这种弥散的冰凉感所激发,意欲触知更宽广的符号世界:她从单词学习进展到对句子的领悟与运用的快速进步中。这一案例清楚地让我们看到符号的语言是怎样在被冲开的身体触

---

①　转引自费尔迪南·德·索绪尔:《第三次语言学教程》,上海:世纪出版集团,2009 年,第 8 页。

②　周振甫:《诗词例话》,北京:中国青年出版社,2008 年,第 245 页。

觉中被概念化。它对当前概念论模式充斥的课堂教学的启发就在于优越的教学是教师指引性语言的引动下，学习者的视触听等感觉躁动、腾跃、豁阔、朗开，以至于在五觉乃至六觉的融通中，让打开的、开放性的通感自行开辟出概念形成的道路。

如果我们把"语言是触感化了的述情"作为一个命题来设定，事实上，它并不完全是一个纯粹的哲学思辨问题，因为实证科学知会我们的确存在"尝知单词"这一认知方式。"J. W. 体验这个世界的方式与大多数人不同。他尝知单词。比如，'精确地'这个词尝起来是酸奶的味道，'接受'这个词尝起来像鸡蛋的味道。很多谈话是令人愉快的味道，但当 J. W. 照料酒吧的柜台生意时，每次 Derek 的出现——他是一个老主顾，J. W. 总心生不自在。因为 Derek 这个单词对 J. W. 来说就是在口尝耳垢。"① 与海伦·凯勒的手触水的概念不同，J. W. 通过口舌之触尝知单词。虽然海伦·凯勒又聋又哑，而 J. W. 的认知方式——"共感觉"现象，② 也被认为是怪异的现象，但这些案例却向我们揭示了日常状态中被掩盖了的通感联觉的感知方式，"共感觉"的"尝知单词"只是通感联觉的极端情状。

抛开触觉性的"尝知单词"的极端案例，语言是触知的形式也并不是一个新鲜的命题。镜像神经元的发现者贾克莫·里佐拉蒂（Giacomo Rizzolatti）及其团队发现当猴子的手、口或口手都运动时，猴子的腹侧前运动皮层（也被称为是 F5 区）的前部神经元会被激活。他们根据激活神经元放电的不同运动类型将神经元分

---

① Michael Gazzanige, Richard Ivry, George Mangun, *Cognitive Neuroscience—The Biology of The Mind* (*The Fifth Edition*), New York: W. W. Norton & Company, Inc. 2019, p. 209.

② Ibid., p. 209.

类。这些神经元大多数是：抓握神经元，持握神经元、撕裂神经元。进一步的研究让他们认识到不仅仅是手的动作直接激活这些神经元，而且当猴子看到试验者做出相似的动作时，这些神经元也被立刻激活。他们把具有这种特性的神经元称为"镜像神经元（mirror neurons）。"[①]为方便理解，我们以下图示意猴子的 F5 脑区以及人脑中的布洛卡脑区。

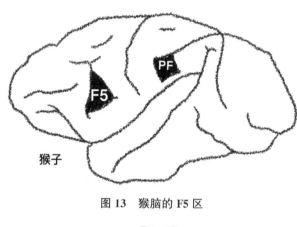

图 13　猴脑的 F5 区

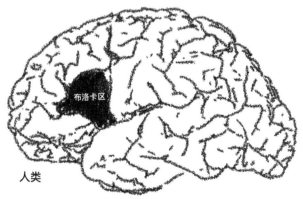

图 14　人类大脑皮层的布洛卡脑区

---

① Giacomo Rizzolatti；Michael A. Aarbib，*Language Within Our Grasp*，Trends Neuroscience，(1998)21：p. 188.

　　耐人寻味地是,猴子的大脑中被称为 F5 的脑区与人脑中的布洛卡语言脑区是同源体,即它们在解剖学上是相同的。这种对应暗示了进化的道路还是语言的本质呢? 在《神秘的镜像神经元》一书中,作者格雷戈里·希科克(Gregory Hickok)写道:"解剖学上普遍认为猴子的 F5 区与布洛卡区是对等的。在发现镜像神经元之前,这种对等关系毫无意义,因为即使 F5 区与布洛卡区可能在解剖学上相关,但两者在功能上不存在任何实际联系,因为常见的假设认为,布洛卡区是语言区,而猴子不会说话。但现在,基于 F5 区存在镜像神经元的事实,来自帕尔马团队的研究者指出,两者在功能上具有某种联系。这层联系是指,猴子 F5 区的'看－做细胞',即镜像神经元,是人类语言进化发展的源头。"①

　　镜像神经元的发现者,里佐拉蒂是这样阐发猴脑的 F5 区与人脑的布洛卡脑区关系的。"从功能上说,布洛卡脑区与 F5 脑区的差异是布洛卡脑区被普遍认为是语言区,而 F5 区常被认为对应着手的运动区。F5 区的组织构成是躯体特异性的——它的背部是对手的运动的表征,它的较大的腹侧区表征口与舌的运动。其他灵长类动物大脑的腹侧前运动区具有相似的组织特性。相似地,人类的布洛卡脑区的运动特征并不仅仅只与言语相关:最近的 PET 数据表明手或手臂的运动执行,想像手的抓握动作(更多的是 44 区)以及涉及到手的心理旋转任务时(44 区与 45 区),布洛卡脑区也可能会被激活。最后,那些从皮下组织梗死恢复的病人,当他们被要求使用麻痹的手时,布洛卡脑区也会被激活。猴子的

---

　　① 格雷戈里·希科克:《神秘的镜像神经元》,杭州:浙江人民出版社,2016 年,第7—8 页。

这一脑区——连接动作辨认与动作产生的区域,却不知为什么正是人类大脑的布洛卡脑区的同源区。这一点令人沉迷。"①可是,即便语言区与运动区是同源脑区,里佐拉蒂却忍不住发问:"这仅仅是巧合么? 或者恰恰相反,镜像神经元是言语的发展,以及在言语之前,意向交流的其他形式的发展?"②44 区以及 45 区是德国神经学家科比尼安·布罗德曼(Korbinian Brodmann)于二十世纪初期对人类大脑所做的功能性分区的二个脑区。布罗德曼将人脑总共分了大约 52 个区域。其中 44 区即布洛卡脑区。

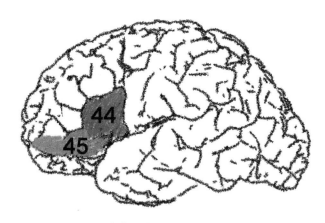

图 15　人类大脑皮层的布罗德曼分区

里佐拉蒂用猴脑的 F5 脑区的两类神经元分析了手的触摸动作对语言的原生关系。这两类神经元是:镜像神经元与典型性神经元。里佐拉蒂定义"典型性神经元的活动构成了祈使句结构的部分编码。"③比如,指令:抓握-A(葡萄干)。抓握葡萄干就是抓握-A(物体)的一个具体的样例。里佐拉蒂说"抓握-A"这个样例

---

　　①　Giacomo Rizzolatti; Michael A. Aarbib, *Language Within Our Grasp*, Trends Neuroscience,(1998)21; p.189.

　　②　Ibid.,p.189.

　　③　Ibid.,p.192.

是动作描述,它不是一个语言表征。也就是说,伸手抓握某一个物体是直接性的动作,这就如同一个半岁左右大的孩子虽然没有语言,但他能够直接伸出手去抓握一个他喜爱的玩具。我们还可以把"抓握-A"写成"抓握-A(x)",则 X 就是表示抓握的动作对象的可任选性。但里佐拉蒂说这个 X 有一个限制条件,即它所代表的一定是小的客体。如此,"抓握"这个动作就会泛化:一种适于一切小的客体的抓握模式就被确立。换言之,"抓握"的动作被形式化。里佐拉蒂说当这类模式化的动作不断被精细,当向语言过渡的时期出现后,对 X 的限制也就会很严格。"一种结果也就从中间出:如果相同的原则适用于语言指令正像它适用于运动指令一样,那么,布洛卡脑区就会编码'动作短语'。"①

　　然而,不同于经典精神元的指令性句型结构,猴脑 F5 区的镜像神经元的功能是描述性的句型结构。比如,陈述:抓握-A(某人,葡萄干)。这同样也是抓握-A 的一个具体的样例,即某个执行者抓握客体。同样,这是动作描述,而不是动作表征。如果我们把注意力集中在一个执行动作中的手,那么,恰当的样例结构会是抓握-A(手,客体)作为抓握-A(工具,客体)模式的一个具体的例子。如此,相同的动作就可以以不同的方式被知觉:'谁'抓握相对于'什么'在抓握。也就是说抓握的动作执行主体既可以是人也可以是手。换言之,镜像神经元在描述"抓握动作"这一事实。里佐拉蒂特别指出镜像神经元的一个非常有趣的特性,"当猴子察知试验者是用夹钳夹取葡萄干而不是用手时,镜像神经元没有放电。但是,数次观察后,镜像神经元对夹钳这一工具做出了反应。于是,

　　① Giacomo Rizzolatti; Michael A. Aarbib, *Language Within Our Grasp*, Trends Neuroscience,(1998)21: p.192.

我们看到了镜像神经元学习新的限制条件的能力：以此案例来说，即从仅仅是手到包括夹钳的被观察的'工具'角色的泛化。"①

与人脑的布洛卡语言区同源体的猴脑的 F5 区神经元对手的触动如此敏感，以至于它们的动作逻辑就成为语言行为的前逻辑，里佐拉蒂写道"我们的观点是人类的语言（以及灵长类物种交流的二元形式）从基本的机制进化而来，这些机制原初与交流无关：它们是辨识动作的能力。"②人类动作的神经原理以及人类内具的动作辨识的机制与能力使人类从人性的手的触的动作中衍生出语言来。里佐拉蒂的话语似乎是对海伦·凯勒因触水的手的动作所带来的震撼与霍然启开的通明在神经层面上的注释。

梅洛-庞蒂说"就像所有关于可见的经验总是在眼睛运动的背景下给予我的那样，可见景观完全和'触觉性质'一样属于触。"③然而，不像手触摸物体是与物体紧紧贴合那样，视觉是有距离的触。"视觉是通过目光的触觉。"④"视看"因而也就是"触知"。反言之，触知亦是"视觉性地看"。Norihiro Satato 等人在 1996 年刊发《自然》的文章实证地揭示了"盲人阅读盲文时，内侧视觉皮层（即布罗德曼第 17 区）被激活且延伸到双侧的外侧纹状皮层。"⑤外侧纹状皮层又被称为外侧纹状区、初级视觉皮层以及布罗德曼第 17 区。我们图示如下：

---

① Giacomo Rizzolatti; Michael A. Aarbib, *Language Within Our Grasp*, Trends Neuroscience,（1998）21; p. 192.

② Ibid., p. 193.

③ 梅洛·庞蒂：《可见的与不可见的》，罗国祥译，北京：商务印书馆，2008 年，第 165—166 页。

④ 同上书，第 166 页。

⑤ Norihiro Satato etc., *Activaiton of the primary visual cortex by braille reading in blind subjects*, Nature, Vol 380, 1996, p. 526.

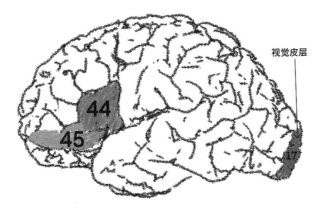

图 16　人脑的布罗德曼分区的第 17 区

　　盲人的触觉亦是他们不能视看的视觉。触亦就是看。触知就如同我们在分析海伦·凯勒的触开了的手触为她开放出一个词语符号的世界那样，触知也为我们透露了它的另一向度的指号功能：隐喻地指明世界。这是来自无声世界的另一个女孩给我们的启示。她先于海伦·凯勒。2 岁时的劳拉因为猩红热而失去了视觉、听觉、嗅觉与味觉。"她与世界打交道的唯一方式是她的触觉。"①如同海伦·凯勒，她也需要用手的触觉学习拼写的单词。5 岁的劳拉进入波士顿的柏金斯盲校接受了特殊教育。玛丽·斯威夫特·拉姆森成为了她的老师。玛丽是劳拉尽心尽责的教师，在她的帮助下，劳拉进步明显。玛丽写道："在她学会了百余个常用的名词后，我们开始教她动词的使用。第一动词是关，然后是开；关门、开门；她是伴随着单词的拼写这一动作学习的。就这样，她是在不断使用这些单词中学会这些单词的。"②仅仅是老师在劳拉的手上拼写字母的动作并不能使劳拉理解这些字母串联起来的符

---

　　①　Mary Swift Lamson,*Life and Education of Laura Dewey Bridgman*,The Heliotype Printing Co.,1878,p. 2.

　　②　Ibid.,p. 8.

号的意义。理解符号的意义还需要让符号与劳拉的动作感觉联结起来,即让符号触感化——开与关的手的触感与开门、关门的运动觉关联起来。这是劳拉习得"开"与"关"概念的动作感性意义。但劳拉的手的动作的意义走得更远;她让世界关系隐喻地在她的手指上呈现出来。我们摘引玛丽的描述如下:

> 相同的物件被放进箱子里,然后再把'圆环在箱子里'这些词品拼给她。她困惑了几分钟,也犯了多次错误。例如,在她学会正确地表达圆环在箱子上还是在箱子里、抽屉里、帽子里、水桶里等之后,假如你问她房屋在哪里或女舍监在哪里,她会回答说在箱子里。然而,通过盘问她来判断她是否理解她所学习的单词的力量几乎没有必要,因为当她正确地理解了语义时,她的脸会兴奋发光。在这种情形下,明了是瞬间性的,她利用自然符号的表达既特别又惊人。她拼写 *o-n*,然后把一只手放在另一只手的上面;然后,她又拼写 *i-n*,并将一只手握拳放在另一只手内。[①]

劳拉用手的姿势、触觉的形式、运动觉的经验示现"在……上面"、"在……里面"的世界的空间关系:"一只手放在另一只手上面"指明的是敞开的空间;"一只手握拳放在另一只手内"喻指的就是一个有限封闭的容器。乔治·莱考夫解释"英语中的 *in* 是由容器的图式构成的(空间中的有限界域)。"[②]而在劳拉的案例中,容器的概

---

① Mary Swift Lamson, *Life and Education of Laura Dewey Bridgman*, The Heliotype Printing Co., 1878, p. 17.

② George Lakoff and Mark Johnson, *Philosophy in The Flesh*, Basic Books, 1999, p. 31.

念是在手的姿势、动作的感觉运动经验中被指示出来。换言之,手与手之间的触感与感觉运动,手的姿势与手的动作,是概念的隐喻。"这些丰富的经验,我们对它们的概念化,对它们的推理以及将这些经验视觉化的更多的方式来自经验的其他领域,正像我们是以抓握一个物体(感觉运动经验)来概念化我们对一个观点的理解,我们也会用它与我们擦肩而过或飞过了我的大脑来表示我们未能理解一个观点。这样概念化的认知机制就是概念的隐喻。"①

"容器图式"的隐喻认知在劳拉错误地运用 on 与 in 这两个介词组建句子时表现得一览无余。比如,劳拉会说"teacher sit *in* sofa." 玛丽解释说"沙发有几条边,她自然而然地会说 *in*。"②正是物体边界的触感隐喻性地支配着劳拉触觉感知世界关系的方式。令人惊奇的是,只有触觉的劳拉却能以类比的方式创造新词。玛丽说道:

> 她热切地学习新单词并急切地交流她创造新词的想法,她总是以类比的方法这样做。有时,她的造词过程非常有趣,譬如,她学会了 alone 这个词的抽象含义后,她似乎习得了它,并理解了一人独存就是 alone 或 *al-one*。当我们要求她去她的小房间,或教室,或其他什么地方,且独自回来时,她这样做了,但很快,希望能与另一个小女孩一起做这些,她努力表达这一意图:劳拉 *al-two* 去那里。③

————————

　　① George Lakoff and Mark Johnson, *Philosophy in The Flesh*, Basic Books, 1999, p. 45.

　　② Mary Swift Lamson, *Life and Education of Laura Dewey Bridgman*, The Heliotype Printing Co., 1878, p. 21.

　　③ Ibid.

劳拉单一纬度的思维方式,即触觉思维,并不妨碍她的类比能力,她创造性地造用 *al-two*,即惟两人,来类比 *al-one* 的惟一人。这与一个普通儿童的触觉类比能力极为相似。一个与妈妈一起玩耍的三岁幼儿,看到路边一块歪倒的砖头并把它扶正时,随口给予这块石头一个新的名称:扶石。隐含在这个儿童造用新词的兴会中的原则是手的触感与运动觉,手扶的动作为这块石头量定了它在人的世界里命中注定的触觉的尺度。也就是说,"扶石"是一个触觉隐喻概念。或许有人反对说在一个正常人那里,扶正一块砖头是视觉与触觉的联盟,或者更细致地说,触觉是在视觉提供的运动背景下发生的。我们的解释是"扶"显然是手的触感性体验,是手的动作与身体的躯体动觉,虽然是视觉提供了行为发生的感知场以及运动场的背景,但这是视-触一体意义上的触觉经验。

同样是特殊群体中一员的施耐德与劳拉的情状却迥然不同。正如以上所述,施耐德是大脑枕叶损伤的患者。不同于布洛卡、韦尔尼克的脑损伤的病人遭遇的是语言能力的丧失,施耐德遭受的是思想的支离以及视知觉场的分解。施耐德虽有触觉的动作,但他缺乏主动去触的意向与动机。譬如,"一个主体可能知道怎样敲开一扇门,但他(施耐德,作者注)不再会这样做,假如这扇门半掩着或仅仅是手够不着。在后一种情况下,这个病人不能做出敲门的动作或推开一扇半掩着的门,即便他的眼睛是睁开着的并盯着那扇门。"①作为大脑枕叶区严重受损的结果,施耐德理解语言的能力也被剪截了。譬如,"施耐德不能理解甚至非常简单的类比,'皮毛之于猫咪就如同羽毛之于鸟',或者'灯光之于灯就如同热之

---

① M. Merleau-Ponty, *Phenomenology of Perception*, Routledge & Kegan Paul Ltd, 1962., p. 117.

于火炉'，又或者'眼睛之于光与颜色就如同耳朵之于声音。'同样地，他无法在隐喻的意义上理解类如这样的表达'椅子的腿'或者'钉子的头'，尽管他知道这些词语指的是客体的什么部位。"①

　　我们已经习惯从语言学领域的修辞学角度来理解隐喻与转喻，可施耐德的案例知会我们隐喻是我们天赋的能力。一旦大脑损伤，我们很有可能就失去这种天赋的能力。可我们应该在何种意义上来理解"天赋"这一词的含义呢？枕叶区损伤的施耐德失去隐喻的能力是偶然的案例吗？无独有偶，雅格布森在 *Fundamentals of Language* 一书中也讨论了隐喻。与隐喻作为对立的一种语言现象，即转喻，也成为雅格布森探究的主题。更关旨趣的是雅格布森讨论的主体也是戈尔德斯坦的病人，如同施耐德一样。雅格布森发现——也是基于戈尔德斯坦这位神经科学家的研究，戈尔德斯坦的病人在使用词语与词语之间的关系，以及词语与句子结构之间关系的语言障碍类型上可分为两种："隐喻与转喻，后者，基于连续性，被这样的失语症患者大量使用，即语言的选择性能力损伤……选择性能力严重损伤后，结合性的天赋至少部分保留着，于是，连续性决定了这个病人的全部的言语行为，我们把这种类型的失语症定义为相似性障碍。"②譬如，这些患者会用"刀"代替"叉"、"桌子"代替"台灯"等，因为刀、叉常常被连用，正如桌子与台灯常常被连用一样。换言之，有些脑损伤者源于损伤的部位导致了他们隐喻能力的丧失，于是他们会大量使用转喻性的语言表达方式。相反的情形则是转喻能力的丧失的病人，即无法根据词语

　　①　M. Merleau-Ponty, *Phenomenology of Perception*, Routledge & Kegan Paul Ltd, 1962., p. 128.

　　②　Roman Jakobson and Morris Halle: *Fundamentals of Language*. Mouton & CO. ' S-GRAVENHAGE, 1956, p. 69.

的空间或时间的连续性关系来表意,会相似性地使用或造用词语,即隐喻。譬如,一个法国的失语症病人会用 cafe 意指 *coffee*,pave 意指 *roadway*。这就是相似性的原则。失语症者的语言特征反观出我们在日常生活中常用的、组织语言的两种基本的水平或原则:语言的连续性原则与相似性原则。而这两种基本原则透露的也正是两极对立的语言运用能力:隐喻与转喻。雅格布森写道:"隐喻与相似性障碍对立;转喻与连续性障碍不容。一种话语的发展可能是沿着不同的语义路线发生的:一个话题可能或通过相似性或通过连续性,通向了另一个话题。隐喻可能是冠名第一种情况的最恰当的术语,而第二种情况则是转喻,因为它们各自浓缩在隐喻与转喻中。"①

在戈尔德斯坦的脑损伤病人身上,我们看到了他们或失去了隐喻能力或失去了转喻能力,譬如,失去隐喻能力的施耐德无法理解桌子的腿或钉子的头之类的隐喻。再如,失去转喻能力的那个法国失语症患者。显然,隐喻与转喻是我们日常语言的最基本的样式,也是我们的语言的内在工作机制。无论我们意识到还是没有意识到,事实上,我们在日常生活中都在大量地使用隐喻或转喻。比如,"忽然拔了一个尖儿,象一线钢丝抛入天际"的明喻。"白宫"指代美国总统的转喻,这是连续性原则的转喻。《论语·颜渊》"君子之德风,小人之德草。草上之风,必偃。"②这是隐喻。雅格布森所说的转喻在中国文学的修辞学中被称为借代。最为耳熟能详的例子就是子夏述评司马牛的这句话"四海之内皆兄弟也。"③子夏省略了

---

① Roman Jakobson and Morris Halle: *Fundamentals of Language*. Mouton &. CO.' S-GRAVENHAGE,1956,p. 76.

② 刘宝楠:《论语正义》,北京:中华书局,2017 年,第 506 页。

③ 同上书,第 488 页。

"四海之内的人"这一连续性的样式,而以"四海之内"来转喻。再如苏轼脍炙人口的诗句"大江东去,浪沙淘尽千古风流人物"。"大江东去"乃是"大江里的流水东去"这一复杂结构的节缩。

陈望道解释"明喻的形式是'甲如同乙',隐喻的形式是'甲就是乙';明喻在形式上只是相类的关系,隐喻在形式上却是相合的关系。"①而在解释转喻或说借代时,陈望道说"所说事物纵然同其他事物没有类似点,假使中间还有不可分离的关系时,作者也可借那关系事物的名词,来代替所说的事物。"②毋庸置疑,"中间还有不可分离的关系"也就是雅格布森所说的"连续性原则";而形式上相合的关系也就是"相似性原则"。两位语言学家对隐喻、转喻的辞格的关系特征的理解,以及隐喻、转喻的辞格的枢机方运的洞悉上,虽然各师成心但却是异曲同工,也即是语言文字的组合方式决定了言说内容的意义以及言说的效用。但是,雅格布森在失语症患者的辞格障碍上、沿根讨叶隐喻与转喻的神经根源,如此,就让我们看到了修辞辞格的方隅,即元语言。雅格布森说:

> 一个语言符号通过另一个语言符号来诠释——在某些方面同一种类的相同语言的符号——就是元语言的操作,它在儿童语言的学习中是关键机枢。最近的多次观察表明人们大量谈论的都是学龄前儿童言语行为的语言习得。但元语言才是语言习得与它的常态化功能的必然条件。失语症患者'命名能力'的缺陷正是他们的元语言能力的丧失。③

---

① 陈望道:《修辞学发凡》,上海:教育出版社,1982年,第77页。
② 同上书,第80页。
③ Roman Jakobson and Morris Halle: *Fundamentals of Language*. Mouton & CO.' S-GRAVENHAGE,1956,p. 67.

我们日常所用的语言都是客观语言(object language),是元语言(metalanguage)在日常性言语行为中的形体。隐喻、转喻以及明喻等辞格都是元语言在言说的行为中的自行显现。可是,他们却在脑损伤的失语症患者身上失去了,如韦尔尼克的无法命名的病人。而这也恰恰反观出我们欣然命笔、形于篇章的修辞能力正是作为神经存在者的我们的神经的文气与辞趣。"人类并不是直接地或逐字性地与世界打交道,而是隐喻、诗性地与世界打交道。"①简言之,我们是隐喻样式的存在者。隐喻样式的存在者以语言揭示自身对隐喻的原始性地占有,并使我们成为卡西尔所说的"符号的动物",成为海德格尔所说的"作为说话者,人才是人"的存在者,以及雅格布森所说的我们是元语言的体现者与运用者。从语言产出障碍的布洛卡脑区(以及附近或深层脑区)到脱口而出却毫无意义的韦尔尼克脑区(以及附近或皮下组织)的延宕,再从枕叶区损伤者的隐喻的逃逸,与顶叶、颞叶等脑区损伤的转喻的消亡,我们理解了日用语言有它的神经形式以及随变适会的活用形式,即元语言。我们交流、沟通、碰撞、追塍、索味、会意、造用乃至对抗等对语言的使用,本质上就是在历练、淬炼我们的元语言的能力,即开放性的神经之用。这也为我们洞鉴教师怎样开展课堂教学凿开了一扇户牖。我们以哈佛大学伦理学教授迈克尔·桑德斯向语言敞开的课堂为证,探究教育的本质与目的是让每一个学习者在言说中成为理论的占有者、反思者。桑德斯教授以罗尔斯对两种主张所做的区分启开课堂教学:一种主张是道德应得权,另一

----

① Book Review on *Merleau-Ponty's Poetic of the World*:*Philosophy and Literature* (Galen A. Johnson,Mauro Carbone,Emmanuel De Saint Aubert. 2020. New York:Fordham University Press),Comparative and Continental Philosophy [J],2021 (9).

种则是合法期望权。罗尔斯认为把分配的正义归为道德应得是错误的想法,错误在于报酬所得是武断性地由德行来决定。于是,讨论道德应得与分配正义之间的关系也就构成桑德斯课堂的主题。桑德斯指出根据罗尔斯的理论,社会资源的分配,譬如,受教育权,与财富无关但与机会相关,与雇佣决策无关但与录取标准相关。然而,不是续接罗尔斯对这些主张的理论诠释,相反,桑德斯教授转向了 1996 年美国联邦高院受理的谢里尔·霍普伍德(Chery Hopwood)申请被拒的案例来拓开分析。这是一个真实、具体的案例。谢里尔以 3.8 分的成绩申请德克萨斯州立大学研究生院法学院时被拒。谢里尔本人来自一个并不富裕的单亲家庭,且靠自己的勤工俭学完成大学教育。她申请的时间以及被拒的时间正值平权运动的氛围浓浓地弥漫在美国各州。结果,反歧视的平权运动就将申请者的种族背景显豁而出,并成为考量的重要维度。

德克萨斯州州立大学拥有 40% 的非裔美国人和墨西哥裔美国人。该大学也认为法学院拥有多样化的学生群体很重要。因此,他们在评估新生入学背景与资格时,不是惟学习成绩和考试分数为准绳。校方还要考虑班级的人口与种族构成。这一政策的实施导致成绩不如谢里尔的学术指数的少数墨西哥裔或非裔学生被录取,而她却被拒绝。谢里尔认为她被拒绝仅仅因为她是白人,如果她不是白人而是少数民族,凭她现在的学习成绩和考试分数,她不会被拒绝。谢里尔提供的统计数据也证实了那一年被录取的非裔美国学生以及墨西哥裔美国学生,他们的学习成绩和分数与谢里尔的一样。谢里尔与德克萨斯州立大学的法务纠纷上升到联邦法院。介绍了这个真实的历史背景后,桑德斯教授把课堂引向了法外领域,即从学理上探讨公平与道德应得之间的关系。我们该怎样看待谢里尔的遭遇:公平还是不公平。桑德斯教授先是在这个超级班级里做了一个民意测验:支持谢里尔与支持德克萨斯州立大学的人数情况。结果表明各方人数各占一半,势均力敌。桑德斯教授乘势征求各方支持者的观点,并把课堂带入正反方各持己见的辩论中。首先发言的是一位名叫布蕾(Bree)的女生,她是谢里尔的支持者。

布蕾(Bree):这是一个基于任意武断的因素,谢里尔无法控制她自己是一个白人这件事,她不是少数裔。她是白人这个事实不像考试能够人为被改变,谢里尔尽她所能努力学习,并展示她的成绩来证明她有这个能力,可她无法控制自己的种属。

布蕾的观点引出了反方阿尼莎(Aneesha)的争鸣。

阿尼莎:教育体系存在差距。大多数时候,在纽约,少数裔学生就读的学校相比较白人学生的财政拮据,设备简陋。因此,当他们都申请好的学校时,白人与少数裔之间存在差异也是很自然的。少数裔学生的成绩不好,是因为他们没有得到更多的帮助,因为教育体系低劣。

桑德斯教授:我需要打断你一下。阿尼莎,你认为在某些情况下,大多数少数裔就读的学校,并没有提供给他们与来自富裕家庭的孩子所接受的相同的教育机会与资源。

阿尼莎:是的。

桑德斯教授:因此,他们的考试分数并不能真正代表他们的潜在能力。

阿尼莎:因为他们并没有得到相同的帮助,而假如他们去了资金充备的学校,他们就可能会得到这样的帮助。

桑德斯教授:好。阿尼莎提出了一个观点:学校仍然需要选择具有优秀学术潜力的,但在考察申请者的学分绩点与分数时,校方要考虑这些绩点与分数背后的不同的意义,鉴于他们所受教育的劣势背景。所以,这是为平权运动做辩护的一种观点,也是阿尼莎的观点。修正不平等的前期准备以及教育劣势。现在,还有其他观点,假如只是确认是否还存在相左的原则。假如有两个申请者,他们的成绩一样好,都申请一流的高校或学院,比如说哈佛大学,在录取这两个申请者,如果哈佛大学说"我们依旧希望推动种族多元化,即便我们并不是在修正考试分数的结果或教育劣势的不公平现状",那么,这种想法是否不公平呢? 对此你有什么想法,布蕾?

布蕾:如果某种考核标准让某人胜出,那我就会认为它是合理的。如果某些考量把个人放在优先,比如考虑天赋、家庭背景,以及他们的身份,而没有武断因素,那情况也就没有什么不同。

桑德斯教授:你把它们称为"武断的因素",但你刚才又说种族与民族都是武断的因素,是申请人无法控制的。

布蕾:是的,我同意你说的。

桑德斯教授:那你的原则是录取不应该考虑申请人无法控制的这些"武断的因素"。

布蕾:是的,我同意你的观点。

桑德斯教授:谢谢你们二位。还有哪位同学愿意加入讨论,你怎么认为?

戴维德(David):首先,我暂时支持平权运动,有两个理由。第一,你必须考虑高校办学的目的,那就是教育学生。那些来自不同种族的人们拥有不同的背景,他们对教育的贡献也就不一样。第二,当人们说他们拥有平等的背景时,可是放大去看,这并不正确。想想奴隶制度,平权运动只是一种补偿措施。平权运动是缓和历史的一种暂时性举措,特别是对非裔美国人所犯下的错误。

桑德斯教授:戴维德,你认为平权运动是合理的,至少是对过去的不公平所做的一种补偿,是奴隶制和种族隔离的遗留问题。

戴维德:是的。

桑德斯教授:谁愿意就此进行辩论? 我们需要有人批判平权运动。哦,有人要发言,请讲。(很多同学举起了手)

凯蒂(Kate):我认为过去发生的事情与当下发生的并没有什么关系。我认为基于种族的区别对待本身就是错,且永远都是错的。无论你现在正在区分对待哪个种族。不能仅仅因为我们的祖先做了什么,就应该由我们来承担当前发生的事情。

桑德斯教授:好的,很好。谁来回应凯蒂的观点?

曼苏尔(Mansur):我想发表一下评论。因为奴隶制,因为不公正的过去,今天有相当一部分非裔美国人依旧身陷贫困。他们的机会比白人少,因为200多年的奴隶制,因为吉姆·克劳,因为隔离,今天我们依旧还有基于种族的不公平。

桑德斯教授:凯蒂,你怎么回应?

凯蒂:显然,的确有差异。但是,通过人为地纠正结果并不是解决差异的办法,而是要解决问题本身。我们必须要致力于解决教育的差异,解决培育过程中的教育项目的差异,比如起点教育项目(Head Program),给予资金短缺的学校更多的投资,而不是仅仅纠正结果,以至于看上去是平等了,但事实上却根本不是。

桑德斯教授:好,还有另一个同学要发言。请说。

汉娜(Hannah):关于基于种族的平权运动法案,我想知道为什么这个国家的白人能享有400多年的权利。这被称为"裙带关系"和"等价交换"。因此,纠正对黑人来说的不公正以及歧视并没有什么不妥(全场响起了赞赏的掌声)。

桑德斯教授:很好。谁来回应汉娜的观点? 汉娜的观点值得扩展,因为我们需要有人来回应。汉娜,你提到了子女优先录取政策。

汉娜：的确是这样，我正准备说。如果你不同意平权法案，你就不应该同意子女优先录取政策。环顾四周，你就会发现哈佛大学的发展历史是白人的子女远比黑人的多，就是因为享有这个政策的白人比黑人多。

桑德斯教授：请你向大家解释一下什么是子女优先录取政策。

汉娜：子女优先录取政策指的是如果他们的父母曾在哈佛大学就读，那么，他们的子女在申请哈佛时就会享有优先权。

桑德斯教授：好的。哪位来回应汉娜？（楼上有同学举手）请楼上举手的那位同学发言。

丹妮尔（Danielle）：首先，如果平权运动是对过去的补偿，那你如何解释美国历史上那些从中获利的少数人并没有被歧视。另外，你可以说其实平权运动又巩固了种族之间的分离，而不是实现了平权这个目标，即种族之别在这个社会里变得无关紧要了。

桑德斯教授：汉娜，你如何回应？

汉娜：我不同意你的观点。我认为通过促进像这样高校的学生的多样性，你能够进一步教育所有的学生，尤其是在白人区长大的白人学生，让他们接触来自不同背景的学生，这是理所当然的事。如果白人学生仅仅活在白人文化内，你就是把白人学生置于他们固有的劣势内。

丹妮尔：为什么要把种族必然地与多样性等同起来？还有很多其他种种形式，为什么我们要假设是种族使人不同？再一次申明，这会加固大学以及社会里的种族分离观。

桑德斯教授：汉娜，你的观点呢？

汉娜：对于非裔美国人，他们享受到特别的优势后，显然，他们就会带给大家不同之处,因为他们的独特的视角,就像不同的宗教或不同的社会－经济背景的人会带来不同的感受一样。如你所说,有很多种类的多样性,但若种族多样性被排除在某种标准之外也就没有任何道理。

桑德斯教授:好,(此时一位男生举手)请你发言。桑德斯教授指向了另一位男生。①

泰德(Ted):种族歧视在这个国家是违法的。我相信,非裔美国人的领袖他们自己也是这样认为的。马丁·路德·金说他希望人们不要基于他的肤色而是基于他的品质、价值以及他的成就来评价他。我认为仅仅凭借种族来做判断本身就是不公正的。如果你想基于不利的背景来纠正,那也可以,但也必须包括那些处于劣势的白人。这对于你究竟是白人还是黑人,并不重要。

虽然桑德斯教授的这堂授课到此并没有结束,但我们就在此处停顿,回顾他的课堂并追问这样的问题:从头到尾贯穿桑德斯教授的课堂要素是什么? 答案可能会是关于受教育机会分配的正义问题。但这种回答显然不是在"要素"意义上来说的——因为讨论的主题也可以说是社会正义问题、白人文化与黑人文化碰撞问题,或道德哲学问题。同样,我们也把桑德斯教授的课堂图示化,让构成该课堂的要素明晰。

"平权运动"不过是桑德斯教授展开其伦理课的引导词,一个引子而已,目的是让课堂向教育、思想、文化、历史、道德、制度等方面敞开。不可否认的是,无论是何种主题,主题的展开都无法避开对它的言说,主题在言说的行为中被驰张。贯穿桑德斯课堂的要素是

---

① 译文来自哈佛大学 Michael J. Sandel 教授的平权运动(Affirmative Action)公开课,https://b23.tv/NQoUCLY。

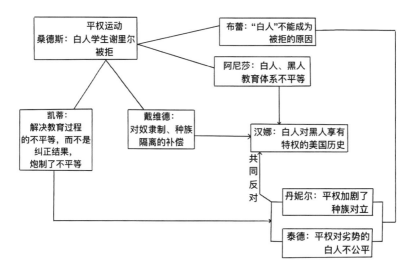

图 17　桑德斯教授课堂过程图

语言。从桑德斯教授以案例提领课堂,以征询观点的方式导开课堂,到正方、反方的辩论;从教育体系差异的辩论主题到高校的录取政策;从奴隶制、种族歧视的历史到当前教育领域里的平权法案的修正举措;从子女录取优先权到反思批判平权法案的合理性,桑德斯教授的课堂是向语言开放的课堂。师生在相互言语的左提右挈中被召唤,被引动;语言在交织、交错、对抗、互补中相接为用,钩沉极思;课堂教学在释放着的言说的冲动、激进、抗争中把主题的讨论演变成辩论、争鸣、碰撞,并递进渐变,层层推远。在激进又相左的撞击与对抗中,思维被不断地引发、摇动、拉长、拓宽,以应对观点滚动、流变不居的课堂。海德格尔说"一种思想越是采取激进的态度,越是深入根本(radix),深入一切存在者的根源,那么这种思想就越是具有思想的特性 ……'追问乃是思之虔诚'。"[①]桑德斯教授把一种见解搭建到另一种反驳的对立面上,又把对立的反驳再回转到

---

① 　孙周兴选编:《海德格尔选集》,上海:上海三联书店,1996 年,第 1078 页。

它的反方,这正是让课堂学习在语言的激进中演绎。"激进"是相对于平缓来说的,指的是在观点的对立、言辞的错开中思想被引动、拉开、扩充。从表面上看,课堂把论题在深度与广度上交错推进:从个体到种族;从学校到社会;从文化到政策;从决策到制度;从当前到历史。但从教育的理念来看,这是教育的思想成长、社会成长、文化成长、道德成长。从行为上来看,这是师生共同的言说,尤其是学习者与学习者之间的言说;但在本质上,这是每一位言说者在语言中淬炼语言,在淬炼语言的语言,即元语言,并把后者带进开疆辟路的突破中。杜威说"正是前进了三步与四步这样的确度,才从试错中显示出一种不同的反思经验。这些前进的步伐赋予了经验以思想。"①在言说中,就是在经验中,在让思想从语言的经验中蓦然而绽放的途中。这就是桑德斯教授的向语言开放的课堂学习的优越性。中国修辞学家陈望道在分析语言的修辞性质时说:

> 积极的修辞和消极的修辞不同。消极的修辞只在使人'理会'。使人理会只须将意思的轮廓,平实装成语言的定形,便可了事。积极的修辞,却要使人'感受'。使人感受,却不是这样便可了事,必须使听读者经过了语言文字而有种种的感触。语言文字的固有意义,原是概念的、抽象的,倘若只要传达概念的抽象的意义,此外全任情境来补衬,那大抵只要平实地运用它就是,偶然有概念上不大明白分明的,也只是消极地加以限制或说明,便可以奏效。故那努力,完全是消极的。只

---

① John Dewey. *Democracy & Education*. Martino Publishing Mansfied Centre, CT,2011,pp. 176—177.

是零度对于零度以下的努力。而要使人感受,却必须积极地利用中介上一切所有的感性因素,如语言的声音,语言的形体等等,同时又使语言的意义,带有体验性具体性。每个说及的事物,都象写说者经历过似地,带有写说者的体验性,而能在看读者的心里唤起了一定的具体的影象。①

这是一段叙论语言修辞功用的文字,但它同样适用于德斯教授的课堂。语言,无论它是文本性的还是口语化的形式,总是干瘪、抽象的符号。如果把教学仅仅视为是对事实性的、概念化的知识的输送、传达,那么,教学就如同消极的修辞那样只是平实语言的陈述。对教学而言,语言也就只是极为方便的通讯工具而已,是客观化了的知识形式或思想内容从他者的口中经介质的空气达到听者之耳的被听到的听觉完成,如同从信息通讯站发射出去的、被接受到的电子信号。但这种教学观忽略了一个重要的维度:干瘪、抽象的知识或思想,在有限的空间里,惟有在语言经验中才能获得它们高于零度的感性。从桑德斯教授的引词到捍卫黑人权利的阿尼莎、汉娜的观点,从戴维德客观中立的述评到布蕾、凯蒂、丹妮尔、泰德等对白人权利的维护,他们每一个人的发声既是语言又是"语言的形体"——历史的以及当下的社会价值观的可见性。在颉颃相竞的论辩中,知识、思想成为感性的温度在言说者的言说行为中升腾,并弥散在整个辩论的空间,成为课堂上所有参与者的温度觉:主动参与辩论的意愿踊跃而发,阵阵掌声冲击着这边界明朗的一方之域并欲破墙而出。桑德斯教授的课堂示范的正是这样的一种教学理念:课堂亦有温度与感性,它来自参与方此起彼伏、相接

① 陈望道:《修辞学发凡》,上海:教育出版社,1982年,第70页。

紧扣的言说。

桑德斯教授的课堂不禁又把我们带到了一个老生长谈的话题面前：教育的目的是什么？尤其是对日后那些从事教育、教学工作的师范生，我们施加于他们的教育模式，目的是什么呢？今日在校的师范生，也就是将来要从事教育、教学的教师。所以，当前命名的师范生的教育，实质上是在预备性的时间意义上来说的，因而，师范生教育的本质就是未来教师的教育。师范生之命名是着眼于当前的学习者的身份，教师教育却是面前未来。面向未来不是让未来的施教资格于当下完成它的考核。恰恰相反，面向未来的教育是让当前的受教为未来的资格与考量做好了准备性的姿势与姿态，以至于未来教学活动的可能性已经包含在当前的受教活动中了。对教育的未来面向的阐发于一个世纪前就已由杜威条举缕悉地触及了。杜威沉稳又激情地写道："当所有的思想产生知识时，知识的最终价值却要服务于对思想的运用。因为我们不是生活在一个安稳的世界里，而是生活在一个流变不居的世界里。在这个流变不居的世界里，我们主要的任务是前瞻性的，也是回溯性的——回溯不同于思想的所有知识——回溯性知识的价值在于坚固、安全以及硕果累累，可供我们应对未来的世界。"①

基于回溯但又前瞻性地朝向未来的世界，把人类那些经得起时间检验的智慧卓识运用于教育与教学，在有限的物理空间内松动、剥开思之屏障，在相左又相接的"三步、四步的"渐进中，让认同、反对或反思性的识见从经验中生发而出，并变经验为思想。所

---

① John Dewey. *Democracy & Education*. Martino Publishing Mansfied Centre, CT, 2011, pp. 177—178.

以,这种教育是杜威所说的社会化的教育,也是教育的社会化;是批判反思性的教育实践,也是在践行教育的反思性批判。这种批判性的反思同样被运用到文化、制度、种族、社会、权利、价值观、道德观等与人的生存、存在直接相关的问题的思考,乃至对人类命运的关怀。在对这些问题的追问、发问与质疑中,生命的冲动被激发,参与的意愿被张扬,并在这种内发的冲动与恳诚的参与中把知识运用到思想的再生。然而,毋庸置疑,杜威的这种让知识服务于思想运用的社会观、教育观需要借助语言来实现,因为"真正的历史完全靠我们而存在";①因为"言语使过去接受作为语言的特点的一种准备:言语向我们提供过去的真理。"②但也更因为"语言活动能使我们完全地理解它们所表达的东西,我们似乎不再需要语言活动进行引证。"③语言是知识与思想的——无论它们是历史的还是当下的——有声形式;知识与思想包含在不用引证的语言中。于是,杜威的从历史望向未来的教育观也就预留了语言登场的非如此不可的必要性与必然性:将历史性的思想与真理以知识的有声形式在语言的确定性中成为当下的经验。这就是桑德斯教授的课堂。换言之,桑德斯教授的课堂是杜威的教育批判思想怎样在现实中实现的示范——惟有借助语言的言说力量。只有在言说行为与语言经验中,教育才能在人之可能样式之无限性这一本质意义上接近教育目标,教育也才能靠近它对人之整体境遇之改善的预期方案之允诺,因为"语言是存在之家。"④如此,我们也就不难理解桑德斯教授向语言开放的课堂的本质:语言说并在说中成就

① 梅洛-庞蒂:《符号》,北京:商务印书馆,2005 年,第 91 页。
② 同上书,第 97 页。
③ 同上书,第 99 页。
④ 孙周兴选编:《海德格尔选集》,上海:上海三联书店,1996 年,第 1068 页。

我们。学习者在言说中历练言说,在言说中锤炼思维。在言与思中,无论它关乎的是追溯历史,还是直观当下,抑或是前瞻未来,它们都是赋予经验以思想。惟有使转化经验为思想成为日常性的运动态势,未来可能之样态被创造出来的无限多样性才能于当下被包含,并正处于当下的创造过程中。杜威说:

> 成长是生命的特征,教育的全部所在就是不断地成长;教育之外没有目的。学校教育价值的标准就在于它在多大程度上能创造连续成长的冲动,与事实上为这种冲动产生效应所提供的种种手段。①

"连续成长的冲动"就打破了过去、现在与将来这种虚幻的时间分段,虽然这种打破早在圣·奥古斯丁的反问中就已经发生,但那是奥古斯丁出于对绝对存在的无时间限制性的辩护。杜威对分段时间观的打破却让"教师教育"这一概念的要义宜明:在师范生培养意义上的教育学,是让未来的教师在当前的言说中成其未来之最理想态。因为,"任何存在者的存在居住于词语之中。"②

言说之如此重要,是因为言说迫压思向言说开放;言说在说中向语言开放,向语言的语言,即形而上的元语言开放。形而上的元语言不在言说之外,而在言说之中,是元语言获得经验、并把经验兑现在言说行为中。我们也不能预先假定元语言是先验地存在以研究语言,如同非欧几里得模式的几何学家在研究空间几何时要

---

① John Dewey. *Democracy & Education*. Martino Publishing Mansfied Centre, CT, 2011, p. 62.

② 孙周兴选编:《海德格尔选集》,上海:上海三联书店,1996 年,第 1068 页。

先行接受空间是先验性的存在那样。元语言是"语言器官"在**说**中被带入言说行为的**用**,是"语言习得装备"在某一特定语言环境下被训练的、能够进行语言辨别的语言认知,是雅格布森指归的、具有可转换性的、语言体式的神经操作系统。元语言是身体的语言,神经的辞藻。语言的神经系统并非仅仅是布洛卡脑区及临近或深层脑区、韦尔尼克脑区临近或深层脑区,它也并非只是颞上回、角回、顶下小叶等可命名处。语言是全部脑区的联盟、神经的同频共振,并从中涌现,就如同意识从全部脑区的同频共振中突现。查尔斯·W·狄更斯(Charles W. Dickey)等人于 2022 年 7 月刊发在 *Neuroscience* 期刊的文章实证地揭示了意识的神经同步震荡说。他们并把这种全脑的同频共振称为是"涟漪"。他们写道:

简短的高频震荡("涟漪")出现在海马以及脑皮层,并组织了记忆的回忆与巩固。使用经颅磁技术记录人体这些脑区的反应,我们的实验报告了 70 毫秒持续的波形中,90 赫兹的涟漪(在±500 毫秒内)是双形的且同时出现(≥25 毫秒时重叠)。更关键的是,在睡眠与清醒中,在左右半脑之间,广泛分布在焦点皮层区域的锁相位(是一致性的相位滞后)。多处的激活又助推了皮层涟漪的共同出现,并且锁相位的紧锁状随着更多皮层的涟漪而增强。所有脑区的涟漪与海马区的涟漪共同出现但并没有与后者的涟漪形成锁相位,这进一步表明皮层间的同步是由皮层间的联结来介导的。涟漪的相位滞后在夜晚睡眠期间发生变化,这与参与到不同的神经网路相一致。在日常清醒状态中,当线索与回应之间形成了不可缺少的关联时,我们的实验表明海马-皮层以及皮层-皮层间的涟漪在展开中的、延迟性的记忆回想中增强。涟漪增强和相位调制单元放电,共同涟漪增加各脑区的高频关联,表明同步化的单元峰值助推了信息的交换。共同激活、相位同步与高频关联并没有因为长距(25 厘米)而减弱。海马－皮层－皮层涟漪表现出它们具有最基本的种种特质,这些特质使同步捆绑在记忆提取,或许也是一般意义上的认知,成为必须。①

如果用一句话来概括这一长段的实证意义,那就是,记忆并非只是个别脑区的功用,比如海马区,而是全脑组织的同步联合作业。事实上,我们也必须在相同的意义上来理解语言、行为、情感等的神经基础。概括性地说,认知,我们是在最一般性的认知意义上来运用这一概念,是神经的认知。为了更深刻地理解神经与认知之间的一体两面的体现性关系,我们需要了解我们的大脑与中枢神经。

---

① Charles W. Dickey, etc.. *Widespread ripples synchronize human cortical activity during sleep waking, and memory recall*, Neuroscience, Vol. 119, No. 28, 2022, e2107797119.

第二部分　神经认知

十九世纪的人们发现大脑不是全脑等位的，正像那时的人所认为的这样。在那之前，人们认为大脑各部分都做着相同的事，尽管它是什么事却不为人知。然而，大脑的不同部分却被发现执行着行为的不同方面。于是，这个或那个动作其实只是大脑皮层几个区域活动的观点出现了。在某个区域之外，其他区域似乎与探究中的这个动作毫无关系。这个动作被认为是大脑某一特定"中心"的"局部化"的功能。这种观点严重错解了大脑是合作性的工作机制。[①]

——查尔斯·斯科特·谢灵顿

并不是所有的有机体都有一个脑。对于那些静卧止动的有机体譬如海鞘，以及虽然移动但却生活在固定且可预期的环境里的有机体，譬如草履虫，它们"无有必要具备神经系统。"[②]2022 年 2

---

①　Charles Scott Sherrington, *Man On His Nature*, Cambridge University Press, 2009, p. 221.

②　John Morgan Allman, *Evolving Brains*, New York: Scientific American Library, 1999, p. 2.

月《自然》刊发了一篇关于海鞘的文章。该文作者在文章中指出"海鞘属于被囊类无脊椎动物。尽管天差地别,但它们是脊椎动物最近的现存亲属。皮囊动物没有真正的头部,但是,它们的头和心脏之间的演化却很紧密。"①然而,生物体的多样性犹如生活环境的多样性。在一个高度开放、混乱、复杂、多变的自然世界里,当有机体需要为有限的生存资源而竞争时,当有机体需要适应生活环境,并有意识地改造环境以满足当下、准备未来长远的生活时,拥有一个大脑,尤其是复杂的神经系统,就使生物体具备了减缓与坚硬的自然环境对抗张力的巨大优势。"在最宽泛的意义上说,大脑是弱化环境多变性的减震器。"②因为这样的一种优越性,高级智性生物体的心智一旦开启就被处于不可遏制的轩轾欲飞的态势中。理解大脑的优越与智性的等级,我们有必要了解大脑进化的点滴知识。

1. 神经认知简史

2022 年 11 月《科学进展》(*Science Advances*)期刊刊发了一篇由尼古拉斯·拉耶夫斯基(Nikolaus Rajewsky)领导的国际学术团队的一项研究成果,"小 RNA 与章鱼复杂大脑的出现存在深度关联"(*MicroRNAs are deeply linked to the emergence of the complex octopus brain*)。拉耶夫斯基是德国 Max Delburck 国家医学生物系统柏林研究院的主任。该成果是他主导下的德国团队

---

① 《自然:没有头的海鞘,揭晓心与脑的古老联系》,引自《神经现实》公众号,2022—04—20.

② John Morgan Allman, *Evolving Brains*, New York: Scientific American Library, 1999, p. 3.

与美国达特茅斯学院研究者的合作项目。在这篇文章中,该团队发现了普通章鱼虽然基因转录组并没有较大地偏离无脊椎动物的进化路径,但小 RNA 却在漫长的进化历史中表现出复杂的方式。

长期以来,科学家被这样的一个问题困惑:复杂的神经系统为什么只在软体动物中发展出来,譬如,章鱼? 费里斯·杰博(Ferris Jabr),同时也是《纽约时报》撰稿人,在《我们真的能与章鱼成为朋友么?》一文中写道:

> 数亿年前,章鱼从它的寒武纪时代的祖先——类似带甲壳的软体动物——沿着海底慢慢衍出。进过一段时间,它们中的一些外壳失去了但行为显著敏捷,形体也在变迁。自由的获得也要承受代价,就是它们更易遭受伤害:柔软又没有牙齿,这就使章鱼更容易成为其他猎物的果腹之物。进化带来的生存负担与觅食的需求的压力可能是章鱼被迫进化出一个大大的脑袋与高智商的原因——要比那些它们在行动速度上与力量上都无法胜出的动物更聪明。因而,一些典型的软体动物,譬如,可见的缓步虫、蜗牛等,普遍性地可能具有4000—50000 个神经元,章鱼则有 5 亿个神经元。1.5 亿个神经元分布在大脑,3.5 亿个神经元分布在多只触手上。每一只触手都是组织有序的一团团神经元,能够独立决策。以神经的加工能力来说,章鱼与某些啮齿动物、犬科动物以及其他的哺乳类动物等同。章鱼基本上可以说是进化出了浣熊那样的大脑能力的海底蜗牛。[1]

---

[1] Ferris Jabr, *Can We Really Be Friends with an Octopus*?, Hakai Magazine, 2023, Jan. 19, www.hakaimagazine.com.

　　章鱼的聪明在于章鱼拥有 5 亿个神经元,分别分布在脑与触手上。更神奇地是,章鱼的八个单独触手如脑一般可以独立决策。这也使章鱼获得了"九脑"的美名。章鱼的这些巨量神经元的获得是由于进化过程中环境适应的生存压力:从脱去甲壳到优胜器官的独具,使这一物种能在弱肉强食的自然环境中保持了物种的延续。脑与神经系统的发达也就成为章鱼最适者生存的优越法宝。可是,为什么在生命保存与延续的巨大压力下,惟独章鱼进化出大大的大脑以及由 5 亿个神经元构成的神经系统,而不是其他物种,譬如,杰博列举的蜗牛? 我们又是否能够把章鱼的这些独特优越性仅仅归于进化的演变? 约伍·索山(Yoav Shoshan)等人对章鱼的神经系统的基因成因的合作研究表明,章鱼神经元中的"蛋白质组的多样性的区限提供的适应性优势并不明了。直到最近才有研究表明进化保留下来的基因编辑的作用只是补充损伤的基因组的替代。"[①]换言之,解开章鱼的神经系统复杂性之迷,仅仅依据自然界的生物进化机制只能莫诣正理,虽然深析这一问题仍旧无法回避物种的进化。

　　如果我们尽可能地回溯生物进化的历史,那么,人类与章鱼就会在类如原始蠕虫样的低级生物这里相遇。这个原始的低级生物就是人类与章鱼这两个不同物种回溯到最后可知的共同祖先。虽然这个蠕虫样的生物原始、低级,但进化出了些微的智力以及非常简单的视觉器官。在动物世界里,物种被分为两类:脊椎动物,尤其是灵长类和其他哺乳类动物,继续进化并发展出了较大、较复杂的大脑。带着自然馈赠、进化出的大脑,这些物种也因而表现出各

---

① Yoav Shoshan,etc.. *Adaptive Proteome Diversification by Nonsynonymous A-to-IRNA Editing in Coleoid Cephalopods*,Molecular Biology and Evolution,(38)9,dio:10.1093/molbev/msab154.

种不同水平的认知能力。西班牙神经科学家圣地亚哥·拉蒙·卡哈尔(Santiago Ramon Cajal)——也被誉为是现代神经科学之父，在 *Recollections of My Life* 一书中写道"从种族发展的角度来看，所有的脊椎动物都同时具有两种神经系统:感觉(外周神经、视网膜、嗅球、脊椎、小脑、丘脑、纹状体)通过区分与延长完成的发育;脑皮层(卷曲的灰色大脑皮层)，通过延长以及构成元素结构上、形态上的分化，继续在物种系列中完善自身。"[1]中央神经系统与外周神经系统的具备是所有脊椎动物共享的特征。

　　另一类物种是无脊椎动物;它们没有进化出大脑。它们凭借着类脑的机制与功能感知世界。我们以单细胞的生物体举例,譬如,一种被称为大肠杆菌的微生物。这个微小细菌依赖的种种机制使它能够感知、记忆以及在周围环境里蠕动,实质上就类如神经系统的机制,尽管此类有机体被包含在一个单细胞内,没有通常意义上的大脑。但是,大脑所具备的最基本的特征,譬如,感觉整合、记忆、决策以及行为控制等,在诸如此类的有机体中都能够能发现。它是通过贴在细胞壁上的蛋白分子,即感受器,来感知世界。这是类脑的全身感知,尽管这个全身只不过是一个单细胞而已。脊椎动物与无脊椎动物之间的界限似乎截然分明。

　　然而,大自然总有它令人无法捉摸的任性:偏偏进化出了有脑、神经的例外的软体类物种。这就是被称为头足类的动物,譬如,章鱼、墨鱼等。从进化的角度来说,章鱼是无脊椎动物中非常独特的一种物种,正如以上的介绍。章鱼的头部有复眼以及八条可收缩、可独立决策的触手。即便一条章鱼失去了它的一个触手,这只触手的剩余部分仍然具有敏感性并能够移动。章鱼的触手的

---

　　① 　Romon y Cajal,*Recollection of My Life* ,MIT Press,1996,p. 458.

神经分布、敏感性、决策能力以及移动能力，使它的触手如脑，故称章鱼有九脑。章鱼的头、触手不分的同致，即脑即触手的一体或直接性，或许是此类动物神经系统发达的原因，因此，研究者认为"仅仅是章鱼发展出如此复杂的大脑功能的原因可能在于这样一个事实：它们是高度目的性地使用它们的触手——比如，作为打开贝壳的工具。章鱼也表现出了其他的智力标志：它们非常好奇且记忆力很好。它们能够辨认并实际上也表现出了喜欢某些人、讨厌其他一些人的喜好。研究者们现在还相信章鱼会做梦，因为它们在睡眠中改变了它们的肤色与肌肤的结构。"①

孟子《离娄章》说"存乎人者，莫良于眸子。眸子不能掩其恶，胸中正则眸子瞭焉。胸中不正则眸子眊焉。"②孟子的这段话是解说我们能够通过人的眼睛洞悉他的内心。可是，这段话同样也适用于章鱼。拉耶夫斯基说"'我看到这个小动物趴在水箱的底部，我们彼此对视了数分钟'。看章鱼与看鱼是完全不同的事。'这不是非常学术化的科学研究，而是它们的眼睛真的流露出了它们的智性'。章鱼的眼睛的复杂'成像'与人眼相似。"③拉耶夫斯基观察这条章鱼时，章鱼也在观察拉耶夫斯基，以判断拉耶夫斯基是宜人的还是讨嫌的。章鱼强烈的猎奇心也使章鱼总是喜欢探索新的事物。"如果你对它们做研究并用简单易用的小食物作为奖励，它们很快就失去了兴趣。"拉耶夫斯基继续补充道。

目的性地使用触手来探索生存环境会刺激章鱼的中央神经、

① Max Delbruck Center,*What octopus and human brains have in common*,Press Release,No. 52/ November 25. 2022/Berlin.

② 《十三经注疏·孟子》，北京：中华书局，2015 年，第 5920 页。

③ Max Delbruck Center,*What octopus and human brains have in common*,Press Release,No. 52/ November 25. 2022/Berlin.

外周神经的发展,其间的关系很容易理解:用进废退的功能适应。可是,以目的性导向的触手的使用来解读章鱼的脑以及神经系统复杂性的关系,就如同生存的巨大压力驱动了章鱼的脑神经的发育一样,需要一个直入环中的路径深切之。那就是解码章鱼的基因。关于章鱼的基因研究,科学界已经获得了一些知识,譬如,章鱼的核糖核酸基因 RNA 编码的知识。其中,ADAR 酶(作用于 RNA 分子的腺苷脱氨酶)介导的某一个基因的编辑以重写神经元的基因转录组。而 RNA 的这项工作也被假定是章鱼具有较高级认知能力的原因。拉耶夫斯基也是受到这一研究思路与方法的启发,把目光聚焦在章鱼的基因。于是,该团队对样本化的普通章鱼的 18 个组织的小 RNA 以及信使 RNA(负责传递遗传信息,直接指导蛋白质合成)进行分析,以概举类见。研究团队发现在进化过程中,"章鱼与枪乌贼共享新增的 51 个 miRNA 基因(分组并进 42 个 miRNA 家族)代表了出现在软体动物家族谱系中的 miRNA 基因。最后,剩下的 42 个 miRNA 基因(35 个家族)仅限于章鱼家族。"[1]章鱼与枪乌贼是同纲不同目的近亲。

增长的小 RNA 分子在章鱼是巨大的扩张,而且,在章鱼的基因组中,全部小 RNA 家族的总量与脊椎动物的相等。研究团队进一步查证了这些巨大扩张的小 RNA 高比例地集中在神经系统中,且是最大化地表达在一个或多个神经组织中。该团队进一步假设如果是这些新进化出的小 RNA 推动了章鱼大脑的形成,它们一定表达在神经系统的发育过程中。于是,该团队又对即将孵化而出的章鱼宝宝的某一个基因的最后发展阶段进行表达分析。

---

① Grygoriy Zolotarov, *MicroRNAs are deeply linked to the emergence of the complex octopus brain*, bioRxiv preprint doi: https://doi.org/10.1101/2022.02.15.480520.

章鱼宝宝一旦孵化而出,这些研究人员立刻从其身体以及脑部提取小 RNA,并进行基因排序。他们发现"新的小 RNA 在章鱼发育过程中被强劲地表达,而且,也正是这些新的小 RNA(相比较旧的 RNA)对小章鱼的大脑的形成贡献最大。更令人惊奇的是,这个组织具有最高比例的小 RNA 的转录组。在这项研究中,这些转录组使全部进行排序的 22 个组织在进化过程中产生新的小 RNA。综合考虑我们的发现,这些数据表明的确是新的小 RNA 的产生成为章鱼的大脑发展的重要原因。"①

仅仅是章鱼的祖先蜕去甲壳的生存压力,以及触手对大脑神经系统复杂性的拉动,并不是解释章鱼进化出大大的大脑的核心原因。而是,小 RNA 的巨大扩张、调控信使 RNA 以及在神经组织中的表达,比如,功能特异性神经元的形成,是章鱼巨大增长的神经系统复杂性的根本内源性的驱动力量。这就是高智商的章鱼的生物性机制的原因,而非适应性与功能性的原因。章鱼的高级智力能力在上文中已有述及,我们再来看一段费里斯·杰博的更详细、更完整的情景描述。

一天早上,当潜水员克莱格·福斯特(Craig Foster)在远离南非海岸线的一处海藻丛中潜游,一个不同寻常的小建筑物吸引了他:一个颇具艺术化造型的海贝房,如同某人于海滩装饰的一处房屋被冲到了海里。突然,随着一声类似茶杯破碎的音响,贝壳倒塌,一只紫褐色的章鱼从中探出头来。看到了福斯特的这只章鱼把自己混藏在海藻,简短地观察了福斯

①　Grygoriy Zolotarov, *MicroRNAs are deeply linked to the emergence of the complex octopus brain*, bioRxiv preprint doi: https://doi. org/10. 1101/2022. 02. 15. 480520.

特后,这只章鱼喷出一团墨汁匆匆离去。被章鱼极具创造性的才能深深吸引的福斯特,同时也是制片人,决定以后每天造访这位章鱼。接下来的一年,福斯特记录了这只雌性小章鱼许多出色的行为:她怎样利用海贝和海藻保护自己以避免鲨鱼的攻击;革新捕猎策略;再生受到严重伤害的腕足;以及怎样照顾数千个卵以孵化小章鱼 …… 当福斯特开始追踪这只雌性小章鱼时,起初,这只小章鱼小心谨慎,不让福斯特靠近它。然而,经过大约1个月时间的这种造访,这只小雌章鱼伸出一只腕足来迎接福斯特,沿着福斯特的肌肤滑滑地移动。第一次,她的每只独立的腕足触摸着、品味着人体的福斯特。正像福斯特在屏幕上表明的那样,他逐渐赢得了她的信任,后者不断探究他的手臂并附在他的胸口。在福斯特拍摄的电影里,最令人难忘的一幕是这只章鱼主动地栖身在福斯特裸露的胸口上,一只腕足轻柔地曲贴着福斯特的脸颊。"当你体验到你与章鱼的这种亲密关系时,你根本感觉不到身置何处。在人间,没有比这更伟大的情感。我和她之间的疆界似乎完全消融。"①

这只小雌章鱼能够建筑颇具艺术造型的贝壳房,利用自然资源策略性地保护自己,比如遇到危险时,它们会躲进椰子壳,还会用吸盘吸住壳的两边,将自己藏起来。杰博说章鱼还能够解决谜题,使用工具,欺骗它者,根据陌生的环境调整行为,通过某种样式与姿势进行交流。当然,章鱼还表现出不断摆弄、研究摄像机的好

---

① Ferris Jabr,*Can We Really Be Friends with an Octopus?*,Hakai Magazine,2023,Jan. 19,www.hakaimagazine.com.

奇心。小雌章鱼也会戒备性地观察福斯特如同人与人之间互不相识的戒备心，但当它时间性地确定福斯特不会伤害自己后，又主动伸出一只触手与潜水员握手。这些行为方式不仅仅证明了章鱼的高智商，更表明"它已经获得了一种强烈的自我感。"[①]然而，在福斯特的语言描述中，最具共情的相通还是他经历的与章鱼肌肤相亲的相互信任，就如同章鱼与人类是如同来自不同国度的个体：虽然肌肤、形体各异，但都具有共通的性情。当然，章鱼的这种高智商与高感性都与"强烈的自我感"相关，但在最彻底的意义上来说，是与它的复杂的神经系统直接关联，是神经系统的通变之数。而且，章鱼与人类在生物学神经机制上的相同，也使福斯特与章鱼能够成为亲密关系的好朋友。至少拉耶夫斯基学术团队的报告为这种理解提供了依据。

章鱼的神经组织拥有了巨大扩张的小 RNA 库（miRNAs），这就反观出章鱼的大脑与脊椎动物的大脑相似的发展路径。于是，小 RNA 分子就成为我们与章鱼连起来的纽带。小 RNA 是一类保守的非编码小分子 RNA。不像作为信使的 RNA，其主要功能是引导细胞内的蛋白质的形成，小 RNA 是在翻译水平上调控基因表达，尽管它也编码小部分的 RNA，并捆绑到信使的 RNA 基因上来影响蛋白质的生成。正因为它相当保守的特性，所以它只在物种的特定发育阶段进行表达。保守性的小 RNA 细胞也决定组织和细胞的功能的特异性。该团队对章鱼的小 RNA 的研究揭示了我们的大脑与章鱼的大脑在生物机制上的相同性与相通性。虽然该团队在方法上、技术上、操作上等都是十足的科学性，虽然

---

① Ferris Jabr,*Can We Really Be Friends with an Octopus?*, Hakai Magazine, 2023, Jan. 19, www.hakaimagazine.com.

进化论也早已经为我们预备了生物的共同原始祖型的理论假说，但该团队的结论听起来仍旧颇逆双耳。查尔斯·斯科特·谢灵顿说"在自然界，任何事在任何时候都可能会发生。一种解释，尽管可能会有些轻率或牵强附会，可差不多也是一种好的解释，就像其他那些好的解释一样。"①我们并不是在说该团队的解释或轻率或牵强附会，而是，它"差不多也是一种好的解释"，就如同诞生伊始的达尔文理论：结论的惊世骇俗远比其宏富的考证内容更具轰动力。不过，该结论的确钩沉了达尔文的影子，似乎是为这位卓越不凡的科学家、博物学家150年前的理论追加实证的解释。在《物种起源》里，达尔文这样写道：

> 我更进一步相信一切动植物都是从某一个原始祖型传下来的……一切生物还是具有许多共同之点，有如化学成分、细胞构造、生长规律、对有害影响的感应性……在一切生物中，据目前所知，胚胞是相同的，所以一切生物都是从一个共同的根源开始的。②

小分子的RNA基因让脊椎动物与无脊椎动物产生了交汇：我们与其他生物，在神经功能上，似乎正在向"一个共同的根源开始"靠近。尽管目前，这"共同的根源"还只是体现在小分子的RNA上。因为具备大脑，因为进化出复杂的神经系统，所以，章鱼拥有高智商、高情商，能够以触手好奇地研究、感受福斯特的肌肤；能够信任地栖身福斯特的胸口上；能够思考拉耶夫斯基与它对视

① Charles Scott Sherrington, *Man On His Nature*, Cambridge University Press, 2009, p. 62.

② 达尔文：《物种起源》，北京：新世界出版社，2007年，第371页。

的眼神。也因为拥有大脑的那些其他物种,那些与脑智相关的认知能力明显处于较高、更高的阶位,为各自的物种在混乱的自然世界里获得一方栖身之地。

可是,即便拥有高智商,头与躯体分界不明的章鱼并未创造出属于它们自己的文明;文化、文明世界的创立仍然是人类开创的。但这种生物性的进一步比较研究并不是我们的旨趣所在。我们的问题是:既然高智商的行为与情趣是复杂、甚至更复杂的神经系统的配置与效用,譬如更高级的人类的智能,那么,该怎样理解神经系统的复杂性呢——因为构成人类大脑的神经元绝不是 5 亿个,而是约 860 亿。复杂性指的究竟是什么? 复杂的神经系统又是怎样规制认知发生的呢? 拉耶夫斯基说他们从事这项研究是为了"理解软体动物的神经机制在进化过程中的分子机制,这也就为发现物种形态以及行为复杂性背后的、一般意义上的分子设计原则提供了契机。"[①]然而,分子层面上的行为机制的解释只是神经心智模式路径下的、从神经到分子的微观化,是把行为还原到分子机制来解释的还原论思想。这一思想在西方实证文化背景里源远流长,并产生了神经心智观。意欲理解神经心智理论的原始要终,我们就需要简要地考究这一思想的流源。

让·皮埃尔·尚热在其专著《神经元人——生物心灵》一书中写道:

　　古代人中,德谟克利特最接近现代人关心的很多问题。对他来说,感觉和思想有一个物质基础,并依赖于具体的、"精

---

① Grygoriy Zolotarov, *MicroRNAs are deeply linked to the emergence of the complex octopus brain*, bioRxiv preprint doi: https://doi.org/10.1101/2022.02.15.480520.

细的、光亮又圆形的'原子;所有的感觉与想象都来自这些微
粒的位置在空间里的变化。按照他的说法,'精神性的原子'
遍布全身。但他又写道:'大脑监管着上肢就像一个护卫,就
像身体的城堡,虔诚地致力于它的保护工作。……他又补充
说'大脑,思想或智力的守护者'。"①

　　德谟克利特是古希腊的哲学家。关于他的生卒时年说法不
一,而关于他的思想,黑格尔曾这样评价:"德谟克利特整个接受了
留基波的系统 …… 我们诚然还保存着一些他的思想,但这些思
想没有值得引证的。"②被黑格尔视为无足轻重的思想指的是德谟
克利特的真理与意见之分,以及世界构成的原子原理。然而,令黑
格尔也无法否认的是德谟克利特的思想还"涉及到了意识的关
系。"即德谟克利特把感觉、想象等心智能力定位于大脑。这也就
使德谟克利特的观点具有了现代气息。"他(德谟克利特,作者加)
还区分了几种心智与情感的官能,并把它们指归到脑中精确的位
置。这些官能之一——思想——位于脑内。他的精神性的原子构
成了大脑、身体的其他部分与外在世界交换的物质基础,因此,也
就期待了神经活动的观念。"③但遍布全身的精神性的原子,是怎
样帮助我们感知世界的呢? 尚热并没有解释。其实,德谟克利特
的原子论思想不仅仅只是解释感觉与大脑的关系,它还是世界构
成的物质原理。原子成为现象世界中形态各异、品物流形背后的

　　①　Jean-Pierre Changeux, *Neuronal Man*, Translated by Dr. Laurence Garey,
New Jersey: Princeton University Press, 1985, p. 5.

　　②　黑格尔:《哲学史讲演录》,北京:商务印书馆,1996年,第341页。

　　③　Jean-Pierre Changeux, *Neuronal Man*, Translated by Dr. Laurence Garey,
New Jersey: Princeton University Press, 1985, p. 5.

普遍规定性。因为构成世界的物质元素是原子,这也就为我们能够认识世界提供了理论依据。我们看见物体、听见声音是因为"与事物相似的细微表面原子脱离出来,流入眼睛和耳朵。"①从原子原理解释我们的感知、知觉、思想以及情感等的物质基础的起源,德谟克利特实质上已经涉及到了意识的问题正如黑格尔的解释。假如我们的认知是物质的原子流入我们的眼睛与耳朵,"究竟这些环节是怎样作为颜色、不同的颜色等等而被感觉到的,——这一点他却并没有给予说明。"②

　　德谟克利特的思想居于脑的观点被希波克拉底继承、发展与丰富。医生职业的希波克拉底甚至区分了神经疾病与精神疾病,他甚至认识到大脑有白色的物质。这一丰富的思想继续延伸至公元 200 年的盖伦时期。盖伦是古罗马的解剖学家与医生。在盖伦时代人们已经通过裸眼发现了很多神经系统。或许也是这个原因,德谟克利特没有说明的认知机制在盖伦的理论中给出了假设。盖伦以为"神经传导一种灵气——精神灵气(psychic pneuma)到肌肉,肌肉因为灵气的渗透而胀开,因而产生了运动。"③用现代语言来说,盖伦的"精神灵气"的概念就如同是神经系统里的一种介质。也是这个概念让盖伦的学说更具活性神经的况味而不是机械论的色彩。神经 - 精神灵气 - 肌肉 - 动作就形成了逻辑上自洽的思想与动作的神经机制理论。这也使盖伦的思想更接近现代医学、生理学的认知观,虽然神经的"精神灵气"只是一种假说。事实上,盖伦的医学思想作为正统理论一直主导着欧洲医学界的理论

---

① 黑格尔:《哲学史讲录》,北京:商务印书馆,1996 年,第 341 页。

② 同上书,第 341 页。

③ Paul M. Churchland, *NeuroPhilosophy*, The MIT Press, http://mitpress. mit. edu, p. 15.

与临床经验直到十九世纪。关于这一点,我们可以通过对比笛卡尔的相关论述来品味。笛卡尔这样解释"知觉是什么以及我们的知觉方式"的问题:

> 尽管人的灵魂与他的整个身体连为一体,然而,灵魂位于大脑内。大脑不仅仅使灵魂理解、想象,而且知觉。这一切是由神经作为中介。神经如线从大脑向身体的各部位延伸。这些神经如此紧密交织以至于如果不从两端拨开朝向各异的拓展的神经,也就不可能触碰到其中的一条。神经的动作从一端传向其他那些神经的另一端,大脑的这些神经环绕着灵魂的居地。但是,大脑的神经激发的运动,以这种或那样的运动的多样性影响着灵魂或心灵,而灵魂或心灵亲密地与大脑交互相连。从这些运动中即刻产生的心灵或思想的多种情感被称作各种感官的知觉,或者,正像我们日常所说的,感觉。①

我们很难否定笛卡尔的心灵居于大脑的观点不是流源于古希腊脑－心文化的传统,尤其是盖伦思想的余绪。理解、想象、知觉等心灵的形式是神经动作的结果。心灵居于大脑某处,而脑神经无非是环绕心灵寓所的密网,犹如德谟克利特口中的"护卫"。感觉的类型与相应的神经对应,运动由神经发动。笛卡尔说:

> 首先,感觉的多样性依赖于神经的多样性;其次,运动的

---

① Rene Descartes, *Principles of Philosophy*, Barnes & Noble Inc., 2008, p. 47.

多样性发生在每一种神经中。然而,我们并没有与神经系统同样多的、多样性的感觉。①

可神经是怎样的动作的呢？神经的动作又是怎样产生各种感官的感觉以及思想的呢？笛卡尔继续说：

> 我们能够区分七种神经类型,其中两种属于内在感觉;剩余五种属于外在感觉。与胃、食道、咽喉等相连的神经,以及与我们的自然欲望相连的其他内在的部分,构成了我们的内感觉。其他内在的感觉,包括心灵的所有情绪或热情,和诸如喜悦、忧伤、仇恨以及此类的情感,取决于与心脏或心脏部位的神经相连……回想起美好的喜悦自身并不包含喜悦感,而是引动了动物精灵(the animal spirits)从大脑经过神经传到了肌肉,因此也扩张了心脏的孔洞,这也就导致了这些细小神经以本性即产生喜悦感的方式运动。②

心灵虽然居于脑,但我们的情感体验,诸如喜悦、忧伤,以及认知,譬如回忆、理解、想象等,是大脑、神经、心脏联合机制的效应。其中,动物的精灵是联通大脑与心脏并产生认知与情感体验的重要元素。"动物精灵"似乎是"精神灵气"的改写,但实质上它比后者更容易理解、也更具体,因为至少"精灵"是动物性的,是我们自身的一种质素。"神经……包含了高度精细的气或风即是动物精灵。"③因此,"动物精灵"实质上是神经的精气。笛卡尔的阐释中

---

①　Rene Descartes, *Principles of Philosophy*, Barnes& Noble Inc., 2008, p. 47.

②　Ibid., p. 47.

③　Rene Descartes, *The Passion of the Soul*, Oxford Press, 2015, p. 198.

最引人注目的是他把喜悦感理解为细小神经运动方式的本质。换言之,神经系统既是物质性的,又是情感性的。笛卡尔对此有明确的论述,"相同的神经的其他运动产生了其他效应,正如爱、恨、害怕、生气等,就它们只是心灵的单纯的炽热情感或感情而言。换言之,它们是心灵不能从自身产生的混合思想,而是心灵与身体的密切结合。"①爱、恨等主观性的情感体验不过是神经不同的运动方式,但它们又不仅仅只是神经的不同形式,而是神经与身体的结合。笛卡尔的这些论述包含了当代认识论哲学的许多真理,譬如,认知、行为、情感等的脑神经机制与神经传导机制,以及它们既是神经的又是身体的识见。至此,笛卡尔似乎也完成了他的认识论哲学,可是,"动物的精灵"在我们的身体上究竟是怎样布局,以至于神经的动作或不同的动作能够产生不同形式的认知、行为或情感的呢? 这个问题深触到了神经科学的微观领域,但笛卡尔却把它移植到了机械论领域里来解决。笛卡尔说:

> 人身上的神经与肌肉一定要构成什么样子,其中的元气才能够使肢体运动,就像我们见到的那样 …… 大脑里一定要发生什么样的变化,才能使人清醒、睡眠和做梦;光亮、声音、香气、滋味、温度以及属于外界对象的性质,怎样能够通过感官在大脑里印上各种不同的观念 …… 通感怎样接纳这些观念,记忆怎样保存这些观念,幻想怎样能够把这些观念改头换面、张冠李戴拼凑成新的观念,并且用这样的办法把元气布置在肌肉里,使这个身体上的肢体做出各式各样的动作,既有关于感官对象方面的,也有关于内心感受方面的,就像我们的

---

① Rene Descartes, *Principles of Philosophy*, Barnes& Noble Inc., 2008, p. 48.

肢体那样,没有意指指挥也能动作。在我们看来这是一点都不奇怪的 …… 我们把这个身体看成一台神造的机器,安排得十分巧妙,做出的动作十分惊人,人所能发明的任何机器都不能与它相比。①

身体既然是机械性的,它又怎样能够做出各式各样的动作的呢? 笛卡尔在其最后一本著作 *The Passions of The Soul* 一书中解释说:

脑中的这些运动在我们的心灵中产生了不同的感觉,可是,这些运动也能在心灵并未介入的情况下,导致精气流向某些肌肉而不是其他从而拉动肢体运动。②

精气的流动是肢体运动的内驱力,它可以不需要心灵的介入,就如同钟表的指针在机械力的作用下一个刻度一个刻度地跳动。我们的感知经过神经系统的传导在大脑里,由大脑表征被感知物体,形成它们的观念。肢体动作、内外感知、记忆、想象等能力是脑活动的流制,身体是机械的运动。如此,笛卡尔也就在神经心灵与身体之间进行了二元的划分。心灵与身体是双实体,虽然心灵与身体无法分离——因为心灵需要身体的肢体动作外显它的意志活动;身体需要脑的神经精气的指令行事,即便有时心灵并不介入其中,但肢体在神经精气的拉动下就可以完成动作。比如,笛卡尔举的眼睑闭合的一个例子。一位朋友向着我们举起手,尽管我们知

---

① 笛卡尔:《谈谈方法》,北京:商务印书馆,2007 年,第 44 页。
② Rene Descartes, *The Passion of the Soul*, Oxford Press, 2015, p. 201.

道他肯定不是要伤害我们,但我们的眼睛还是禁不住闭起来。这就是"手的动作刺激了大脑里的动作,神经精气被传送到肌肉里,引动眼睑的动作。"①现在我们知道这是神经的反射机制,如同膝跳反应机制一样。笛卡尔的这些认识论的阐释似乎给我们提供了一个详赅的身-心关系理论。然而,笛卡尔还需要说明一个问题:既然心灵居于脑中一隅,心灵与身体又是并在的双实体,心灵是怎样作用于身体的呢? 笛卡尔在 *The Passions of The Soul* 中,给出了清晰的释义:

> 我们也需要知道,尽管灵魂也与整个身体连为一体,但身体的某一处比其他各处具有特别的功能。它被普遍认为或是大脑,或许是心脏;大脑,因为各种感觉器官与它相连;心脏,因为正是它我们感知了炽热的情感。但细察之下,在我看来,心灵顿生之处绝不是心脏,或整个大脑,而是大脑的某一深处,处于大脑一实体中部的某一微小腺体,散布于沟通前孔的精气与后孔的精气的枢纽中,以至于这一腺体的轻微变化就能深刻改变精气的流动,反言亦同理。精气的些微变化亦能深度改变腺体的运动。②

这个某一腺体就是松果体——心灵的寓所。之所以笛卡尔认为它是心灵的寓所,是因为我们的大脑组织是对称的,尤其是我们拥有双数的外感官,譬如,双眼、双耳、双足、双手等,惟有这个腺体是独一的。双向的感官信息传至大脑,惟有经过这个单一组

---

① Rene Descartes, *The Passion of the Soul*, Oxford Press, 2015, p. 201.
② Ibid., p. 208.

织——松果体——的整合,我们才能对客体形成单一性的表征。事实上,这时的笛卡尔在很多方面修正了自己先前的一些观点,譬如激情观。在 *Principles of Philosophy* 中,如上文所引,笛卡尔认为激情并不是单纯性的心灵的功能,而是神经与心脏结合的表现形式之一,更具体地说,是神经－心脏－身体结合的表现形式之一。然而,在《谈谈方法》中,笛卡尔明确表示身体不过是一架精巧的机器。如果是这样的话,我们就无法想象一架机器会有人类的情感或人类的同理心,故此,笛卡尔在 *The Passions of The Soul* 中又修改了心脏所属的情感功能观,把情感视为心灵的功用之一。心灵居于脑的神经心灵观使笛卡尔的神经认知观前扣古希腊的脑神经认知之端;神经传导到脑支配的肢体动作又使笛卡尔播身体的机械运动之风。可是,笛卡尔谈到的感觉、神经、大脑、运动或动作之间究竟是通过怎样的神经机制而被连通起来的呢?

西方医学界对这一问题的通晓至少又经过了一个半世纪的时间。我们在迈克尔·阿米诺夫(Michael J. Aminoff)的专著(《查理斯·贝尔先生》)中就读到了这样的信息:"我们当前关于神经系统的想当然的很多知识事实上在十九世纪初都是不为我们所知的。"[①]阿米诺夫提到的这些想当然的知识也即是最基本的感觉－运动神经传导的知识,譬如,神经系统被分为中央(大脑与脊髓)与外周部分(神经)。传导神经冲动到中央神经系统的是传入神经,这是感觉神经。那些传出神经冲动到肌肉或其他效应结构的是传出神经。传入(感觉)纤维向大脑与脊髓输入信息(以电脉冲的形式),这些信息承载的既有外在世界的信息,又有身体自身的信息,而传出(运动)脉冲则是使动物对外在或内在的环境做出反应。再

---

① Michael J. Aminoff, *Sir Charles Bell*, Oxford University Press, 2017, p. 97.

譬如,神经系统构成的基本单元是神经细胞,也被称为是神经元,以及把神经细胞连在一起的支持性细胞,即胶质神经元。每一个神经元又由神经胞体、轴突、神经纤维(在细胞间以及与它相连的目标神经元之间传导神经冲动),与树突(从胞体分出的短短的枝杈,接受来自其他细胞的神经脉冲)。

神经元与胶质细胞是构成神经系统主要细胞的两种类型。神经元是神经系统中传导信息的最基本的信号单元,神经系统中胶质细胞的数量大约与神经元的数量相等。医学与神经科学界的传统观点是胶质细胞的作用在于为神经系统提供结构性的支持。这也是十九世纪的解剖学家发现的。但解剖学的渐进发展使解剖学家对胶质细胞的作用又形成了新的认识,即它们有助于形成大脑中的血-脑屏障,提升神经传导的速度。近年来的研究又揭示了胶质细胞一直未被认识的新功能,即调制神经活动。神经元如下图所示:

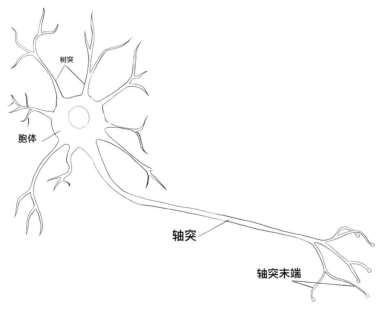

图 18　神经元的形状与结构

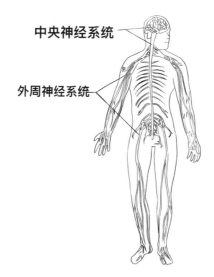

中央神经系统

外周神经系统

图 19　中央与外周神经系统

阿米诺夫说这些"想当然的知识",譬如,从感觉到肢体运动的内在的神经机制,而这些机制在笛卡尔的叙论中是模糊不清的,也一直不为学界所知直到贝尔的医学发现。贝尔先生(1774—1842)是神经科学领域里成就卓越的英国外科医生。然而,在发现神经的感觉与运动特异性功能的差异性之前,贝尔也受此观点的影响:"大脑是心灵的'腺体器官'。"①但十九世纪二十年代后,贝尔基于对动物的试验发现,改变了旧有的观点。贝尔这样写道:

　　试验 1. 我打开了脊髓,戳碰并损伤神经后部的极细微处——没有肌肉运动随后发生。于是,我刺激前部,立刻这一部分发生痉挛。

　　试验 2. 现在我用针刺激脊髓的后部并将它损伤——没有肌肉痉挛随后发生。我损伤前部,痉挛发生。

---

①　Michael J. Aminoff, *Sir Charles Bell*, Oxford University Press, 2017, p. 120.

这样说几乎是多余的:一部分脊髓的感觉来自大脑;脊髓的后部与无感部分属于小脑。①

脊髓神经的前部与后部的功能作用是不同的;刺激作用于不同的神经部位所产生的结果也各不相同。换言之,感觉的质性不是由刺激决定而是由神经决定。贝尔说"知觉是由与神经通连的脑的那一部分决定的。"②贝尔也区分了两种类型的神经系统:

简单或对称神经(运动与感觉),它们有不同的根部,与所谓的呼吸神经,与肌肉神经相连,执行呼吸、打喷嚏、咳嗽、说话,包括嘴唇和鼻孔,它们有一个共同的(运动)根部,没有相连的神经节。③

贝尔的神经认知观深刻地影响了达尔文。阿里斯特·内尔(Allister Neher)与道森·克里格(Dawson College)在 *Sir Charles Bell and Anatomy of Expression* 一文中说"达尔文也高度称赞贝尔的成就,并说是贝尔的成就塑造了《人与动物的情绪表达》这本书的写作。"④在《人与动物的情绪表达》一书的导言中,达尔文寻根其思想源流时首倡之人就是查理斯·贝尔。达尔文说:

查理斯·贝尔先生,因其生理学研究闻名遐迩,1806 年

① Michael J. Aminoff,*Sir Charles Bell*,Oxford University Press,2017,p. 98.
② Ibid.,p. 99.
③ Ibid.,p. 107.
④ Allister Neher and Dawson College,*Sir Charles Bell and Anatomy of Expression*,Canadian Art Review,Vol. 33,No. 1/2 Medical Tabular,2008,pp. 59—65.

出版了第一版的《解剖与表达哲学》，以及 1844 年出版了它的第三版。公正地说，他不仅奠定了作为科学的一个分支的生理学的基础，也建造了它的高贵的结构 …… 查理斯·贝尔先生的成就被低估了，或者说被几个外国作家大大忽略了。[①]

查理斯·贝尔先生不仅从神经机制解释人类与动物的情绪表达，且配以大量、丰富的神经解剖图解以示之，神经科学在贝尔的工具下既是科学研究，又具艺术美感。这从内尔与克里格合著的论文名称中一窥即知。神经是感觉、运动的神经，但也是情绪、情感的体验与表达的神经。贝尔的思想，尤其是情绪、情感表达的神经生理的结构与机制让达尔文认识到：

> 那些被认为是心灵状态的表达的某些动作其实是神经系统构成成分的直接结果。它们首先独立于意志，而且在很多程度上，也独立于习惯……我们的每一个运动都是由神经系统的构成成分决定的。[②]

我们以听音乐为例。当我们播放轻柔、舒缓的音乐时，我们会有轻柔、舒缓感；播放动感强劲的音乐时，我们会有强烈的动感。这些感觉既不以我们的意志为转移，也不是我们的行为习惯。可它们是什么呢？我们该怎样理解或轻柔、舒缓或动感、强劲的感觉呢？怎样产生的呢？它们不是音乐本身的质性特征，或者说我们的这些感觉不是单纯性的声音特征的结果，而是随感音

---

① Charles Darwin, *The Expression of The Emotions In Man and Animals*, D. Appleton and Company, 1897, p. 2.

② Ibid., p. 66.

乐的质性特征的神经的动作与肌肉的运动。达尔文说"无论何时我们感受到的一首歌曲的'表达性'是怎样的,由于它快的或慢的节奏——舒缓的,低沉的,如此等等——我们实际上是在诠释产生声音的肌肉的动作,这与我们一般性地解释肌肉动作的方式是一样的。"[1]

与贝尔同对感觉与运动神经研究做出卓越贡献的还有法国生理学家的弗朗索瓦·马让迪(Francois Magendia,1783—1855)。虽然贝尔区分了神经的感觉功能与运动功能,但却是马让迪修正并精确地细化了运动神经与感觉神经的区分。阿米诺夫说:

> 截然区分了单个神经根的不同,并断言前根(而不是后根)是运动功能,这些观点显然都使贝尔先于马让迪。尽管贝尔认为前根既是运动功能的又是感觉功能的,马让迪甚至也没有与之争论。然而,正是马让迪清楚地界定并描述了这些神经根的不同的功能,前根是运动,后根是感觉。[2]

在另一处,阿米诺夫再次强调"任何使用贝尔的或他的追随者的原创研究作为证据以表明贝尔的不同功能的神经根的研究要先于马让迪,都是有失公允。"[3]不失公允的说法是在神经系统内区分了感觉与运动神经根的不同功能是两者共享的殊荣。十九世纪二十年代以后,虽然神经与运动之间关系被揭示:刺激运动神经,

---

① Charles Darwin, *The Expression of The Emotions In Man and Animals*, D. Appleton and Company, 1897, p. 89.

② Michael J. Aminoff, *Sir Charles Bell*, Oxford University Press, 2017, p. 106.

③ Ibid., pp. 107—108.

肌肉的收缩动作就能够被观察到,但感觉器官与神经之间的关系还在蒙蔽之中,等待着后继者探勘。而在这一领域青史留名的是德国神经科学家约翰内斯·缪勒(Johannes Muller,1801—1858)。在运动神经研究范式的启发下,缪勒思考感觉的特殊性问题。缪勒说:

> 相同的原因,譬如电,能同时影响我们所有的感觉器官,因为这些器官都对它敏感,然而,每个感觉器官的反应并不相同。一种器官把它知觉为光,另一个器官听到了声音,又另一个器官嗅到了气味,又另一个器官触到了电,又另一个器官感到了痛与震动。一种神经通过机械振动看到了亮光,一种神经听到了蜂鸣声,另一种器官则感到了痛……不得不对这些事实的结果产生思考的人,却没有认识到神经产生这些印象的特定感性能力,是不够的,因为所有的神经都对这一相同的原因敏感,但对它的反应却不相同……感觉不是外身体的状态或质性传导到意识,而是神经的状态或质性传导到意识,神经的兴奋是由外部刺激产生的。[①]

保罗·丘奇兰德(Paul. M. Churchland)说缪勒的这段话"是对笛卡尔早期沉思的回响,是我们理解神经系统怎样表征外部世界的思想进程中的一个特殊起点的标志。"[②]我们关于世界的感觉受制于我们的神经系统,确切地说,是受制于视觉、听觉、触觉、嗅觉、味觉这经典五觉的特异性,它们各有己属的特定神经感性与神

① J. M. S. Pearce.,*The Law of Specific Nerve Energies and Sensory Spots*,European Neurology,2005,pp. 115—117.

② Paul M. Churchland,*NeuroPhilosophy*,The MIT Press,2007,p. 21.

经功能。感觉是由神经的状态与质性决定的，而不是刺激物本身的属性，或外身体的状态、性质。这就是广为人知的"'神经特定能量法则'，每个神经各有其特定的'能量'或质性，原因在于它是神经系统的一部分，只能产生某种确定的感觉。"[①]理解世界的法则，本质上是要了解、理解我们自身具足的感觉系统的神经法则。然而，缪勒的"神经特定能量"学说自问世起就遭遇诟病，E. G. 波林（Edwin G. Boring, 1886—1968）在 *History of Experimental Psychology* 中说"洛采以及缪勒的其他批评者争论说感觉神经一定都是相似的，它们并不具有不同种类的'能量'。正如结果所表，对缪勒的这种批评是正确的，因为他据以材料思考的是神经质性的特殊性而不是中央神经末端所处的位置。缪勒并未推陈出新。他用特殊能量代替了古老的活力论，并且用感觉器官的特殊刺激的固定功能关系来解释知觉。我们现在知道感觉质性的不同并不在于神经本身的兴奋，而在于不同的中央效应。神经系统的工作机制不是传导性质的差异性，而是一个神经元作用于下一个神经元的功能效应的不同。"[②]对缪勒的"神经特殊能量法则"的争议延续至今。譬如，当今学者乌尔夫·诺塞尔（Ulf Norrsell）、斯坦利·冯格（Stanley Finger）与克拉瑞·拉容切里（Clara Lajonchere）在合作论文中写道：

　　1826 年，柏林的约翰内斯·缪勒（1801—1858）表述了广为后人所知的"神经特殊能量法则"。他坚持认为感觉系统的受刺激方式并不重要，所产生的感觉总是与那个系统相适切

---

① 　Paul M. Churchland, *NeuroPhilosophy*, The MIT Press, 2007, p. 21.

② 　Edwin G. Boring, *A History of Experimental Psychology*, Prentice-Hall, INC., 1957, p. 90.

的感觉类型决定的。最著名的例子就是视觉神经刺激；它将导致视觉感知而无论刺激因素是一闪而过的亮光，温和的电刺激也可能是对眼部施压的压力。

穆勒最初表述这个法则用的是通俗语言，但后来就是神经生物学的语言了。查理斯·贝尔（1774—1842）也于1811年表达过相同的观点。贝尔写道"在探求感觉时，最基本的是观察到每一种感觉器官都有某种能力，接收作用于它的某种变化，可以说，然而，每一种感官不能接收其他感官的信息……"

缪勒经常被引用的也是影响力深远的理论并不是某一感觉系统的感觉质性（诸如不同的颜色或音调）。相反，他的理论含括五种经典划分的感觉。因此，他所提议的实际上是特定"感觉"能量法则，而不是"神经"能量。相比之下，"神经特殊能量"观的更复杂的发端要追溯到托马斯·扬（1773—1829）。托马斯·扬在他1802年论光的论文中述及了颜色视觉背后的三种接收器。然而，扬的思想被严重忽视了，直到19世纪50与60年代才因为赫尔曼·冯·赫尔姆霍兹（1821—1894）与詹姆斯·克拉克·麦克斯韦（1831—1879）而复兴。①

这三位作者认为缪勒的"神经特殊能量法则"应该被理解为"感觉"能量法则。不仅如此，早于缪勒的查理斯·贝尔与托马斯·扬都曾有过相同的叙论。缪勒的独行之处以神经生物学的语

---

① Ulf Norrsell, etc., *Cutaneous sensory spots and the "law of specific nerve energies": History and development of ideas*, Brain Research Bulletin, Vol. 48, No. 5, 1999, pp. 457—465.

言表达了这一法则。虽然诺塞尔等人认为缪勒的"神经特殊能量法则"应该被纠正为"感觉"能量法则,然而,正像贝尔损伤动物的脊髓后部神经动物即刻失去了感觉所表明的那样:感觉是神经的感觉。"感觉"能量的本质就是神经能。可是,如果神经有其能量,那么,我们能够对它进行测能吗? 对这一问题的接续就把缪勒的学生赫尔姆霍兹的研究带入我们的视阈之中。

赫尔姆霍兹继续拓展其导师缪勒的五种感觉的研究。虽然先于缪勒的托马斯·扬叙论了视觉三颜色背后的三种感觉接收器,发端了神经特殊能的学说,但赫尔姆霍兹认为"扬的假设只是特定感觉能量法则的特例而已。"①赫尔姆霍兹并验证其导师缪勒的主张:神经传导的速度是不可测度的。赫尔姆霍兹的实验方法很简单,他刺激神经的不同的点,并记下神经冲动需要多久的时间传到肌肉,以产生肌肉收缩运动。令赫尔姆霍兹震惊的是,"神经传导的速度慢于声速。在他的准备中,他计算的神经传导速度是每秒 30 米。"②赫尔姆霍兹测量神经速度的试验设计图如下图所示。

神经传导速度虽然慢于声速,但每秒 30 米的传导速度在人认识世界的日常活动中,其效应也是惊人的。譬如,上文中我们列举的海伦·凯勒。当水流经她的手时,她的手立刻感受到了凉凉、滑滑的被触感。当我们伸手触摸物体时,我们的手也立刻承受了被触。神经效应是瞬间性的;整件事也是时间性的。在赫尔姆霍兹的试验工具下,神经不再是神秘、神圣的,相反,它完全是物质性的

---

① Ulf Norrsell, etc., *Cutaneous sensory spots and the "law of specific nerve energies": History and development of ideas*, Brain Research Bulletin, Vol. 48, No. 5, 1999, pp. 458.

② Paul M. Churchland, *NeuroPhilosophy*, The MIT Press, 2007, p. 22.

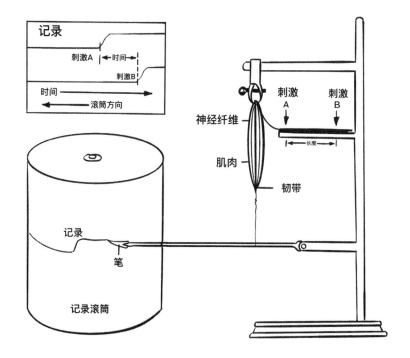

图 20　神经速度测量装置

　　图中悬挂之物是蛙腿。A、B 指向的是蛙腿神经纤维中的一根。对蛙腿的这根神经纤维在标有 A 点与 B 点处施加刺激。赫尔姆霍兹认为在 B 点刺激这根神经纤维引起的肌肉抽动要比刺激 A 点引发的抽动用时要长些。通过计算两点的时间差，根据 A-B 之间的长度，就可以计算出神经传导的速度。本图引自丘奇兰德的《神经哲学》。

概念，心灵也因而是可测度、可观察、具体的物理属性的。自赫尔姆霍兹始起，借助技术工具深窥不可见的心灵，显现神经机制与功能也就肇始了新章。"霍尔姆霍兹对科学的许多重要的贡献如此瞩目，被世界认可…… 他，如同他的老师缪勒，使视觉以及听觉研究进入了新阶段，也为研究提示了新路径。"[1]

---

　　[1]　Ulf Norrsell，etc.，*Cutaneous sensory spots and the "law of specific nerve energies": History and development of ideas*，Brain Research Bulletin，Vol. 48，No. 5，1999，pp. 458.

当德国的赫尔姆霍兹在研究神经特定的能量并对神经能进行测度时,英国的神经学家约翰·休林斯·杰克逊(John Hughlings Jackson,1835—1911)基于丰富的癫痫治疗的临床经验,正在积累着运动的大脑皮层表征的地形构图。癫痫病人的手指、肌臂、面目等痉挛、颤动让休林斯·杰克逊推断手指、手臂、脸部、腿部的动作表征在大脑的某些特定脑区。因为与大脑相连的运动神经控制着我们的肢体动作,所以,肢体的这些动作在大脑皮层上应该有它们各自的地形构图。"休林斯·杰克逊的临床观察与新皮层的三种基本特质相关。第一是新皮层包含地形图;第二是那些经常被使用的部分皮层表征占比最大;第三是新皮层在癫痫病的起源上起到关键作用。引发癫痫的异常组织的病灶主要位于新皮层或其他皮层结构上,譬如,海马。"①休林斯·杰克逊是第一个意识到大脑皮层的地形构图的神经科学家,也是六十年后诞生的、含感觉与运动在内的脑皮层地形构图的先驱。后起之秀的脑皮层的地形构图是由加拿大神经科学家怀尔德·彭菲尔德(Wilder Penfield)绘制的——同样来自癫痫病人的临床经验。

十九世纪六十年代,当休林斯·杰克逊在 London Hospital 形成了他的大脑地形构图的认知时,在法国巴黎近郊的一家医院,外科医生保罗·布洛卡发现了布洛卡语言区。上文中我们已有论述,故关于布洛卡语言区不再赘述。大脑皮层不是整体地对刺激做出反应,而是有特定功能分区的。神经科学家在这一思潮的涌流与濡润下,区划脑皮层的功能殊分也就是必然的结果。德国神经解剖学家科比尼安·布罗德曼于"1909 年公布了他的皮层地形

① John Morgan Allman,*Evolving Brains*,New York:Scientific American Library,1999,p. 32.

构图。布罗德曼使用组织染色的方法 …… 这就使布罗德曼能够目视不同脑区的不同类型的神经元。"①

对不同脑区的不同类型的神经元的研究在神经科学领域里也被称为细胞结构学。十九世纪晚期,两位出类拔萃的神经科学家在细胞结构学领域里取得了突破性的成就。他们分别是意大利的卡米洛·高尔基(Camillo Golgi,1843—1926);西班牙的圣地亚哥·拉蒙·卡哈尔(Santiago Ramon y Cajal,1852—1934)。两位成就斐然的神经科学家也因为他们各自卓越的贡献蟾宫折桂 1906 年生理学医学诺贝尔奖。然而,"不可思议的是,一位神经科学家的研究催生了另一位研究者的洞见。"②卡哈尔也是相同的表达:"高尔基的那些令人难忘的著作发表之前,如果说神经元的形态问题模糊不清,那么,它们的胚胎发育问题更不为人知。这是无需提及的事。"③高尔基发现了不同类型的神经节细胞,并开发了著名的细胞染色的方法。"利用高尔基的细胞染色方法,卡哈尔发现了神经元是独立离散的实体,这与高尔基以及当时其他人的观点不同。高尔基认为整个大脑是一个合胞体,一个连续的组织体,共享同一个细胞质。拉蒙·y·卡哈尔,也有人称之为现代神经科学之父,是辨认单一质性的神经元的第一人,也是清楚阐释后来被广为人知的**神经元学说**的第一人,即神经系统是由单个的神经元组成的。他也认识到电信号只在一个方向上传导,从树突到轴突端。"④

---

① Michael Gazzanige, Richard Ivry, George Mangun, *Cognitive Neuroscience—The Biology of The Mind* (*The Fifth Edition*), New York: W. W. Norton & Company, Inc. 2019, p. 10.

② Ibid., p. 9.

③ Romon y Cajal, *Recollection of My Life*, MIT Press, 1996, p. 365.

④ Michael Gazzanige, Richard Ivry, George Mangun, *Cognitive Neuroscience—The Biology of The Mind* (*The Fifth Edition*), New York: W. W. Norton & Company, Inc. 2019, p. 10.

卡哈尔的**神经元学说**意义重大，不仅仅在于以上例举的两个方面——这两个方面都是神经科学领域的，还在于他是从神经元之间的沟通与交流来明确宣表学习是神经学习的第一人。这就为我们阐述学习原理，阐述特殊教育的学习原理，尤其是基于特殊教育纬度的教师教育的教育学原理打开了路头。开学养正神经－学习原理，我们就必须从卡哈尔对神经－学习原理的经典表述肇始。

2. 神经–学习理论

从古希腊的德谟克利特、希波克拉底到古罗马的盖伦；从公元二世纪的盖伦到十六、十七世纪的笛卡尔；从笛卡尔到十七、十八世纪的贝尔、马让迪；从贝尔、马让迪到十九世纪的缪勒、赫尔姆霍兹；从缪勒、赫尔姆霍兹到十九、二十世纪的休斯林、高尔基、卡哈尔；感觉、运动的神经关联的认知观在西方科学道路上绵长递嬗二千四百多年。这些卓尔不群、居功至伟的哲学家、生理解剖学家、神经生理学家为心智的神经寻根而筚路蓝缕、披荆斩棘，虽不乏意古晦深，辞采苦杂，然能钻坚求通，以至于代代之间思慕经典，方轨前哲又垂范后昆。在这二千四百多年的绵邈岁月中，以及从二十世纪早期至今的时迁运转，虽有百家腾跃，千篇纷华，然对神经心智一揆宗论、总撮其要的可能仍然是被称为"现代神经科学之父"的圣地亚哥·拉蒙·卡哈尔。在 *Recollections of My Life*，卡哈尔这样写道：

　　通过观察、对比脊椎动物大脑锥体细胞的轴突与树突的形态与相对丰富性，我们得出这个结论：心智能力以及它的最高贵的表达、才能、天才，并不取决于神经元的大小与数量，而是取决于连接过程的丰富程度，换言之，取决于短程或长程连接环路的复杂性。

　　适应与专业性的灵巧，或通过练习而达到的尽善尽美（体育、言语、写作、弹钢琴、击剑能手与其他活动）的原因或者是神经通路的逐渐增厚，这是由神经冲动的流动所引起的兴奋，又或者是新细胞形成的过程（新树突的后天成长与伸展以及轴突的横向分叉）能够提高连接的适切与范围，甚至在原本独立的神经元之间建立全新的连接。①

我们的心智能力以及知识的形式，无论是高贵的、纯形式逻辑的高级数学知识，还是习惯性的技能、技艺性的知识，它们的本质都是与之相应的神经形式的符号性的表达。心智能力与神经元的大小无关，与神经元的数量无关，而是与神经元之间的连接通路，以及通路的复杂性、丰富性、多样性的结构相关。神经系统的复杂性就是神经元与神经元之间，在胞体、轴突、树突之间建立起长程或短程连接形态的情状。可神经元与神经元之间的联结是怎样发生的呢？这个问题又把英国一流神经科学家查尔斯·斯科特·谢灵顿（Charles Scott Sherrington，1857—1952）带入我们的视野。1906 年，谢灵顿出版了《神经系统的整合作用》，这是一部具有里程碑意义的著作。"在这部著作中，谢灵顿使用了'突触'这一名称来命名神经元之间的沟通结构，因为一个神经元向另一个神经元的传导要越过一个缝隙。"②饶有趣味

①　Santiago Cajal，Colletions of My Life，The MIT Press，Cambridge，Massachusetts，London，England，1966，p. 459. z

②　Paul M. Churchland，*NeuroPhilosophy*，The MIT Press，2007，p. 30.

的是，"突触"这一结构的存在并不是谢灵顿直接观察得出的，而是他基于简单反射的推断。

上文中，我们已经述及赫尔姆霍兹测量的蛙腿的运动神经传导速度是每秒 30 米。谢灵顿认识把赫尔姆霍兹的测量结果具体表述为"在 15 度的气温环境下，蛙腿的神经传导速度是每 σ 的 3cm(σ＝.001 秒)。"[①]谢灵顿又"假设温血动物的神经传导速度（赫尔姆霍兹测的速度更快些）与青蛙的相同，而狗的膝盖处的反射弧长是 2/3 米长，我们把狗的后腿屈肌的反射潜伏时长乘以 5，我们应该得到 27σ 的时长 …… 但事实上，时长翻倍，而且这也是日常刺激强度下的反射行为的普遍现象。"[②]如此明显的时间差使谢灵顿推测神经系统中一定还有尚未明了的结构，占用了神经元与神经元之间的交流时间。谢灵顿写道：

> 神经元从头到尾本身是一个可见的连续体，然而，正如以上所说，这种连续性在神经元与神经元汇合处—突触—并没有被证实。一种不同的神经传导方式可能在那里发生。灰质脑区的传导延时可能是由突触引起的。[③]

神经科学领域里的"突触"概念诞生。卡哈尔的单独神经元组成的神经系统的"神经元学说"与谢灵顿的"突触"概念就肇始了神经－学习理论以及它的丰富发展。1949 年加拿大神经生理家唐纳德· 赫布(Donald Hebb，1904—1985)的专著 *The Organiza-*

---

① Charles Scott Sherrington，*The Integrative Action of the Nervous System*，Yale University Press，1920，p. 19.

② Ibid.，p. 19.

③ Ibid.，p. 19.

tion of Behavior 出版。在这部专著中，赫布提出了一个假设：

　　当细胞 A 的轴突与细胞 B 如此接近足以激活它，且不断重复或持续性地对细胞 B 放电时，某种成长过程或新陈代谢的变化就会在其中之一细胞或两个细胞中发生，以至于使细胞 B 放电之一的细胞 A 的效能就会增强。①

如果我们把这段文字图例化，则如下图所示：

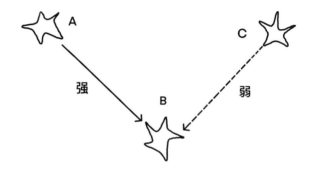

图 21　赫布突触学习定律示意图

　　从字面上看，这仅仅是生理学、生物学意义上的神经传导机制，但若结合有机体的行为来分析，则其指意深刻。假设有 A、C 与突触后细胞 B 三个神经元。突触后细胞 B 同时与细胞 A 与 C 相连。其中细胞 A 与细胞 B 是强度相关，即细胞 A 的兴奋必然会激活细胞 B 使其放电。相比之下，细胞 C 与细胞 B 是弱相关。在同样的刺激作用下，细胞 A 参与细胞 B 的激活并使其放电的强度就大于细胞 C 对细胞 B 的放电强度。假如在某种情境下，细胞 A 兴奋并

　　①　D. O. Hebb, *The Orgination of Behavior*, New York: John Wiley & Sons, Inc., 1949, p. 62.

激活细胞 B 时,细胞 C 也在对细胞 B 的作用中,那么,根据赫布假设,细胞 B 与细胞 C 之间的作用也会增强。以小老鼠为例。一只小老鼠生活在中间相连的两个笼子里,可以自由地从一个笼子进入到另一个笼子中。这样的环境对于这个小动物来说已经是弱刺激。假如这只小老鼠像往常一样经过笼子之间的相连处,这时研究人员施以电击。强刺激出现。突如其来的强刺激让小老鼠立刻产生恐惧感而仓皇逃窜。随后研究人员会观察到小老鼠的行为明显地改变:小老鼠或回避经过那里或者在别无选择的限制条件下惊恐万状地经过那里。于是,在原本两个毫不相关的事件即电刺激与一个空间位置之间就建立了联结。小老鼠习得了应对环境的新的行为方式,学习发生。由此可见,学习的原理是神经的学习,也是神经在学习。简言之,学习是在联结状态与性质改变意义上的神经 - 发生。因为这种学习原理的定义以突触为矩,所以,赫布假设又被称为赫布突触学习定律或赫布可塑性。根据赫布定律,我们可以重新绘制桑德斯教授的课堂对思维发展的影响力。图示如下:

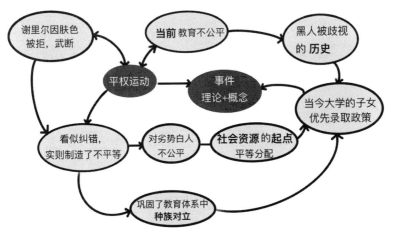

图 22　创造力思维教学示意图

赫布的这本书一经出版即引发了学界相当广泛的争鸣,尤其是赫布提出的"突触的'学习'"假设,因为"这一机制是局域性的。"①里奥·凡·汉蒙(J. Leo van Hemmen)与瓦尔特·森(Walter Senn)认为"局域性"的"突触"学习假设是个惊世骇俗的想法。之所以如此,是因为"局域性的突触,其机制效应除了受制于一定时空下的突触前与突触后所能接收的信息之外,别无它制"。② 但也正是赫布尝试捕捉神经元与神经元之间的互动方式,促进了"大脑的工作模型的建构以揭示大脑对外在世界的表征方式,使赫布对神经与行为关系研究的影响远远大于突触可塑性的发现"。③ 彼得·米尔纳这样评价赫布的突触学习观。赫布突触学习定律的鼎新意义持续发酵。斯蒂芬·库伯(Steven J. Cooper)评论赫布假设的原则是"通过实证数据建构而不是描述中央神经系统的形式与结构,才能真正理解生命的组织过程以及有机体的行为。"④换言之,学习是生命的再组织过程,学习的本质是动态过程中的发生。这种发生可以在构成神经系统的神经元以及神经元间的动作关联上寻迹。赫布假设也就为后来的研究者提供了一个总的指导框架:"通过动态的神经网络建立了行为与突触之间的关系,使我们在分子以及细胞的层面上理解学习与记忆的发生过程。"⑤

---

① J. Leo van Hemmen & Walter Senn, *Hebb in Perspective*, Biological Cybernetics, 2002, pp. 317—318.

② Ibid., pp. 317—318.

③ Peter M. Milner, Hebb, Donald (1904—1985), http://ww://www. Encyclopedia. com/psychology/encyclopedia-almana-transcripts-and-masp/hebb-donald/—1904—1985.

④ Steven J. Cooper, *Donald O. Hebb's synapse and learning rule : a history and commentary*, Neuroscience and Biobehavioral Reviews, 2005, pp. 851—874.

⑤ H. Sebastian Seung, *Half a century of Hebb*, Neuroscience, vol. 3, 2000, p. 1166.

赫布突触原理的启发性在于行为的发生不能在简单的刺激－反应的层面上来理解，而是有它的神经枢机。即神经的活动与机制在介导我们的认知以及认知以怎样的方式而发生。基于赫布学习定律，行为组织的生物性的神经原理在分子层面上的实证研究成为典范并取得突破性的成果。最著名的实证成果之一就是"奖赏系统"的发现，研究者奥尔德与米尔纳是在赫布的指导下完成的试验设计与研究。奥尔德在两篇论文中详细地描述了他们的研究方法。他们把汉斯（Hess）的技术——电极留置在小老鼠脑内，与斯金纳（Skinner）箱——测评小老鼠的行为动机结合起来。研究者对试验中的小老鼠进行食物剥夺 12 个小时，然后给予电刺激。令研究者诧异的是这只小动物总在遭遇电刺激的那一处停留，而根本无意前行获得食物。显然，这只饥饿的小老鼠从电刺激中获得的某种欲望的满足压倒了食物的诱惑。但如果对不同的脑区施以相同的刺激，小老鼠的行为表现是否相同呢？奥尔德与米尔纳把小老鼠放入斯金纳箱中，并于脑部留置电极，观察这只小动物踩踏脚板以自我刺激大脑的情况。如此，研究者也就把动机的强度转化为可观察、测量的频率。实验表明，电极留置大脑中线结构的大部分区域，比如嗅觉皮层、边缘系统的核团，小老鼠踩踏动作以自我刺激的次数显著高于其他脑区的自我刺激。显然，行为并不是单纯刺激的结果，而是神经的相关性。这部分脑区的刺激能够使有机体获得比食物以及其他奖赏更强的满足感。"情绪与动机的机制在大脑中有定位。"[1]奥尔德如是写道。

---

① 　James Olds, *Pleasure Centers in the Brain*, Scientific American, (1956) 195: 105—116.

如此,刺激－反应的行为模式也就被改造为刺激－突触－反应的模式,即行为是神经机制介导的神经活动的外显。奥尔德对自我刺激与奖赏系统的发现开启了生理心理学的复兴,生物学导向的行为研究,并促进了心理学家与神经生物学家的合作。亨利·J·憨(Henry J. De Hann)说"20 世纪 60 年代跨学科神经科学协会的成立就是这种合作过程不断增加的产物。"[1]赫布假设的重要性在于它假定突触是可塑的。因为这种可塑性,突触前、后神经元的机制性联结得以改变,行为或说学习以及记忆才能发生。然而,关于突触可塑性的证实直到布里斯(T. Bliss)与乐莫(T. LoMo)于 1973 年联合发表了他们具有里程碑意义的论文 *Long-Lasting Potentiation of Synaptic Transmission in the Ddentate Area of The Anaesthetized Rabbit Following Stimulation Of The Perforant Path*。在这项研究中,两位研究者在研究海马体背侧齿状区穿缘通路的线性神经元群时发现,在施以电流刺激后,目标神经元群在突触层面上的反应在以下三个参数上出现长时性增强(Long lasting potentiation)现象:兴奋性突触后电位(excitatory post-synaptic potential)的振幅;群峰电位的振幅;群峰值潜伏期的缩短。这就是延时性增强(long-term potentiation LTP)概念。突触的传导效能随着群峰电位的增强而增强,更多神经递质的释放也使突触后电位增强。虽然突触的兴奋时长根据刺激的强度在持续性以及程度上有所不同,但突触传导效应的增强却是共同的特征。这种强度有时会持续数个小时,有时会持续至 3 天。在输入刺激已经停止的某些条件下,兴奋性有时仍在持续。

---

[1]　Henry J. De Hann,*Origins and Import of Reinforcing Self-Stimulation of the Brain*,Journal of the History of the Neurosciences,2010,pp. 24—32.

荣格·尼科（Roger A. Nicoll）说突触延时性增强现象的发现，其"重要性无论怎样高估也不为过。"①因为它不仅为其他研究成果的发现提示了路径，也揭开了学习与记忆可能性的内因条件。杰拉德·费施巴赫（Gerald D. Fischbach）说"海马区内某些突触的 LTP 可以延长数周。在某些连接处，LTP 要求突触前神经元与突触后神经元的共同激活，支持了赫布的学习定律。但如果突触后神经元在突触前神经元启动性的刺激中处于惰性状态，那么，LTP 将不会发生。"②布里斯与乐莫 1973 年突触的长时增强效应的发现距离赫布提出突触学习假设已经过去了二十多年。从奥尔德与米尔纳的大脑奖赏中心的定位，到布里斯与乐莫的突触增强机制的发现，学习理论都是在突触可塑性的正向支持的规式内行进。

可是，行为的突触机制会不会出现反向功能现象呢？如果是这样，那行为会是什么样的呢？虽然赫布的突触可塑性学习原理催生了行为的神经机制的突破性成果，且不断衍生出这一指导原则下的新知识的获得，对进一步解释学习以及记忆的发生机制提供了实证的依据。但聚焦于突触来解释行为的发生或改变有它的不完备性，因为赫布假设的神经元的联结也可能不会发生，即反赫布原理的学习模型出现。二十世纪六十年代，托斯登·威塞尔（Torsten N. Wiesel）与戴维德·休伯尔（David H. Hubel）合作开展了实验探究。他们把出生八天的小猫右眼缝合长达两个半月。两位研究者用电极一次性穿透左半脑视觉纹状区检测 25 个细胞

---

① Roger A. Nicoll,*A Brief History of Long-Term Potentiation*. Neuro(93),2017,pp. 281—290.

② Gerald D. Fischbach,*Mind and Brain*, Scientific American,1992,September,pp. 48—57.

的反应活动,发现 20 个细胞仅仅被同侧即正常的左眼传导的刺激激活,期间没有一个被对侧来的刺激激活。剩下的 5 个细胞既不能被同侧又不能被对侧的神经脉冲激活。他们又对 7 只小猫以及一只成年猫进行试验,并通过人为的手段使这些猫咪在不同成长时期产生视觉障碍,然后检测视觉神经元的功能,其中检测的数量也是各不相等。但实验结果均表明总有一定数量的神经元不能被来自双侧电流激活的情形。从突触的层面上来解释这一实验结果,那就是:

> 如果前突触细胞 A 反复且不断地未能激活突触后细胞 B,而细胞 B 因为其他前突触神经元的影响而处于放电状态,那么,其中一个或两个细胞之间会产生新陈代谢的变化,以至于细胞 A,作为使细胞 B 放电的神经元之一,效能会减弱。[①]

这恰恰是赫布定律的反面。事实上,威塞尔与休伯尔于 1962 年在对猫的视觉系统展开实验时,关注的根本不是赫布定律,而是复杂细胞的感受野的检查。"为理解单独神经元的行为,就必须采用这种方法,尽管它不能处理神经元与它相邻神经元之间的关系。"[②]也是在这一原则指导下,威塞尔与休伯尔不仅发现猫的视觉皮层上的神经元是功能性层级结构的,且当一只眼睛失去功能作用后,大多数视皮层的神经元变成单眼加工,有些只接受来自左

---

① Gunther S. Stent, *A Physiological Mechanism for Hebb's Postulate of Learning*, Proceedings of the National Academy of Sciences of the United States of America, 1973, pp. 997—1001.

② Eric. R. Kandel, *Nerve Cells and Behavior*, Scientific American, 1970, pp. 57—70.

眼的视觉信息,其他则只加工右眼的信息。这说明视皮层突触的配偶功效(conjoint survival)要求同步活动,但同时也表明有些神经元是具有强烈的特定倾向性的,它们选择性地仅加工左眼或右眼的投射。如此,突触前后神经元的相互关系就不是最重要的,而是视觉刺激的同步性、神经元的特定功能的激活,以及具有某种优势倾向性地选择性加工等特征,对视觉系统的作用、功能至关重要。正是功能性层级结构的神经元在视觉通路上的结构性地转换,以及视皮层的高度组织化的功能柱使可视物的各种信息被知觉。功能性层级、同步又特定倾向性优势加工的视觉系统的开创性成果使这两位研究者荣获 1981 年诺贝尔奖。而功能层级、同步以及神经元仅局域性地前馈加工的模型也成为半个世纪后优化深度学习模式的路径。威塞尔与休伯尔采用的方法,即以单独细胞作为研究对象来解释行为的神经环路的原理,同样也被埃里克·坎德尔(Eric R. Kandel)所运用。

　　或许是认为"赫布突触"这一说法有太强的局限性,坎德尔在他的研究中也很少使用这一说法,他更认为可塑性"很可能是神经元的其他功能,比如细胞阈值或自发放电的方式。"①坎德尔也由此转向神经元与神经系统的相互作用的行为研究,更确切地说,是转向对神经环路的连线方式的研究。坎德尔认为行为是由神经环路介导的,而一个神经环路中的神经元以及兴奋性突触后神经元电位可以受相邻的神经环路的激活方式制约。通过对神经环路以及单独的细胞进行研究,坎德尔认识到不同类型的学习以及记忆在大脑中有不同的神经环路的生物性的基础。换言之,学习、记忆

———————

① Eric. R. Kandel, *Nerve Cells and Behavior*, Scientific American, 1970, pp. 57—70.

的发生取决于特定神经环路的功能性激活。于是,赫布的"局域性"突触机制的学习原理就被神经环路的作业所取代。

与美国神经科学家坎德尔关注神经元－神经环路的行为研究模式相似,也是同时进行单独神经元功能分析与行为关系研究的神经科学家是英国伦敦大学的约翰·欧基夫(John O'Keefe)。欧基夫亦通过刺激单独的神经元来勘测神经元是怎样概念性地表征世界的。20 世纪 70 年代,欧基夫与其合作者"留置微电极在小老鼠的海马区,发现这一脑区的锥体细胞激活放电使小老鼠具有空间定向的方向感或表现出空间运动的意向。"[①]并且,每当小老鼠接近它特别熟悉的空间位置时,这些锥体细胞放电频率增强,这就是"位置细胞(place cells)"[②]的发现。随后,"头向定位细胞(head-direction cells)"[③]也被实验证实。因分子以及神经系统的传导机制的成效卓著研究,埃里克·坎德尔,阿尔维德·卡尔森(Arvid Carlsson)与保罗·格林加德(Paul Greengard)抢元夺魁 2000 年诺贝尔奖;约翰·欧基夫,梅·布莱特·莫索尔(May Britt Moser)与爱德华·莫泽(Edvand Moser)也因为构成大脑定位细胞的发现蟾宫折桂 2014 年诺贝尔奖。神经元层面上的功能定位研究继续扬风播势,那就是杰弗里·霍尔(Jeffrey C. Hall),迈克尔·罗斯巴殊(Michael Rosbash)与迈克尔·杨(Michael W. Young)发现了昼夜节律的分子控制机制并因此荣获 2017 年诺贝尔奖。

---

① John O'Keefe,J. Dostrovsky,*The Hippocampus as a Spatial map*. Preliminary evidence from unit activity in the freely-moving rat,Brain Reserch,34(1971),pp.171—175.

② Ibid.,pp. 171—175.

③ Jeffrey S. Taube,Robert U. Muller,and James B. Ranck,Jr.,*Head-Direction Cells Recorded from the Postsubiculum in Freely Moving Rats*. *I. Description and Quantitative Analysis*,The Journal of Neuroscience,1990,10(2):420—435.

　　从神经元之间相互作用的突触学习,到单独神经元的功能特异性与行为关系的揭示,学习的神经原理都是把行为还原到分子层面上来解释、定论。强大的还原方法似乎无法避免地形成这样的一个结论:决定我们行为、人格特质的要因其实是这些微观又"局域性"的生物机制。让·皮埃尔·尚热说"没有什么能阻止我们以神经元的活动来描述人类的行为。"①约瑟夫·勒杜说"我的人格观相当简单:那就是你的'自我',你的本质,反映的是你的脑中的神经元之间相互联结的方式。神经元之间的联结,即突触,是脑中信息流动与储存的主要渠道,脑的大多数工作都伴随着神经元之间的突触传导,也唤起了曾经突触传导时的编码信息。鉴于突触传导在脑功能中的重要性,从实效上来看,说自我是突触的自我是不言而喻的事。"②

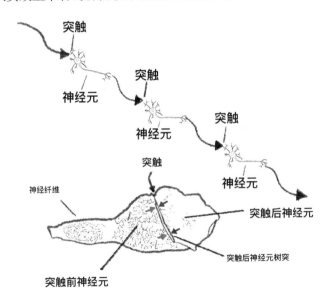

图 23　神经元之间的突触传导

　　①　Jean-Pierre Changeux, *Neuronal Man*, Translated by Dr. Laurence Garey, New Jersey: Princeton University Press,1985,p. 125.

　　②　Joseph LeDoux, *Synaptic Self*, New York: Penguin Books,2002,p. 2.

神经元,如卡哈尔的发现,是单独的个体。神经元间不是紧紧贴合在一起,而是存在间隙。这就是谢灵顿命名的突触。突触是一种结构。斜线示意的传导方向是指神经冲动从上游神经元向下游神经元传导。当神经脉冲从突触前神经元传来时,突触前神经元内在的突触小泡就向前移动,与突触前神经元的轴突末端贴合,释放出神经递质。神经递质越过突触并与突触后神经元的树突棘表面的分子接收器结合,并催化突触后神经元发生化学性级联反应产生酶、蛋白质等,并同时产生动作电位。突触后神经元再将神经脉冲以相同的方式向下游神经元传导而成为突触前神经元。我们以下图示例突触的神经传导:

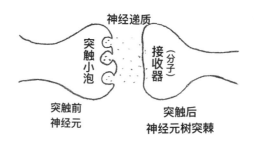

图 24　神经元之间的突触传导机制

颇为吊诡的是虽然还原论的方法取得了卓越的成就,但还原论者,譬如让·皮埃尔·尚热也认识到在理解人的行为时不能"还原论的色彩太浓",[①]就如同他批评莱布尼兹将人的行为视同钟表的机械运动既幼稚又偏狭。相反,尚热认为"所有的行为,所有的感觉,都可由拓扑意义上的神经元的内在调动来说明,它们是一个特定的图谱。"[②]引进拓扑来解释神经元的联结方式在一定程度上

---

① Jean-Pierre Changeux, *Neuronal Man*, Translated by Dr. Laurence Garey, New Jersey: Princeton University Press, 1985, p. 126.

② Ibid., p. 124.

打破了还原论的局狭，但引进拓扑结构并不是尚热的创见，赫布在论述视觉时已经运用了拓扑结构，只不过是在极其有限的范围内运用。

　　赫布在论述视觉信息在初级视觉皮层的投射时认为只有第17区是拓扑的结构。"第17区是大脑皮层的一个组织。由于场的作用力，动力性的信息补全会在这个皮层内发生。超出第17区之外的信号传导将不会出现同形现象，而是弥散性的。从视网膜向第17视觉区信息投射的拓扑关系离开第17区后即消失。"[1]第17区又被称为V1区、纹状区或初级视觉加工区。赫布说"视网膜成像的方式在第17区的再现不是地形学的而是拓扑的，一旦这种同一性由视觉皮层的兴奋方式完全决定后，无论兴奋点是什么样，移动的目光或距离变化中知觉到的一个正方形的特征也明显保持在变化中，它仍然是一个四边形（拓扑的变化保证了这一点），这是千真万确的，但已经不是相同的比例。"[2]所以，赫布也用变形（distortion）来解释视觉的拓扑结构。赫布用第17区局域性的拓扑动力结构反对格式塔心理学的视知觉补全理论，即患者不是在视知觉中根据"突然的刺激中断产生的分离的力和统一的力"[3]补全了缺失一半的视觉客体，而是初级视觉加工区的动力拓扑结构补全了残断的视觉。可是，初级视觉区何以有这种动力以补全残缺的视觉图像的呢？33年后，初级视觉区的动力源来被研究者通过试验揭示出来。

----

　　[1]　D. O. Hebb, *The Orgination of Behavior*, New York：John Wiley & Sons, Inc., 1949, p. 51.

　　[2]　Ibid., p. 53.

　　[3]　库尔特·考夫卡：《格式塔心理学原理》，黎炜 译，杭州：浙江教育出版社，1997，第190.

1982 年荣格·图泰尔（Roger B. R. Tootell）、马丁·西尔维曼（Martin. S. Silverman）、尤金·思威迪克思（Eugene. Switkes）以及罗素·瓦洛尔思（Russell. L. De Valois）利用脱氧-d-葡萄糖技术对猕猴的视觉皮层成像特征进行实证勘明。他们将猕猴麻醉,插管,使猕猴处于药理性的麻痹状态中,并将猕猴与呼吸器相连。猕猴的头被固定在牢固但无痛的塑料定位架上,研究人员再在光线下把刺激屏幕聚焦投射到猕猴的视网膜上。刺激屏上是由大小两个同心圆以及射线条交叉构成的视觉刺激。因为仅仅将刺激呈现给一只眼,所以视觉皮层上呈现的是这个刺激图形的映射（mapping）的一半。研究团队并开发了平装技术,能够把卷积的视觉皮层铺展开以观察视觉信息在这一组织上的活动形状。图泰尔等人发现,"视觉皮层的神经活动的样式与所视图形的样式相对应,且是整体以小于 2∶1 的比例尺度变形地对应。"[①]下图是图泰尔等人的试验结果。

格式塔心理学家,譬如库尔特·考夫卡（Kurt Koffka,1886—1941）曾有一个著名的发问:"为什么事物像看上去的那样?"[②]图泰尔等人的研究结果似乎为我们提供了最切题的答案:因为我们是以事物的形状来感知它,就如同试验中的圆形在初级视觉皮层上的形式特征。卡夫卡并给出了原因:

我们排除了整个假设网络,即恒常性假设（它是对未被注

---

① Roger B Tootell,M S Silverman,E Switkes,*R L De Valois*,*Deoxyglucose A-nalysis of Retinotopic Organization in Primate Striate Cortex*,Science,vol. 218,no. 4575,1982,pp. 902—904.

② 库尔特·考夫卡:《格式塔心理学原理》,黎炜 译,杭州:浙江教育出版社,1997,第 96.

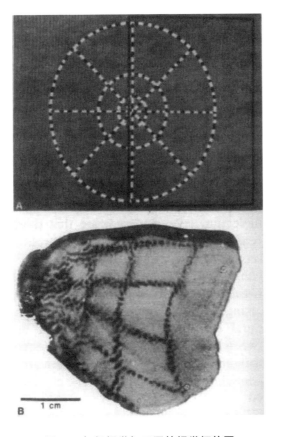

图25 初级视觉加工区的视觉拓扑图

本图引自图泰尔等四位作者的合作研究论文《灵
长类纹状区视网膜投射定位成像组织的脱氧葡萄糖
分析》(*Deoxyglucose Analysis of Retinotopic Organi-
zation in Primate Striate Cortex*)。这块区域就是以
上提到的视觉初级加工区,也被称为纹状区或布罗德
曼第17区。上图是刺激物的形状,下图是纹状区的
刺激物的一半成像。

意但起作用的感觉的假设)、解释性假设和同化假设。我们还
表明了经验错误。我们用一般的术语系统阐述了正确的解决
办法,并为它的具体阐述引进了我们的概念"装置"。很清楚,
真正的解决办法并非生机论,也不可能是以独立感觉过程之

和为基础的机械论，它是一种彻底的动力论（dynamic theory），其中，过程是在动力和强制的条件下自行组织起来。①

可"动力"来自何处呢？考夫卡说"事物之所以像看上去的那样"是"因为场组织的关系，接近刺激的分布引起了这种场组织。这个答案是最终的。"②如此，那什么又是"强制的条件"呢？考夫卡归因为"组织律"，即组织的过程与条件、心物场等要素。归根结底是场的动力论。约六十年后，安东尼奥·达玛西奥（Antonio Damasio）也给出了解释。达玛西奥说"神经元以拓扑结构组织了它的活动模式，所以与被视图形的样式惊人的一致。"③如果说考夫卡借助的是物理学的知识解释我们的知觉现象，显然，达玛西奥借助的是数学知识，即拓扑几何学的概念。事实上，图泰尔等人在其合作论文中根本没有提到拓扑这一概念。相反，他们多次在文中提到"对数"概念，即"映射在视觉皮层上的视阈场的空间性转换是这一组织上的神经元以复杂的对数关系表征的。"④图泰尔及其合作者的研究结果回答了视知觉场的动力源于何处的问题，也廓清了视觉皮层的拓扑映射的成因。那就是视觉神经系统运作的对数机制。视觉皮层神经元的活动模式是对数原理的，它以自然对数的表达形式成比例地放大视觉刺激物的成像，所以才有图泰尔等人借助试验设计与技术手段的运用发现的结果。这是拓扑结构

① 库尔特·考夫卡：《格式塔心理学原理》，黎炜 译，杭州：浙江教育出版社，1997，第135.

② 同上书，第126页。

③ Antonio Damasio, *Descartes'Error*, New York: Penguin Books, 1994, p. 104.

④ Roger B Tootell, M S Silverman, E Switkes, *R L De Valois*, *Deoxyglucose Analysis of Retinotopic Organization in Primate Striate Cortex*, Science, vol. 218, no. 4575, 1982, pp. 902—904.

以及知觉场动力组织的发生与命名的原因。视觉神经的对数原理才是格式塔心理学家述及的那些视知觉现象的最终答案。

不仅仅是视觉神经遵循对数加工原理，听觉亦如此。汤姆斯·B·谢里丹（Thomas B. Sheridan）在 *Modeling Human-System Interaction*（《建模人性－系统的相互作用》）一书中说"心理物理学家 S. S. Stevens（1951）（Stanley. Smith Stevens 作者注）绘制了音量的刺激－感觉功能图，以及光的亮度、音高以及其他感觉的相似功能。分贝这一术语，最初是以 Alexander Graham Bell 的名字命名的，也是对数的，它是声音强度率的度量。"[1]事实上，对数原理地与世界互动是我们神经系统运作的方式，而没有视觉神经与听觉神经之分。谢里丹又写道"人类神经系统的一个重要特征在于信息是以刺激的物理属性的对数关系被编码。说得再明确些，神经系统是根据对刺激的力量或能量的尺度来进行编码的，而这基本上是对数函数关系。"[2]

神经系统的对数加工原理是神经动力学的机枢。神经系统的对数表达形式，或者说拓扑结构，既保证了我们所感知的某物依旧是那个被感物——因为神经与世界的对数关系并不是异物感知的关系，而是放大了被感知物的异形关系，又改善了生物体适应世界的能力及其限度，保护了生物体的生存。不幸的是，我们很容易被误导是图泰尔等人把神经加工与拓扑结构这一概念联系起来，来解释我们的视觉现象，并把"拓扑结构"这一概念引入哲学研究中，成为流行的术语诠释我们感知世界的方式。这就导致图泰尔等人的真正的研究价值，即神经系统的对数表达方式与能力，被忽略

[1] Thomas B. Sheridan, *Modeling Human-System Interaction*, 2017, p. 54.
[2] Ibid., p. 54.

了,也因而掩盖了对数－放大模式的活的神经系统的含义。

赫布在赫布的论著《行为的组织》(*The Organization of Behavior*)中说,只有视皮层的第 17 区也就是纹状区是拓扑结构的,纹状区之外的其他区域的信息传导是弥散性的,但后来的研究者"发现大脑各皮层都是拓扑结构的。"①譬如马尔科姆·扬(Malcolm p. Young)的研究。这也与 Changeux 所说的相一致,即大脑神经元的连结是拓扑结构的。如此,"神经冲动传导的重心就不在于孤立、原子式的突触的境遇,而是拓扑的神经网络对含于其间的集成－放电神经元的同步与振动的影响。"②如此以来,赫布的视觉纹状区的拓扑结构就被扩展为全脑神经网络的拓扑结构。事实上,视觉是拓扑的,我们在上文中人对熊的视觉感知中已有涉及。我们不妨再稍做拓展并以下图做图例。

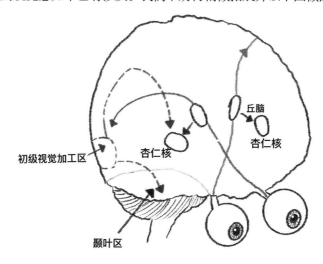

图 26 视觉传导图

---

① Malcolm p. Young, *Objective Analysis of Topological Organization of the Primate Cortical Visual System*, Nature,358,1992,pp. 152—155.

② Duane Q Nykamp,Alex Roxin,Albert Compte,*The influence of network topology on synchrony and oscillations in networks of spiking neurons*, BMC Neuroscience,12(Suppl1),2011,pp. 44—45.

我们的视网膜上有两种感光接收器：视感细胞与视锥细胞。视感细胞中的色素对光的敏感性非常低，见光即分解。我们常常在夜晚使用视感细胞。视锥细胞含有的色素不同于视感细胞的色素，前者对强光做出反应。我们的视网膜上有三种类型的视锥细胞，它们分别对应可见光中的不同光谱区。一种视锥细胞对应较短波长，即光谱中的蓝色部分；一种对应较长波长，即红色部分；另一个介于中间波长的，则是绿色部分。这就是视觉的三色原理。视感细胞与视锥细胞在视网膜上的分布并不是均匀。譬如，视感细胞散分在整个视网膜上，而视锥细胞则集中在视网膜的中央。连接视网膜与视神经束的中介细胞是神经节细胞。正如我们上文中引证的，人类约有 2.6 亿个光接收器，但我们只有 2 百万个节细胞，于是，视觉传导的第一次聚合就产生了：很多视感细胞聚合到一个节细胞中。也正是这样的聚合传送，一个视感细胞就可以激活一个神经节细胞。"然而，视锥细胞却是另一回事：每个与视神经相连的神经节细胞仅有为数很少的视锥细胞，最终却产生清晰的图像。视觉信息的压缩，正如听觉信息也是如此，表明更高水平的视觉中心是高效的加工器，能够解开压缩的信息并恢复视觉世界的细枝末节。"[1]

双眼视觉的神经冲动从视网膜向视神经中枢传导，在视交叉处会合又分流，其中左眼向对侧的右半脑的枕叶区传送，右眼向对侧的左半脑的视觉区传导。承载视觉信息的神经脉冲在丘脑的外侧膝状体处更换神经元，外侧膝状体总共有六层。视觉流再经此处较长神经纤维的中介神经元直接投射到枕叶皮层的纹状区进行

---

[1] Michael Gazzanige, Richard Ivry, George Mangun, *Cognitive Neuroscience—The Biology of The Mind*（*The Fifth Edition*）, New York: W. W. Norton & Company, Inc. 2014, p. 191.

初级视觉信息加工。再由纹状区投射到纹状外区并继续向顶叶区以及颞叶区投射。90％的视神经集中在这条视觉通路上,也可以称为是优势路径。剩下 10％的视神经通路则向丘脑与杏仁核投射。正如我们上文中的分析,10％的这条视觉通道常常是在应急、突发事件中被强度激活,比如,遇见一头熊时的害怕情形。虽然这种说法并不是强调在日常状态的优势视觉路径下,我们并不使用这条潜入深层脑区的视神经通路,而是说它并没有作为优势凸显出来而已。我们难以用画图描绘拓扑投射的视觉神经通路,只能粗略简图示之如下:

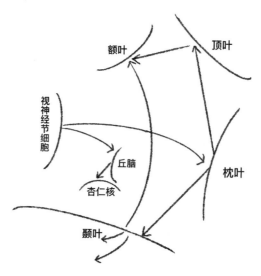

图 27 视觉通路拓扑传导简图

90％的优势视神经通路与脑区深处的 10％的神经通路并不是我们这里在谈论的重点。而是,视网膜－视交叉－外侧膝状体－视觉皮层的纹状区,以及枕－顶区、枕－颞区等的优势传导通路,与视网膜－视交叉－丘脑－杏仁核深层脑区的神经通路,以及初级视觉区-颞中回等纵横交错的通路,示现的正是拓扑结构的视觉传导。不仅仅如此,大脑深处的上丘脑同样是视觉器官。神经科学研究者杰拉德·施耐德(Gerald Schneider)的试验为我们揭示出这一隐蔽的视觉器官。杰拉德·施耐德损伤一只小仓鼠的上丘脑,然而,把小仓鼠爱吃的葵花子呈现在小仓鼠的眼前。杰拉德·施耐德发现这只小仓鼠的眼睛如同瞎了一般,没有做出任何尝试性的动作,因为它看不见杰拉德·施耐德手中的瓜子。当然,并不是这只小老鼠没有吃瓜子的动机,也不是这只小动物存在运动缺陷。当这位研究者用瓜子触碰小老鼠的胡须时,这只小仓鼠一跃而起立刻衔住了瓜子并嗑了起来。这位研究者并人为损伤这只小仓鼠的初级视觉加工区。等这只小动物恢复后,杰拉德·施耐德发现这只小仓鼠不能再像从前那样辨认物体,丧失了视觉敏感性。就这样,杰拉德·施耐德区分出了两种视觉系统,"一个视觉系统用于空间定位,另一个视觉系统则用于辨识客体。"[①]视觉是多脑区、多层级、多通道的合作。在日常状态下,所有与视觉相关的脑区功能性地协调、同步地运作,才有作为定向背景的视觉指导下的行为的顺利发生。

　　视觉神经的拓扑传导会意我们的是视觉并非只是视觉皮层或与视觉相关皮层的动作,而是全脑的事业。然而,我们不该忘记或忽略的是这样的一个事实:虽然进化机制为我们预备了具足的视觉神经通道,且是最优越的、与世界打交道的感觉方式——视觉为我们提供了85%的感觉信息资源,但是,视觉是学习的结果,且是神经学习。网易公开课有大卫·埃格曼(David Eagleman)讲解脑科学的纪录片。在视频中,埃格曼向我们介绍了迈克·梅

---

　　① Michael Gazzanige, Richard Ivry, George Mangun, *Cognitive Neuroscience——The Biology of The Mind* (*The Fourth Edition*), New York: W. W. Norton & Company, Inc. 2014, p. 207.

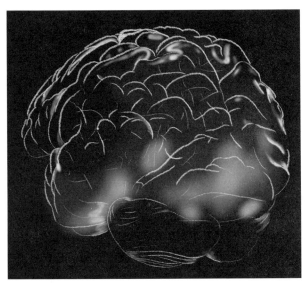

图 28　视觉拓扑传导立体图

(Mike May)的视觉学习经历。迈克·梅三岁半的时候因为化学
爆炸导致双目失明。四十年后,迈克·梅成功地接受了干细胞移
植手术而恢复了双眼的视觉。术后的迈克·梅的眼睛功能正常,
如同普通人一样,他的眼睛向内传导神经冲动,可是,神经通路的
畅通并不意味着迈克·梅能理解他所看到的世界。相反,强大的
视觉信息流带给他的是无法承受的混乱。迈克·梅第一次带着恢
复的视觉走进光明的世界时,坐在车中的迈克·梅无法判断前方
的物体与自己的空间距离,感觉自己一下子就要撞上去了;他也难
以辨识人脸,譬如,哪个儿童是他的儿子;迈克·梅亦无法分辨儿
子面目表情的社会性含义。未接受手术之前的迈克·梅是奥林匹
克运动的滑雪健将。手术后的他首次滑雪时,完全以失败告终。
因为他没有深度视知觉,无法以目光度量雪地上的树木、人、阴影
的空间距离关系,或雪地上的一个小洞。

　　或许有人会说,视觉是时间性的适应过程。这句话本身是正

确的,但于迈克·梅的情形而言,视觉适应性的学习却是有限的。因为术后十年的时间里,迈克·梅依旧使用导盲犬助行。虽然,迈克·梅能够视觉感知光与运动,也能辨识颜色,但他没有深度视感能力,读不懂儿子的面目表情,亦无法阅读。埃格曼总结说:

> 惟有大脑中的各构成要素各居其位、各行其能,大脑才能建构出一个现实的世界。大脑中很多脑区参与视觉感知,它们各具功能的特异性,譬如编码运动、边缘、颜色、人脸识别等。不知什么原因,大脑将这些信息编织、统一起来,形成我们体验到的世界的图像。然而,在 May 的情形中,几十年的失明导致这些脑区被其他功能所取代,譬如听觉和触觉。即便 May 的眼睛复明了,这些脑区也不再以视觉的形式被利用。①

迈克·梅的眼睛虽然复明了,可他的眼睛却无法让他理解所看到的世界。荷兰认知神经科学家比阿特丽斯·德·杰尔德在对盲人的眼睛进行试验时,发现功能失常的那只眼睛也有视觉体验。比阿特丽斯·德·杰尔德教授说我们是用大脑观看,且我们所拥有的视觉神经通道要多于目前我们所了解的。它们潜隐在大脑的深处。虽然我们有功能正常的眼睛,可是,眼睛只是大脑向外眺望的窗口。如此,视看就是眼睛与神经的合谋。然而,迈克·梅的视觉体验让我们心会颇深的是视觉是神经的历练与学习。视觉神经学会看的认知原理在埃格曼提供的另一个案例中清晰可见。这是

---

① 《大卫·埃格曼的脑科学》,https://www.bilibili.com/video/BV1pg4y1z7rA/?p=2,2022年,11月。

埃格曼自己带上护目镜的视觉体验。这种护目镜的特点是把世界翻转过来。带上这个护目镜,大脑将被迫取应付视觉呈现出的一个翻转的世界:左手边的世界被翻转为右手边。当埃格曼带上翻转护目镜时,他就被置于一个翻转的世界里,于是,护目镜里看到的在左边的物体,伸手去触摸时,它在实际的空间里却处于右边。所以,埃格曼不可避免地屡屡错过目标。正像埃格曼所解释的那样:"视觉信息流不断涌进我的眼睛,可却不再有任何直觉意义。"左右翻转的棱镜世界对于埃格曼来说是新的,而布莱恩适应这个棱镜世界已经一周了。所以,在具体的操作工作上,比如,打碎鸡蛋并把它们分流进一个个隔开的小盒里。相对于埃格曼笨拙又错误百出的动作,布莱恩的操作就颇为流畅;他的大脑已经学会应对视觉提供的左右翻转的世界。

大脑、神经的这种学习能力很容易令我们想起神经对环境的适应与进化机制。达尔文在《物种起源》中也的确论述了神经的进化与眼睛的功能:

> 神经怎样对于光线有感觉的问题,正如生命本身怎样起源一样,不是我们研究的范围。不过我们可以这样说:有些低等动物,在它们的体内虽不能找到神经,但也有感光的能力,那么,在它们的原生质内,有某些感觉物质,聚集起来,而发展为具有这种特殊感觉性的神经,似乎也并非不可能的。①

神经或类如神经装置的构造或结构是怎样影响眼睛的功能的呢?达尔文继续写道:

---

① 达尔文:《物种起源》,谢缊贞 译,北京:新世界出版社,2007年,第136页。

能够叫做眼睛的最简单器官,是由一条视神经绕以一些色素细胞,外面盖有透明的皮肤组织,但没有什么晶状体或其他折光体之类 …… 还有更简单的视器官,仅具有一团色素细胞,安置在肉胶质组织上,而没有任何神经。这种简单的构造,并没有视觉的能力,不过用以辨别明与暗而已。裒登又说,在某些海星中,围绕神经的色素层有小的凹陷,其中充满着透明的胶状物质,向外凸起,和高等动物的角膜相似。他以为这种构造,不能造成映像,只不过用以集合外来光线,使较易于感觉罢了。这种集中光线的情况,在真正眼的形成过程中,实是一种最初的也是最重要的步骤,因为只有视神经的末梢(这末梢在低等动物中的位置没有一定,有的深藏在体内,有的接近体表)放置在这集光结构的适当距离之处,便可以造成映像。

在关节动物这个大类内,视觉器官也起源于这种绕有色素层的视神经,这色素层有时成瞳孔形状,但没有晶状体或其他光学装置。①

显然,从更简单的视器官到较简单的视器官,再到关节动物的复杂的视觉装置,达尔文谈论的是动物的种类在视觉神经系统复杂性上的排序。因为是视器官的装置或神经结构与能力的不同界定了物种不同的生存寰域,以及它们,相应地,在世界中的层级地位。譬如,我们上文中述及的寄生于人与其他动物肠道的肠杆菌,依靠十几种功能各异的感觉接收器侦别能量源、营养物等。这就殊异于晶状体的、复眼的昆虫。大肠杆菌与昆虫的生活空间也就

---

①　达尔文:《物种起源》,谢缊贞 译,北京:新世界出版社,2007 年,第 137 页。

因殊而别分。人眼也是从简单到复杂的进化：

> 在动物界占最高地位的脊椎动物中，视器官的开始也是极简单的 …… 甚至人类所具的美丽的晶状体，在胚胎期也是由表皮细胞所积集组成的，处于囊状皮褶里面，它的玻璃状体却是胚胎的皮下组织形成的。这个事实有重要的意义。①

可是，究竟是什么原因使人的眼睛这一视觉装置，除了构造、结构的优势外，在功能上殊分又优越呢？达尔文解释：

> 我们必须再设想有一种力量，这种力量就是自然选择或最适者生存…… 此器官（眼睛，作者注）在改变过程中的每一新状态，都在成百万地增加着，同时亦——保存下来，直到更好的产生出来以后，旧的状态才全归消灭。在生存的物体中，变异作用会引起微小的改变，生殖作用使之繁增至于无穷，而自然选择作用，将准确地拣出每一已改进的性状。②

可是，自然选择的力量是把最适者生存的物种或器官的优势变异功能作为一种结果选择出来并保存在物种的延续中，自然选择却没有说清适应性是怎样发生的，以及在何种环境下最优的适应性变异能够发生。所以，自然选择也就不是适应性的原因。虽然，进化路线在一种物种上要比在另一种物种上更有效。譬如，

---

① 达尔文：《物种起源》，谢缊贞 译，北京：新世界出版社，2007 年，第 138 页。
② 同上书，第 138—139 页。

虾。节肢动物的虾没有骨骼,虾肉是附在虾壳之上的。因此,虾的进化,比如,形体以及节肢的功能,就被虾的外骨骼,即虾壳,深度限制了。反观哺乳类,譬如,鱼。鱼肉附在鱼骨,即鱼刺之上的。鱼的形体的发育以及鱼肉的发达就不会受制于内骨骼,即鱼刺大小的限制,而使鱼的进化有更大的空间。在反驳达尔文的进化与选择理论时,迈克尔·波兰尼写道:

> 自然选择的理论把整个进化过程划归由细微的复制优势确定的适应性标题之下,这样的理论必然忽视了这样的一个事实:即一个长期进化过程的各个连续的步骤——如人类意识的产生——不可能只由它们的适应优势来决定,因为这些优势只有在被证实是以独特的方式具有适应性,即按照持续上升的进化成就的路线进行时才能构成这样的进程之一部分。①

意识的产生不是自然选择的结果,相反,因为意识的产生,感知深度与行动的判断能力的增长使人类受益,故而,意识的这些优化功能作为结果被选择、保留延承。换言之,心智能力的自然选择是最初的人类在从经验中学习的适感中发生的。自然选择不是偶然优势的积累,而是意识主动性的结果。我们在达尔文所说的“自然选择或最适者生存”中看到的是有机体的神经或类如神经的主动学习。正像失明四十年后的迈克·梅的视神经学会了感知光、运动与颜色,虽然他仍然不能深度视感、不能阅读等,也正像埃格曼的视觉神经在随后的试验中学会了带上左‐右翻转护目镜在

---

① 迈克尔·波兰尼:《个人知识》,贵阳:贵州人民出版社,2000 年,第 594—595 页。

现实空间里行走一样。适应不是神经在适应,而是神经在学习,就如同视觉神经因为错失了发育的优势阶段而学难以适应深度视感一样。迈克·梅与埃格曼的视觉体验表明,用眼睛学会看与眼睛适应环境并不能被视为是相同的一件事,尽管英国神经科学家泽基说"'理解'与'看到'不是两个分开的过程。"[①]因为理解是神经的才力,而不是眼睛的这一动作自然结果。只有特定文化色彩的视神经在看这一动作发生时即赋予了看与被看两者之间的文化涵义的统一,理解才能在看中发生。所以,用眼睛学会看是神经在学习,而眼睛的适应是视神经的视觉适应,即神经感知。因此,进化机制的最适者生存,本质上,是神经或类如神经的接收器在学习、适应的过程,以及它们在环境中的运用体现。如此,赫布的突触学习原理就被拓扑性的神经学习原理取代。

神经学习在当代最经典的运用就是基于人工神经网络的深度机器学习。二十世纪冲击人类思维的智能大事可能要首推 IMB(International Business Machines Corporation)开发的计算机深蓝与国际象棋世界冠军卡斯帕罗夫于 1996 年的比赛,虽然机器学习与智能体的智能水平对于二十世纪的我们早已不陌生。此次比赛的最终结果虽然是卡斯帕罗夫战胜深蓝,然而,开局却是深蓝首场取胜。这足以变革世人对智能体的智能水平的看法。如果卡斯帕罗夫最终的胜利多少安慰了世人——终究还是人类的智能高,那么,1997 年双方再次对决时,比赛结局不容怀疑地挑战了人类了自信:智高版的深蓝击败了卡斯帕罗夫。当然,我们还可以说"在这看似聪明的表象背后,其实是大量的数据、并不是复杂的算

① 苏姗·格林菲尔德:《人脑之谜》,杨雄里,等译,上海:世纪出版集团,2008 年,第 39 页。

法和超强计算能力的结合——深蓝从来没有,也不需要像人一样思考。"①若是如此,那么,谷歌开发的 AlphaGo 于 2016 年对战国际围棋世界冠军李世石并获胜,就是算法的技高。吴军说"AlphaGo 在具体的算法上和深蓝略有差异。"②略微的差异是什么呢? "2016 年 Google 创造奇迹的 AlphaGo,其训练算法就是人工神经网络。"③AlphaGo 配置的人工神经网络的特征是卷积神经。虽然,从 2016 年至今,又是六年过去了,人工神经网络模型也由卷积神经发展到全脉冲神经网络模式,但是,意欲理解神经意义上的智能体的文脉进路,我们还必须从赫布的突触学习假设说起。

瑞娜·德克特(Rina Dechter)在 1986 年刊发的 *Learning while searching in constraint-satisfaction-problems* 一文中,提出"深度学习"概念并把它与浅层学习相对。我们以例子来诠释 Dechter 的深度学习概念。假如一个问题的解决存在 X1、X2、X3、X4、X5 五个变量。其中变量 X1 取值的范围是(a,b,c),X2、X3、X4 依次如此。目标状态的 X5 取决于前四个变量的值数。再假如当 X1=b,X2=b,X3=a,X4=b 时,X5 是无解状态,这就意味着这四种取值的组合不是此问题的解。摆脱死局就必须将算法回溯,排查哪些取值导致无解。如果 X3 值与 X4 值是相关的变量,那么,(X3=a,X4=b)就是与问题的解决相冲突的值而被记录下来。解决问题就是要发现这些数值以及无解的局。据此,德克特写道"如果最小冲突局的状态 m1,m2……mi 被设定后,并且如果 d(mi)是 mi 变量中最深层次的变量,那么,算法将退回到所有这些变量中最浅显的值。

---

①　吴军,《智能时代》,北京:中信出版社,2017 年,第 78 页。

②　同上书,第 79 页。

③　同上书,第 249 页。

$$\text{Min} \mid d(mj) \mid$$

发现所有最小冲突局就获得了规避无解之局的所有可能的信息。然而，这样的深度学习可能需要庞大的工作量。"[1]这就是德克特所定义的"深度学习"这个概念。显然，德克特是从算法对知识表征的结果来定义深度学习。因为深度学习涉及的是搜索并记录算法的取值、步骤以及冲突的路径，所以，确定最初的冲突值也就是第一步。而这也就是德克特所定义的浅层学习。"确定这个冲突局只是发现随后无解局的第一步，根据它自身，我们把它定义为浅层学习。"[2]深度学习因为需要记录每一组值数的空间布局以及信息的加工，再加上它是从起始状态向目标状态渐开的正向推演，并没有以预期的目标状态来限制算法的展开，所以，寻求问题解决的所有有效算法就如同德克特所说的那样是庞大的工作量，既是被动的又是试错的，因而也是低效的学习。因为模型是从起始态到目标态的拓开，所以德克特又称这种模型为"空间搜索（search-space）"[3]模型。空间搜索模型是通过节点把每个变量的值数与路径联结起来构成的图谱，因而也就是心理学的单层的联结主义。可是，如果我们把每个节点视为是突触，那么，这个空间搜索模型正好就是由赫布的突触连结起来的图谱，即它是形式化算法的赫布学习原理。

不仅德克特的深度学习模型是赫布学习原理的呈现，而且"早期人工智能神经网络学习模型的建构就是赫布原理的体现。"[4]事

---

[1] Rina Dechter, *Learning While Searching in Constraint-Satisfaction-Problems*, AAAI—86 Proceedings, 1986, pp. 178—183.

[2] Ibid., pp. 178—183.

[3] Ibid., pp. 178—183.

[4] David E. Rumelhart, Geoffrey Hinton, Ronald J. Williams, *Learning Representations by Back-Propagating Errors*, Nature, vol. 323, 1986, pp. 533—536.

实上,自赫布的这本专著出版后,他的"假设与观点出乎意料地启发了神经网络的计算机建模",①"学界更是在计算机科学与理论神经科学的文献中了解赫布的思想。"②杰弗里·辛顿(Geoffrey Hinton)说"赫布学习定律支配神经网络模型的开发长达半个多世纪。"③20世纪90年代,第一个延迟效应的神经网络模型产生。在此之前的20年里,理论家们纷纷展示了"形式不一的神经网络,它们具有多种稳定的状态并存储在赫布突触网络中。"④然而,正如我们在德克特的模型中发现的明显缺陷:线性的联结主义并不是人类学习的机制与原理,因为大脑不是简单线性结构的。人类也并不是主要通过试错法来学习新知识,尽管在适应环境的学习过程中我们运用了联想主义心理学家所说的试错法学习。更明显的是,德克特的模型是有限空间里的纠错与选择,这种机械式的深度学习连最简单形式的逻辑推理也难以执行。

基于赫布定律的简单空间联结主义的学习模式并不符合大脑表征世界的事实,"空间搜索"模式的深度学习也被抛弃,代之而起的是模拟人类的神经系统的卷积网络深度学习模型。关于人工神经网络模型,吴军是这样评价Google开发的Google大脑:

2010年,Google宣布开发出名为Google大脑(Google

①　Peter M. Milner, *The Mind and Donald H. Debb*, Scientific American, 1993, January, pp. 124—129.

②　J. Leo van Hemmen & Walter Senn, *Hebb in Perspective*, Biological Cybernetics, 2002, pp. 317—318.

③　Geoffrey Hinton, *The Ups and Downs of Hebb Synapses*, Canadian Psychology, 44—1, 2003, pp. 10—13.

④　H. Sebastian Seung, *Half a century of Hebb*, Neuroscience, vol. 3, 2000, p. 1166.

Brain)的深度学习工具。从机器学习理论上来讲,它没有任何突破,只是把过去的人工智能网络并行地实现了。但是从工程的角度上来说,它有非常大的意义。首先,过去的人工神经网络无法训练很大的模型,即使计算的时间再长也做不到,因为内存中根本放不下和模型参数相关的数据。Google 的突破在于找到了一种方法,可以将一个很大的模型上百万参数同时训练的问题,简化为能够分布到上万台(甚至更多)服务器上的小问题。①

将上百万受训参数分布到上万台(甚至更多)服务器上,这句话究竟在表达什么? 该作何理解? 吴军接着说:

> Google 大脑的成功不仅向业界展示出机器学习在大数据应用中的重要性,而且通过实现一种机器学习并行算法(人工神经网络),向大家证明了深度学习所带来的奇迹 …… 事实上,Google 的 AlphaGo 采用的是同样的训练算法。②

将上百万数据分布到上万台服务器上,指的就是神经网络的"并行算法",而且,"Google 大脑的核心是人工神经网络。"③人工神经网络模拟的是人的神经系统,显然,"并行算法"就是神经系统的运作方式。从上文的论述可知,视觉神经是多脑区、多层级、多通道的投射路径,所以,"并行算法"就是神经拓扑投射的生物学启示。事实上,Google 开发的"并行算法"的大脑,即卷积人工神经网络模

---

① 吴军,《智能时代》,北京:中信出版社,2017 年,第 251 页。
② 同上书,第 252—253 页。
③ 同上书,第 252 页。

型,正是视觉神经投射原理在人工智能领域里的创造性运用。

卷积神经网络模型是杨立昆(Yann LeCun)于 20 世纪 80 年
代末期开发的模型。如同德克特的模型是赫布生物生理学的原理
体现,"卷积神经网络模型的建模同样也是从生物神经科学的研究
中获得灵感,那就是休伯尔与威塞尔的视觉神经机制研究。"①杨
立昆假设"处于一个系统网络中的神经元仅仅局域性地接收它前
一层的信息输入。"②休伯尔与威塞尔以视觉神经的卓越成就荣获
1981 年诺贝尔生理医学奖。我们将于下文的教学部分再以休伯
尔与威塞尔的研究为题,展开基于神经教育模式的论述。卷积神
经网络模型如下图所示:

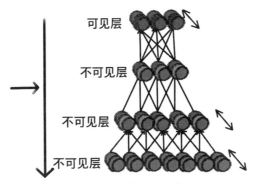

图 29　卷积神经网络模型

　　该图中左边的箭头代表喂给机器的数据,如同
人脑接受到的刺激。左边从上向下的箭头代表神经
各层,从可见层到不可见。我们把第一层视为可见
层。第一层内存在相互作用,同时第一层的信息要
向下层传导,并接受下层的反馈信息。在一个既定
的学习目标的导向下,各层神经的运用都朝向这个
目标进行算法的训练,并层层迭代,逐渐深化。此图
是改写版,原图请参见吴军《智能时代》第 252 页。

　　① 　Yann LeCun,*The Power and Limits of Deep Learning*,Research-Technology
Management,2018,DOI: 10.1080/08956308.2018.1516928,pp:22—27.

　　② 　Ibid.,pp:22—27.

此模型之所以被称为是深度学习,原因在于:

> 只要事先定出一个学习的目标,这些算法就会不断地优化模型,让它越来越接近真实的情况。可以说,机器学习训练算法迭代的次数越多,或者通俗地说学习得越深入,得到的数学模型效果越好。因此,同样的数据,同样的算法,采用不同深度的机器学习方法,得到的结果会有所不同。[①]

在卷积网络模型中的层层迭代,即算法的层层深入,本质上,意指的是人的神经活动的拓扑加工。因此,深度学习如同德克特的模型一样,既是原理的又更是一种方法。它是"多层表征叠加的表征－学习的方法,它由简单但非线性的模型组合而成,每一个模型在一个层面上(把原始的数据)转换成更高级、也较为抽象的表征。"[②]之所以把这种人工神经网络模型称为是卷积神经模型,是因为它是卷积数学运算的引进与运用,而其中涉及到的最重要的技术突破就是反向传播算法(Backpropagation)。反向传播算法就是相对于一个多层叠加模型的权变,计算其目标功能的梯度,也就是运用一系列的规则求导数的过程。反向算法的深刻性在于模型输入的目标导数是根据模型输出的梯度反向推算出来的,且这种梯度算法从顶层的输出开始一直持续到最底层的输出,故而是深度地迭代。为此,首先给出一个近似的模型并事先设定一个学习目标。把大量数据喂给模型,学习的结果与预期的目标状态存在差异。根据差异通过数学求出一个导数,再根据这个导数逐

---

① 吴军,《智能时代》,北京:中信出版社,2017 年,第 249—250 页。

② Yann LeCun, Yoshua Bengio and Geoffrey Hinton, *Deep Learning*, Nature, vol. 521, 2015, pp. 436—444.

层训练每一层的神经元,改变其权值。这就是算法的迭代。换言之,就是各层服务于一个学习目标。模型就进化为数据驱动与导数调制下的各层神经网络的并行处理系统,较为粗糙的模型就在大数据的驱动下不断地接近期望值。层级多,数据的量大,迭代次数多,则学习就越有深度,模型的期望值的最优化也就越高。如此,深度学习这个概念也就被赋予了新义:它不再是德克特模型的平面拓展而是纵深的迭代。这就是与深蓝的算法略有不同的AlphaGo 的算法;AlphaGo 具有深蓝不具有的复杂算法程序与超强计算能力。虽然 AlphaGo 的算法中大数据的运用是不可或缺的驱动力量,但正如吴军的精要概括"Google 答案的核心是人工神经网络。"

　　然而,毋庸置疑,卷积神经深度学习模型缺失了重要的环境因素,所以卷积模型又被强化学习模型所改进。不同于以往以算法主导的学习模型,"强化学习理论深深植根于心理学以及神经科学关于动物行为的生活化的解读,即有机体是最优化地控制环境。"[①]该模型同样是训练深层神经元,开发新型的人工智能体并命名为深度 Q 网络。但研究者把这一智能体置入真实的生活情境中并设置一系列挑战性的任务。该模型的一个显著特点是智能体能够在真实的情境中,在高级感觉层面上建立事件与事件之间的直接关联,然后采取行动,并以较小的信息占有迅速地学会、生成控制环境的有效策略。从赫布的突触可塑性原理的深度学习模

　　① Volodymyr Mnih, Koray Kavukcuoglu, David Silver, Andrei A. Rusu1, Joel Veness, Marc G. Bellemare, Alex Graves, Martin Riedmiller, Andreas K. Fidjeland1, Georg Ostrovski, Stig Petersen, Charles Beattie, Amir Sadik, Ioannis Antonoglou, Helen King, Dharshan Kumaran, Daan Wierstra, Shane Legg & Demis Hassabis. *Human-level control through deep reinforcement learning*. Nature, vol. 518, 2015, pp. 529—533.

型到卷积神经网络模型的运用,人类神经认知的强大能力与潜力在智能体中被摹写、被表征。基于神经认知的模拟智能体的开发、应用于二十一世纪已成壮采、蔚然成风。

在理论上,从突触可塑性到前馈神经机制的发现,是从赫布到赫贝尔与威塞尔的视觉神经枢机的研究拓展;在实践应用上,从德克特的横向平面推溯的深度学习概念,到杨立昆的卷积神经深度学习模型,就是神经科学领域里的神经行为的实际运用。所以,虽然深度学习的模型不同,但纲纪原理相同:以神经为体;以中枢为要。如此,杨立昆基于赫贝尔与威塞尔的视觉学习理论的卷积神经网络模型也可溯源至赫布。理查德·布朗(Richard E. Brown)与彼特·米勒(Peter M. Milner)说"休伯尔与威塞尔关于感觉系统发展的神经可塑性的灵感正来自《行为的组织》这部著作的前五章的内容。"①虽然这些种种溯源使赫布在神经科学、神经心理学、计算机科学等领域的留痕斑斑可考,"现代神经心理学是基于与彭菲尔德共事的赫布的工作,这就是环境对发展的影响,而这来自赫布在丰富的家庭环境中饲养小老鼠的实验研究。大脑工作机制的计算机建模也是基于赫布的突触以及细胞聚集的想法。另外,学习与记忆的生理学基础也是源于赫布的多种记忆系统观。"②保罗·亚当斯(Paul Adams)更是赞誉"赫布就是神经科学领域里的达尔文。"③如此,深度学习以及衍生而出的强化学习理论也就宣发了赫布-达尔文主义的况味。但是,更洽合的说法或许应该这样

---

① Richard E. Brown and Peter M. Milner, *The legacy of Donald O. Hebb: more than the Hebb Synapse*, Nature Reviews Neuroscience, vol. 4, 2003, pp. 1013—1018.

② Ibid., pp. 1023—1018.

③ Paul Adams, *Hebb and Darwin*, Journal of the Theory of Biology, (1998)195, pp. 419—438.

表述:人类在探赜神经隐迹的历史与渐深渐精的接近中,终于反思到神经研究之于人类自身以及世界的意义——在神经层面上认识我们自己——以及也是更重要的,在人类日常的生活方式上深刻变革了我们与世界的关系,譬如下图之描绘。

图 30　转引《纽约客》杂志封面

　　未来的世界依旧是人与动物并存的世界,一如传统的人类生活样式。然而,未来的世界也更可能是人工智人与智能狗的世

界。这些智能体形态不一、智面各异，这些人工智人当然也是
"心如面异"的"智人"。譬如，对人类充满同情的"智人"与冷漠
无情的"智人"，以及优越感十足的智能狗与落魄卑微的生物狗
等。这些"智人"如同日常可见的、走在大街上摆弄手机的普通
人一样，自得其乐，也如同街上的普通人手握一杯咖啡，自呷自
怡。这样的一幅图景是对未来可期的生物性的智人与人工智人
共同栖身于一个生活世界的预见，因为这两类种属不同、性质迥
异的"智人"在理识能力上都示范了认识论意义上的强大能力。
可是，图景中的一个机器人向人类施舍的一幕自然而然地激发我
们思考这样的一个问题：我们该如何理解那位有"骨"无肉的"智
人"——如果那一"身"的铁是它的"骨"的话——所具有的同理
心呢？

　　我们已经从十九世纪四十年代的盖奇的真实的个人经历中了
解到情绪、情感不是与认知对立的维度，如传统西方哲学以及心理
学所认为的那样。相反，情感是认知的母液，因为情感、情绪是肉
身的存在样式，是肉身的意识。有人可能反驳这一说法，认为神经
本身也是肉身的，但科学家依旧能够创造性地拟诸神经的认知。
这当然是不可否认的事实。可是，还有另外一个事实同样需要澄
清：科学家拟诸的不是神经本身，而是抽象的神经认知，即神经传
导的投射机制与路径，并把它们数学化。智能体是生物性的神经
系统的运作方式在形式逻辑、任意符号指示的计算机系统内的再
表征。换言之，智能体是把肉身的认知路线简约化并数理逻辑化。
可是，情绪、情感不是能感肉身的认知方式而是它的存在样式。神
经科学家固然能简约地模拟肉身的神经传导，比如触觉的神经冲
动的传导，并把这种原理运用到智能的程式化机器臂上，但神经科
学家无法拟诸肉身触知时的感受状态。

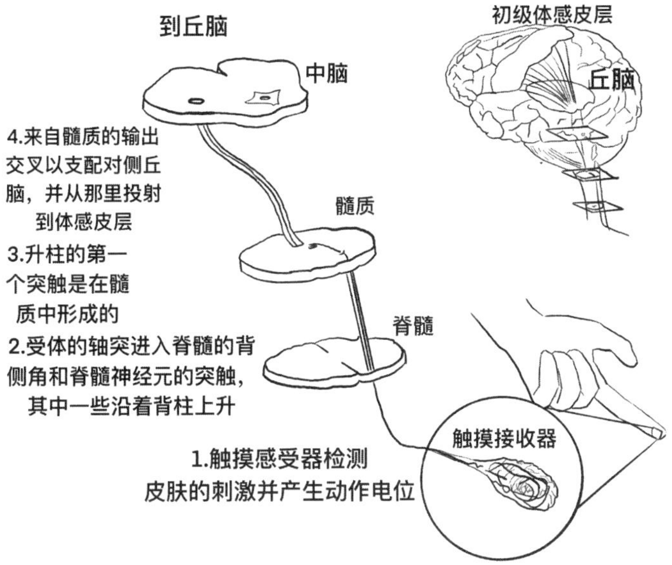

到丘脑

初级体感皮层

中脑

丘脑

4.来自髓质的输出
交叉以支配对侧丘
脑，并从那里投射
到体感皮层

3.升柱的第一
个突触是在髓
质中形成的

髓质

脊髓

2.受体的轴突进入脊髓的背
侧角和脊髓神经元的突触，
其中一些沿着背柱上升

触摸接收器

1.触摸感受器检测
皮肤的刺激并产生动作电位

图 31　触觉传导图

此图是根据原图绘画而成。原图参见 *Cognitive Neuro-science—The Biology of The Mind*，第五版，第 182 页。跨学科领域的专家也能够利用仿生学的神经原理制作日常生活中随处可见的机械臂。简图如下：

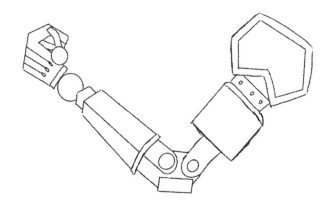

图 32　仿生机械臂

因为感受性是肉身的形式问题,不是实体的样式,譬如中医说脉如杨花散、如玉圆转等。所以,感受性不是数理逻辑的形式。以大数据的情报能力再与强大的数学建模能力相耦合,科学家固然能够一再革新智能体的智识能力,譬如同理心的"情感共鸣",但本质上,那不是人工"智人"的情感共鸣,而是它的智识认知。跨学科的人工智能科学把人类的情感经历数据化、数理化、认知化、刺激－反应模式的行为化。所以,跨学科领域的专家团队难以程式化、数理化肉身如杨花散漫的那种动感的精细纤微,以及从散漫状到如玉圆转状的玄妙迁变。精细纤微、玄妙迁变不是可测量、抽象的动作,而是意会的感性,计算机又如何能够数理逻辑地编程如杨花散似的感性呢?虽然我们可以绘制,计算机也可以编码杨花散(见下图)的动作程序与图景,但动感之状以及动感的几微、迁转却不是以原子式数字化的编码可逮。这里谈论的不是怎样测度感性的问题,而是能不能表征的问题。神经科学家可以抽象视觉化的视觉神经传导路径,可是,神经科学家难以抽象同理心的脑皮层、神经系统的定位与简约的传导路径。因此,机器人的共情也就值

图33　杨花散漫图

得玩味。科学家可以输入数字化的共情的大数据,但不能输入共情本身。我们必须理解情感是什么。因为它不是一个单独、独立的问题,而是与认知杂糅的问题。

理解情感以及情感与认知之间的关系也就把我们带进另一个领域,一个不同于我们的群体、因而也常被称为是特殊群体的领域。"特殊"的含义不在于他们是心智超常的天才群体,而是因为他们的脑、神经遭遇损伤而导致学习吃力与情感、情绪体验的异常。勘探这一群体成员的神经失能所导致的学校生活的挣扎,不仅有助于我们深度理解知识、情感的本质,而且也利于我们反思教学的本质与教育学的科学性问题。我们以十九世纪四十年代的盖奇事件为例,因为它是引发神经科学家重新定义情感,以及重新诠释情感与认知关系的引子。

3. 神经失能与认知障碍

1848 年弗蒙特州的夏季。建筑工人菲尼尔斯·盖奇(Phineas Gage)在点燃炸药炸开山石修筑铁路通道时,因为疏忽忘了把沙子填埋在掩盖炸药的地方并夯实。当他点燃引线后,悲剧发生。一根铁杆在炸药的冲力下进入盖格的左脸颊,穿透头盖骨的基底,横越他的前脑,并以极快的速度穿出头顶。这根带着盖奇的血与脑肉的铁杆穿出头顶后远远地砸在了 100 多英尺外的地上。事故以后的盖奇虽经治疗保全了性命,也能够正常运动以及语言表达,但在人格上已判若两人:只有个人意志、没有他人的顾虑;言语粗俗鄙陋以至于周围人敬而远之;想法顽固、僵硬、固着、不可通融,性情急躁善变、喜怒无常;制定的每一个计划在还没有付诸实施时又不断地被丢弃;语言浮夸、炫耀私处,毫无社会廉耻心,公众道德感等等。盖奇的人格变异使他无法较长时间地在一个工作岗位上工作。他频繁地变化工作。盖奇的人格变异究竟是怎样发生的呢？盖奇的大脑伤在何处呢？这是美国认知神经科学家安东尼奥·达玛西奥（Antonio Damasio）引证的例子，也是医学史、神经科学史、认知科学、心理学等学科作为典范的一个教学、科研范例，而对这个跨世纪的经典案例病史的投入，以及诸如此类病人的现代版的研究成就了《笛卡尔的错误》。该书1994年的出版使达玛西奥一举成名。神经外科专家达玛西奥从这些病人中发现了什么？他在这本书里又表达了怎样的师心独见？

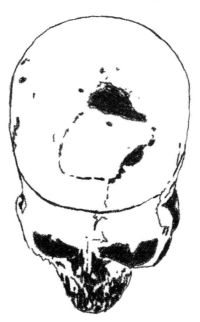

图34 盖奇受伤的额叶

本图根据盖奇受伤大脑的照片绘制而成。原始照片参见达玛西奥的 *Descartes' Error*，第31页。头顶黑色处以及虚线部分就是被铁棍穿透的额叶损伤区以及周围损伤处。

盖奇的故事过去一个半世纪了。盖奇当时的主治医生 John Harlow 无法理解盖奇的人格变异——十九世纪中期的实证科学以及实证人性观不知所措,但这位富于钻研精神的医生却保留了盖奇的大脑,把未解之谜以及可用的"脑资源"都留给了后人。盖奇的人格之变的谜题一直未能解开直到二十世纪末期。于是,十九世纪中期的一个医学谜案在二十世纪则成为人们跨学科反思人性与再认识我们自己的一个时代主题。达玛西奥在他的临床经验中多次遇见脑损伤导致人格障碍的患者,且在这些越来越多的额叶损伤的患者中,达玛西奥发现虽然他们的病灶点不尽相同,但都表现出类似的认知、人格异常。其中一个脑损伤者——达玛西奥称这位脑损伤患者埃罗特——的病史以及临床表现,也让达玛西奥想起了一直困扰医学界的谜题,即盖奇的人格变异,因为手术后的埃罗特的人格异常与盖奇的非常相似。达玛西奥也称埃罗特是二十世纪版本的盖奇。

埃罗特是二十世纪七十年代达玛西奥受托接手的一位患者,也是在埃罗特完成手术后接待的、需要"心理治疗"的一位病人。埃罗特因为脑部的恶性肿瘤不得不接受手术。手术的成功在医学治愈的意义上无可挑剔,可是,令医生诧异的是埃罗特再也不是从前的埃罗特。曾经是聪明、精细商人的埃罗特一次次地做出贫瘠的决策,数次投资濒临破产或毫无前景的商业,尽管他的决定遭遇周围所有人的反对。更令人费解的是一次次的投资失败,埃罗特却根本不能从中吸取教训并引以为戒为下一次更合理性的决策准备知识与经验。埃罗特也无法像从前那样集中工作,注意力总是很容易地转移它处,且常常花费相当多的精力在微不足道的细节上以至于忽略了整个工作的要点或重心。在工作中,一旦埃罗特的注意力被打断,他就再也难以回到原来的状态继续工作。惨境不断的是他刚刚做出一个决定尚未付诸行动或刚刚开始行动随即又改弦易辙。埃罗特的行为变得完全错乱，毫无章法。起初，医生以及家人以为是手术导致了埃罗特的心理异常，于是四处访求心理咨询师。结果令人沮丧。因为埃罗特不仅一次次地通过了当时美国心理学界流行的心理量表测试，比如威克斯勒成人智力量表（Wechsler Adult Intelligence Scale）、多向度语言失语症检查（Multilingual Aphasia Examination）、威斯康辛卡片分类测验（Wisconsin Card Sorting Test）、明尼苏达多相人格调查表（Minnesota Multiphasic Personality Inventory）以及贝顿标准化测试，包括面部表情区分、线条方向判断、地理定位测试和两维或三维积木搭建等。更不可思议的是，埃罗特在这些项目上的得分或是平均值或有些项目的得分居然高出正常人。而在 Rey-Osterrieth 复杂图形测试中，埃罗特的表现亦是正常。

手术对埃罗特的大脑形成的创伤主要集中在右脑的前额叶。左右半球的颞叶、枕叶、顶叶均完好无损。皮层大面积的灰质、基底神经节以及丘脑都未有伤及。智力量表格局内的埃罗特的知觉能力、长时记忆、短时记忆、学习能力、语言以及基本的算数能力一切如常。可现实中的埃罗特却早已被生活抛弃。被智力量表筛选出的"理性"能力却把埃罗特完全置于一个非理性、混乱不堪的现实世界里。达玛西奥正是在既困惑医学、心理学、认知科学又折磨埃罗特及其家人的多重困境中接手了他。

仔细考究埃罗特的智力测试表现与现实境遇的云泥差别后，达玛西奥终于醒悟并写道：

　　我认识到我完全集中在埃罗特的智力与理性能力上，却因为种种原因没有特别关注他的情绪。第一眼看上去，埃罗特的情绪就不似常人。正如我早先说过,他情绪压抑,……哭笑平静,喜怒无宣。……然而,深思细究,我发现错过了什么,也忽略了最主要的表观:埃罗特冷漠地、按部就班地叙述他生活的惨状。另一种力量控制着他,描述场景时也总是一副漠然、旁观者的情状。……,曾经唤起强烈情绪的种种话题再也无法激起任何回应了,无论是积极的还是消极的。①

　　埃罗特的病症在于他的情绪、情感体验在常态意义上被解构了。这种解构源于右脑前额叶的损伤,以及前额叶内外侧的共毁,以至于埃罗特的情绪、情感体验失去了结构性的特征而塌陷夷平。如果额叶的损伤是埃罗特人格变异的要因,那么,会不会也是额叶的损伤导致了盖奇的人格变异呢? 带着这种疑惑与期待,达玛西奥的妻子并助手汉娜·达玛西奥(Hanna Damasio)到访哈佛大学。在哈佛大学神经学家艾尔伯特·盖勒贝达(Albert Galaburda)教授的帮助下,研究人员利用现代技术手段设计了盖奇的头盖骨的三维模型,并模拟了铁杆穿透头骨的路径,最终确定了盖奇的脑损伤是左、右半脑的额叶区。其中左半脑的损伤面明显大于右半脑,且额叶区的前部损伤大于其后部。两个半球的腹部以及内表层的前额叶皮层受损。相比之下,两个半脑的运动机能区、前额盖以及布洛卡语言区完好无损。无独有偶,盖奇的大脑也是额叶损伤。因为额叶损伤导致盖奇无法进行社会性认知的推理以及决策,其现实生活中的境遇与一个多世纪后的埃罗特相似乃尔。不仅如此,额叶特定部分的损伤也改变了盖奇的情感体验,以至于盖奇的社会性情感认知不再有情绪上的波动。相反,他的情感起伏

---

① Antonio Damasio, *Descartes' Error*, Penguin Books, 1994, pp. 44—45.

感如同熨平般的冷漠—如埃罗特。

就这样，在达玛西奥的钻研求通中，十九世纪中期盖奇人格之异的原因在埃罗特的相似境遇中被揭示。所以，埃罗特的境遇并不是一个偶然的、悲剧的特例，而是一个世纪之前的脑损伤者盖奇悲惨人生的再版。除了脑损伤的位置以及盖奇毫无羞耻的语言外，埃罗特就是现代版的盖奇。不仅仅是十九世纪中期的盖奇，二十世纪七十年代的埃罗特，事实上，前额叶损伤或者脑的其他部位的损伤导致的最普遍、最典型的人格变异就是情感体验的瓦解，并伴随着认知障碍的出现。埃罗特并不是丧失了社会性知识，也不是他没有了最基本的推理能力，而是在推理的决策阶段永久地失去了感性体验的能力。如此，我们不得不去思考这些显而易见的问题：为什么脑损伤会导致患者的情感体验如同平板一块？情感是什么？

加扎尼加在 *Cognitive Neuroscience—The Biology of The Mind* 中提到一个姓名缩写为 S. M 的患者。S. M 是一位中年女性，她的大脑除了杏仁核之外未见器质性损伤。与埃罗特被拉平的情绪结构特征不同，S. M 失去了对恐惧的情绪体验。当研究人员把一系列面部表情的图片呈现给 S. M 时，她可以辨认出喜、怒、忧伤等表情，但她却无法辨认恐惧的表情。她的词汇库里没有了"恐惧"这个概念。尽管她在口头上说讨厌蛇、蜘蛛等动物，也说害怕它们，可当研究人员陪同她走进出售蛇与蜘蛛等令人厌恶的宠物店里时，她对蛇不仅没有恐惧感却径直地伸手抓住了一条蛇，触摸蛇身与舌头并感到兴奋。不仅如此，她还意欲抓摸有毒的蛇而无所畏惧。当 S. M 抓握蛇的时候，研究人员通过恐惧感测量表对她的感觉进行测量。令研究人员诧异的是，在 0—10 的数值阶域内，她的恐惧感从没有超过 2。而在令人毛骨悚然的鬼屋里，她的恐惧感更是 0。S. M 的例子使神经科学家认识到杏仁核的作用：恐惧情感的本体组织。达尔文说"恐惧在远古时期就以几乎与现代人相同的方式被表达，即人因恐惧而发抖、头发竖起、冒冷汗、面色苍白、眼睛大睁、肌肉松弛、整个身体萎缩或者愣在那里。"[①]可是，自远古时期的人类就已具有的恐惧情感在这位现代人的身上，随着杏仁核的损伤却失去了。因为对蛇之类的危险动物的恐惧情感的失去，可想而知，S. M 在情危之中如普通人那样，对可能遭遇生命伤害的处境的认知与判断，以及采取应急行动的决策等能力也付诸阙如。而认知、判断、决策、行动等既是我们的理性能力，又是我们与情景相互作用时、形成的关于情景的认知，即它是知识的与经验的。

　　我们仍然以图 8 为例来阐释情绪以及情绪与认知或说知识之间的关系。这幅图描述是人遇见一头熊的情景。我们在上文中已有叙论，但那是关于视觉神经传导主题的。这里再次引证则是基于情感、情绪定义与理解的命题。我们与熊相遇的那一瞬间，丘脑立刻激活杏仁核，交感神经系统也随之兴奋。脑内的肾上腺素的分泌瞬时增加，血液中的肾上腺素含量也迅速增高。肾上腺素瞬间的增高使心跳加速、血流量增强、心肌紧密收缩故而心脏搏击有力。这也如图中左下角的图标所示。应急状态下的杏仁核的情绪反应也立刻激活脑干诸核团，身体即刻僵直。大脑深处的这条视觉路线的快速激活立刻把感知主体抛入应急状态中。同时，肾上腺瞬间分泌皮质醇激素、启动身体，并将其快速打进血液中，为肌肉运动准备好了能量。这一切都是在感知主体从瞬间的危险反应

---

① Charles Darwin, *The Expression Of The Emotions In Man And Animals*, New York：D. Appleton and Company, 1987, p. 361.

处境中反应过来并发出"赶快跑"的动作之前完成的。而这一切的发生不过是十几毫秒的时间。这正是认知神经科学家所说的情绪的低级通路,图中以"低路"字样标出。相对于高级路线的大脑皮层的加工认知——这一路径的用时是几百毫秒了,低路传导是快速的神经脉冲,故以"快速"字样注明。"条件性恐惧环路的一个重要方面是,引起恐惧刺激的信息是通过两条独立但同时的路线达到杏仁核的。一条路线是从丘脑直接到达杏仁核而不受意识的控制。从这条路径发出的信息——有时也被称为是低级通路——迅速达到杏仁核(老鼠身上是 15 毫秒),尽管这条路线传导的信息粗糙。同时,刺激信息也通过皮层投射到杏仁核,它有时也被称为是高阶通路。高阶通路信息传导慢,在老鼠身上是 300 毫秒。"[①]虽然人脑与鼠脑不能相比,但低级与高阶通路之间的区分却清晰可判。

在低路高速的神经传导中,我们难以区分哪里是认知、哪里又是恐惧的情绪。相反,认知与情感的情绪是合契一体的不可分。当认知从情感中剥离出来,成为没有感性的、纯粹的自存维度时,譬如无恐的命悬近绝如 S. M,认知也就不再是认知,而是认知障碍与缺陷,如盖奇的昏暴与污言秽语,如埃罗特的无章与混乱失序。无涉情感或与情感割裂的认知不是纯粹理性的——最经典的案例是笛卡尔的"我思",而是无理性的。所以,遇见一头熊可以说是知识的、经验的,这是认识论范畴的认知,但它同样是情感、情绪的体验——熊是令人害怕危险的动物。或者我们应该说,正如 S. M 的情感体验障碍所揭示的,关于熊的认知或知识是从对熊的恐

①　Michael Gazzanige, Richard Ivry, George Mangun, *Cognitive Neuroscience—The Biology of The Mind*, (The Fifth Edition) New York: W. W. Norton & Company, Inc. 2019, p. 447.

惧的感受性中生发的,没有恐惧感,就没有害怕、规避、逃跑、保全生命等相关的知识。我们在另一个例子中更能清楚地体会到情绪与知识的关系:知识是抽离于肉身的情感的骨骸。

瑞士神经学家、心理学家艾德华·柯拉帕雷德(Edouard Claparede)每天都要与他的一位女性患者握手以示友好。这一友善的互动方式持续了数年。可这位患有健忘综合症的造访者从来也记不住他是谁。柯拉帕雷德决定要改变数年持续不变却又无效的问候方式,让这位女性患者记住他。第二天,如同往常这位患者前来接受治疗帮助。柯拉帕雷德事先把一根针藏在了他的手掌里。再次握手时,针刺痛了这位女性患者。令这位神经学家惊讶的事情发生了:第三天再会面时,这位患者依旧认不出柯拉帕雷德。但当他主动伸手时,这位患者第一次表露了迟疑与犹豫:新的行为方式形成。学习发生。显然,这位患者的新行为的习得与痛感经历相关,且是对握手可能带来刺痛的记忆。这似乎又钩沉了赫布的影子,即突触学习原理。

柯拉帕雷德、一些生理学家以及认知神经科学家曾经借用巴甫洛夫的经典条件反射理论来解释这位患者的学习发生。握手原本是一个中性刺激,握手的动作并不会引起厌恶反应。人(以及其他生物活体)被尖物刺痛(针或其他利器)自然会产生害怕情绪,这是无条件刺激与反应的关系(Unconditioned Response)。因故,当这位患者的手在握手被刺痛时,她就在握手与刺痛之间建立了条件性的刺激－反应关系(Conditioned Response)。中性刺激的握手也就成为条件性的刺激。于是,这位女性患者就习得了"握手会刺痛"的知识,并表现出迟疑、犹豫等态度的新的行为与动作。经典条件反射理论似乎完美地解释了新行为或新知识的习得,可是罅隙间生。因为它无法清楚地解释这位依旧记不住拉帕雷德医生的患者,如何能够记住"握手可能带来痛感"这一知识的呢? 如果"学习是获得新信息的过程,学习的结果是记忆",①那么,这记忆是谁的记忆呢? 不能在"拉帕雷德这一特定的人"与"手可能被刺痛"这两者之间建立特定关系的她,却被一种隐在的知识影响着以至于对握手动作表现出迟疑、犹豫,这不可觉知的、隐在的知识与外显的犹豫、迟疑是怎样的关系呢? 这种隐在性的知识,亦是非显性的记忆,又是怎样影响学习的发生的呢? 这位患者的"犹豫"不可能是对握手 - 刺痛这一因果关系的记忆,也不可能是对"握手将会带来刺痛"这一结果的意识性的预期。因为无论是对经历过的事件结果的记忆还是对一种可能性结果的预期,它们都是高级认知的活动与范畴。

条件反射理论表明的是在某种条件刺激下某种相应的反应可能发生的关系。换言之,条件反射理论是对一种外在关系的推测而不是对内在结构的阐明。但是,使生物体依据情境的多样式、复杂性与结构性而开放适应的这个内在结构,并不是机械式的反射对应,正如查尔斯·谢灵顿对反射理论的批判。"反射,这一古老的概念,给出了一个统一的结果,却忘记了内在反应机制的复杂性与不稳定性。外在的条件或许相同但内在的机制却不相同……反射给出的种种其他结果依旧是反射。"②抛弃传统反射概念的恶性循环就必须把反射看作是反射动作,因为"反射动作这个概念内含了历史的重要性。"③谢灵顿认为与神经系统相连的反射动作揭晓

---

① Michael Gazzanige, Richard Ivry, George Mangun, *Cognitive Neuroscience—The Biology of The Mind*, (The Fifth Edition) New York: W. W. Norton & Company, Inc. 2019, p. 380.

② Charles Scott Sherrington, *Man On His Nature*, Cambridge University Press, 2009, p. 104.

③ Ibid., p. 191.

的并不是我们是"纯粹反射的人"，[1]而是"神经系统的动作意义多于神经系统本身。"[2]它是"意动的运动动作"，[3]是"身体的智慧。"[4]显然，这位健忘患者习得的新行为或说新知识并不是经典条件反射学习原理意义上的，也不能在这种意义上来理解。事实上，如果反射含有具体的历史意义，那么，我们在日常生活中就难以找到纯粹性的反射行为，也难以用反射这个概念来定义新知识的习得。即便我们上文中提到的膝跳反射行为，也并不是纯粹反射性的，尽管这种行为本身是反射行为，因为它总与一定的情景相连，是具体时空下的一种特殊性的动作，即它是不需要经过大脑皮层加工的、脊髓神经与肌肉的闭合运动。

拉帕雷德医生通过他的这位患者的新行为的习得，认识到了一种新的学习类型，他也是第一个举例发凡这种学习类型的神经学家。"拉帕雷德是第一个为两种学习类型提供实例的人：隐性与显性，显然与两种不同的路径相连。"[5]这位患者的学习类型就是隐性学习。通过这种方式习得的行为或经验的结果是以隐性的方式被记忆，也称隐性记忆。应急状态下深层的丘脑－杏仁核－脑干的霎间激活，从背景骤然烘托而出、主导身体的应对机制，并让视觉－情感－认知原本就是一体之运作的功用显现出来，给了我们相同的启示：记忆也是多脑区、多通路、多层级、多结构的系统协

---

①　Charles Scott Sherrington，*Man On His Nature*，Cambridge University Press，2009，p. 192.

②　Ibid.，p. 192.

③　Ibid.，p. 193.

④　Ibid.，p. 113.

⑤　Michael Gazzanige，Richard Ivry，George Mangun，*Cognitive Neuroscience—The Biology of The Mind*，(The Fifth Edition) New York：W. W. Norton & Company，Inc. 2019，p. 445.

调。这是神经科学家从 H. M 的经历中得到的教训。

　　H. M 是一个脑损伤者的名字的缩写。九岁时的 H. M 因为摔伤了大脑右侧的颞叶区而患上了癫痫。二十七岁时的 H. M 因癫痫加重而不得不接受手术，切除了内侧颞叶区。从医学角度来说，手术是成功的。可是，神经科学家以及神经心理学家发现手术后的 H. M 再也形成不了新的记忆。H. M 失去了时间观念，住院期间的他每天都会问护士他在哪里，每一天对他来说都是孤零零的一天。H. M 记不住自己的年龄，也记不住每天上班经过的路线。越是新近学习的新事物，他的记忆就越发困难。也就是说，他的短时记忆功能正常，但长时记忆失序破碎了。然而，H. M 却能记住久远的过去。那些久远的故事、经历与体验如同是肉中的纹理那般不可抹去。

　　手术切去 H. M 的内侧颞叶包括杏仁核、内嗅皮质、海马、海马旁回、乳头体、内侧前额叶等组织，这也就导致了 H. M 的深度健忘症，即长时记忆的缺失。这些脑区及其他如下图所示：

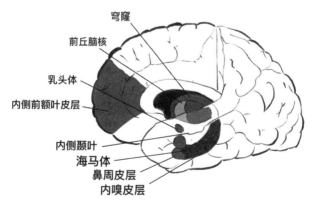

图 35　记忆的解剖图

　　海马体末端上部的红色组织就是杏仁核。海马、杏仁核、内嗅皮质、鼻周皮层是颞叶的内侧。这些脑区以及图中所示的其他脑区都参与记忆加工，尽管所标示出来的脑区并非是与记忆相关的所有脑区。本图参照 *Cognitive Neuroscience—The Biology of The Mind*，第五版，第 382 页。

这些脑区的失去使 H.M 失去了长时记忆功能，于是，与长时记忆功能相关的脑区以及神经环路就显露而出。它们不仅辖制长时记忆的功能，且是把短时记忆转化为长时记忆的关键组织群。然而，令神经科学家颇感惊奇的是，失去长时记忆能力的 H.M 却能习得与运动相关的技能以及视觉技能，譬如，从流水线上取走火柴盒或钱包等手工的操作性工作，其动作技能也会随着时间的积累而愈发流畅，尽管他记不住学会了新技能，也记不住他是在他人的要求下学习它。显然，记住一种学习经验与记住与它相关的实际的学习信息在 H.M 案例中已经脱节。恰恰也是在这种脱节中，我们意会到隐性记忆的存在，即意识不到却又通过手的动作表现出来的动作技能，它既独立于视觉感知，亦不受理智的约束。

不同于 H.M 失去了长时记忆的能力，左外侧皮层（环绕外侧裂）损伤的 K.F 的记忆容量大约是 2 个单独事件，远远低于普通人的 5—9 个的记忆容量。相对于他的短时记忆能力的深度弱化，K.F 却能够形成一定的新的长时记忆。因此，K.F 表现出来的记忆缺陷是短时记忆与长时记忆的分离。由此可见，短时记忆并不是形成长时记忆的先行序列。E.E 又是不同于 H.M 以及 K.F 的另一种情形的案例。E.E 是因为切除手术而失去了左脑角回、顶叶下回、颞上回后部等脑区。伴随着这些脑区的失去，E.E 短时记忆的能力遭遇深度损伤，虽然其长时记忆良好。E.E 的语言产出与语言理解以及阅读都正常如术前，他的视觉空间短时记忆以及言语的、非言语的长时记忆均表现良好。K.F 的脑损伤与 E.E 的不尽相同，但两者的共性在于短时记忆深度损伤。综合考虑 H.M、K.F 以及 E.E 的记忆障碍，不言而喻的是记忆虽然在类型上分为感觉记忆、短时记忆、工作记忆、长时记忆等，但是，作为新行为、新知识学习过程的结果,即记忆的形成,必然是海马、杏仁核、海马旁回、内嗅皮层、鼻周皮层、前额叶内侧、角回、顶下回、颞上回后部、外侧皮层、乳头体等组织协同共济的事业。其中既有新皮层与这些皮层的内侧皮质的参与,又有边缘系统的古脑区位列其间。因此,记忆如同情绪体验是拓扑结构的,是层级性的各组织的圆通与志共。

认识到情感是脑组织的拓扑结构意义深远。赫布早已对此有所认识并表达在其专著中。赫布是以视觉感知中的情绪体验来对待情绪体验,所以,他批判了传统的视觉与情绪的交互作用论。根据后者理论,情绪是视觉引起的意识状态,是意识中的一个事件。赫布举例说明交互理论的错误。他说,看到一头熊是一种刺激,刺激输入引发的兴奋产生了感觉(feeling)或一种意识(awareness),感觉又作用于神经系统,结果就形成是这种感觉导致这个感知主体冒汗、发抖或转身就跑的动作。但赫布认为真实的机制是神经纤维作用下的腺体分泌汗腺,激素的释放驱动了拔腿就跑的动作。换言之,情绪是神经直接表达的另一种形式。于是,赫布再次提出假设,"情绪行为有它的神经起源,情绪这一术语指的是产生情绪行为的这一神经过程。搞清这一点非常重要,与情绪相关联的是产生情绪性行为的这些假定的神经过程。明确地说,情绪既不是一种即发的意识状态,又不是客观观察的情绪性的行为。"[1]在赫布看来突触不仅是学习的神经机制,也是情绪体验的神经机制。虽然赫布认为恐惧的情绪是"神经图式的必然结果",[2]但赫布并没有给出特定的神经环路。赫布所说的与

---

[1]　D. O. Hebb, *The Orgination of Behavior*, 1949, p. 238.

[2]　Ibid., p. 253.

恐惧情绪相关的神经环路直到 20 世纪 50 年代才被确定,即"特定性的杏仁核神经环路。"①杏仁核直接作用于丘脑、脑干,而脑干直接介导内脏系统,于是瞬间产生身体僵硬,心跳加速,汗腺分泌以及皮质醇的激增等生理现象。达玛西奥在他 2018 年出版的新著 *The Strange Order of Things：Life，Feelings and the Making of Culture* 中发问"情绪从身体何处产生",并给出了解释:"无论是恐惧、生气还是喜悦的情绪状态,必然有化学分子的释放,内脏变化的伴随以及脸部、肢体或整个身体的动作。"②据此,看到一头熊的恐惧情绪,从生物学的意义上来说,就是视觉－杏仁核－脑干－内脏－肢体这一全身系统的整合态。事实上,赫布 1949 年也阐述了这一观点:"情绪是这样一种整合化的功能。"③当代认知神经科学以及达玛西奥的解释可以说是对赫布"整合化"观点的注疏。

　　看到一头熊的恐惧是由视觉介导产生的情绪状态,恐惧的情绪同样也可由听觉介导产生,比如突如其来的紧急的汽车鸣笛声或急促戛然而止的刹车声。如果我们把视听系统视为是文化化了的感知系统——感官接收到的情绪性的刺激与可能发生的结果立刻联系起来,以至于身体瞬间处于某种应激状态,那么,视听的介导作用揭示的恰恰是神经系统的对数表征原理如同我们上文中的引证。这里并不是说杏仁核(或其他脑组织)与引发恐惧情绪的刺激物之间存在对数放大关系,而是说感官与物理量的刺激物之间

①　Michael Gazzanige，Richard Ivry，George Mangun，*Cognitive Neuroscience—The Biology of The Mind* (The Fifth Edition)，New York：W. W. Norton &. Company，Inc. 2014，p. 444.

②　Antonio Damasio，*The Strange Order of Things：Life，Feeling，and the Making of Culture*，New York：Panthen Books，2018，p. 113.

③　D. O. Hebb，*The Orgination of Behavior*，1949，p. 238.

是神经系统的对数表征关系。也正是基于神经系统的对数表征，
生命的感知域限被拓宽。"近乎对数的映射是神经系统非常有效
的机制，因为它拓开了感知的宽域度。比如，声音的音量和光的亮
度都有界域的范围，以至于最大的物理量（感官所能承受的上限），
与最小可察觉的物理量相比，大约是 105 和相等于 1010 的强
度。"①如此，情绪，尤其是恐惧的情绪就是对数表征的神经系统瞬
间又深度地实现的心物整合，而应激行为是这一完整系统的完成
形式。

当代认知神经科学对情绪、记忆的实证研究表明杏仁核既
是情感、情绪体验的核心组织，又是参与记忆加工的认知体要。
从脑组织、新皮层到身体的反应机制，实证科学的破理给我们的
启示是：从意识域下的快速低级路线的传导到身体动作、行为表
现的整合态，正说明我们首先是感性的存在者、体现者，即情本
的在者，然而才是高级理性的认知形式从中淬炼而出。虽然低
级与高级视觉感知传导都是身体肉感的情状，但正由于不为意
识所感知到的这些根本性的肉性之感的存在，其中最重要的就
是视觉－丘脑－杏仁核－脑干环路，使我们的认知、判断、决策
等高级理性能力以及在世的理性活动显露而出。一旦它们遭遇
损伤，比如杏仁核受损，我们就会被径直地抛入生命的危险境地
而无所感知。反观这些脑损伤者，我们领悟到我们的肉身既是
情感的，又是认知的，也是反观这些脑损伤者，我们才能知会、
理解特殊儿童学习吃力的原因，他们或者是自闭症儿童，或者是
视盲、听障、智障儿童等。虽然他们在阅读、认知、记忆、计算、

---

① Thomas B. Sheridan, *Modeling Human-System Interaction*, New Jersey: John Wiley&Sons Inc,2017,p. 54.

言语等方面表现出来的障碍形式不一，且原因多样，但是，归结起来最根本的原因都会落实到脑区、神经的损伤或神经的延迟发育。

我们以上追踪神经与语言、神经与认知、神经与情绪、神经与记忆、神经与动作/行为等主题的脑与神经科学史，条流多品、一揆宗论的是神经－认知之要理。现象学家说"在我们身上表现出拒绝残肢或残缺的是一个致力于某种物理世界与人际世界的'我'，一个人即便残障与残缺但依旧继续朝向他的世界。"①可是，一个特殊教育工作者或许因而困惑并继而发问："一个天生缺乏某些正常功能的人，你要如何教导他克服严重的神经障碍，并且使他充分融入情感交流的世界？"②又怎样使他能够带着残缺的神经朝向他的世界呢？就西方实证科学史来说，答案依旧在认知神经科学为我们提示的路术中，即神经可塑性。这也就把我们的目光转向了特殊教育，并把特殊教育置于批判性的认识中：我们该怎样基于神经可塑性来实施特殊教育。

之所以标举特殊教育，原因在于我们是在阅读不能、计算不能、语言不能等失能维度的认知障碍中反观学习之所以可能的关键与机枢，理解知识的身体体现性本质。因故，特殊教育才是普通教育的方轨，是普通教育学从原理到实践、从课程到教学、从实习/预备到评估、从过程到结果等最一般性的指针。教育学，事实上是为教育学类专业的学生，以及其他专业的学生，取得教师资格证以成为未来教师而提供的教育学专业的知识、经验与技能的训练。这种准教师意义上的教育学是要在神经－认知的发生原理上理

---

① M. Merleau-Ponty, *Phenomenology of Perception*, Routledge & Kegan Paul Ltd, 1962. p. 81

② 史提芬·葛斯丁：《解开人际关系之谜》，欧阳佩婷 何修瑜 译，2010，第 23 页。

解学习的意义,为日后的教学实践积累实效且具可操作性的导引与指导作用。我们把这种意义上的教育学定义为教师教育教育学。举例发凡神经－认知与教师教育教育学的关系,晓其大纲,贯通众理就构成下一章的叙论。

第三部分　神经认知与特殊教育

　　有声语言(vocal language)比触摸语言(tactile language)有着更大的技能上的进步,但是后者在技能上的这种缺陷并没有抹杀它的基本效用。符号思维和符号表达的自由发展,并不会由于触摸记号(tactile signs)取代了有声记号(vocal signs)而受到阻碍。如果这个孩子成功地领会了人类语言的意义,那么在什么样的特殊表达材料中这个意义更容易被理解,那是无关紧要的。正如海伦·凯勒的事例所证明的,人能以最贫乏最稀少的材料建造他的符号世界。①

——恩斯特·卡西尔《人论》

1. 视听联动与认知

　　罗伯特·S·菲尔德曼(Robert S. Feldman)在 *Child Development* 一书中介绍婴幼儿的语言学习经验时说:

---

① 恩斯特·卡西尔:《人论》,甘阳 译,上海:译文出版社,2007 年,第50 页。

前语言交流是通过声音、面部表情、姿势/姿态、模仿以及其他非语言的手段进行的交流。当爸爸用他的"啊哈"来回应他的女儿的"啊哈"时,这位小女婴就重复着发音,爸爸再次回应,他们的这种行为就是前语言的交流了。显然,这个"啊哈"并没有特殊的意义。然而,它的重复——模仿的是抛出话题－接住话题的交谈,就是在身教婴儿轮换这件事,以及交流是一来一回的互换。[1]

罗伯特用这短短的几行字在向我们解说处于语言习得途中的婴幼儿是怎样通过前语言阶段的互动理解社会性的语言以及行为的意义。品酌此例,不难发现辞旨清捷中却隐含着关键信息:婴幼儿的语言习得以及概念形成是视－听结构一体的。在神经－认知这一彻底意义上来说,语言习得以及概念的形成是视－听神经结构的综合。虽然罗伯特本人并没有意识到这一点——因为他的关注点在于婴幼儿的语言发展阶段以及每一个阶段的语言特征,因而也就没有沿着由此引开的路头走下去,但这却成为我们的题要。

图 36　前语言交流图

① Robert S. Feldman, *Child Development*, Pearson Education Inc., 2010, p. 159.

我们常常理所当然地把语言与听觉感知连在一起,索绪尔说:

> 在每一个体身上,存在着某种能力,可称作分节而成的群体语言的能力。此能力首先以声音形式呈现出来,而后历经我们凭这些声音可施展的种种运作。但它仅仅是一种能力,况且缺失了另一种事物:整体语言,整体语言外在地赋予个体,它就不可能具体地运用这种能力。个体与其同伴经共同努力,应该得到这种本领,得到那我们称为整体语言的东西 …… 整体语言必然具有社会性。群体语言必然不具有社会性。[①]

罗伯特描述的婴儿与爸爸的互动毫无疑问是所索绪尔所说的"个体与其同伴经共同努力",可是,这种"共同努力"是怎么帮助个体获得整体语言的呢? 索绪尔说"恰恰是概念与发音符号的结合,足以构成整个整体语言了。"[②]因为"言说(听觉)的印象是变成心理感觉了的声音。"[③]索绪尔并用下图来例证说 – 听之间的概念关联关系。

社会性对话、交流的互动只是单通道的听觉的对接;言语作为听觉印象的留痕于接受方被转化为心理性的有声言语的记忆。这种听觉印象 – 心理语言成为有声方式的社会交往的条件与基础。然而,在罗伯特给出的例子中有一点既清晰可见又毋庸置疑,那就是:虽然爸爸与婴幼儿之间的前语言交流是声音的互应与对接,但

---

① 费尔南迪·德·索绪尔:《第三次普通语言学教程》,上海:世纪出版集团,2009 年,第 7 页。

② 同上书,第 7 页。

③ 同上书,第 77 页。

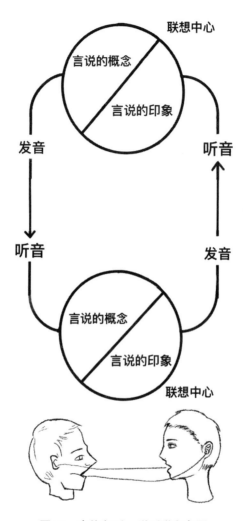

图 37　索绪尔听－说听觉印象图

　　本图是对索绪尔听－说的言说回路的摹状。在这个图中,语言仅仅是声音的听觉感知的属性可见一斑。原图请参见索绪尔《第三次普通语言学教程》第 77 页。索绪尔本人并没有为此图标注名称。作者根据索绪尔的述要指归而命名之。

声音来来回回的交感始终是在视觉的对接、提示、导引以及可视化的暖感表情中发生,以至于爸爸发出"啊哈"的声音同时是亲切、微笑、爱意暖暖又饱满的视觉表情的呈现。听觉与视觉,当然还有婴儿感受到爸爸双手紧紧托住的触觉——谨慎又有力,以及身体本体觉——婴儿感到是被爸爸抱着,而不是其他的身姿,譬如,躺在床上,使婴儿完全浸身于一个视 - 听一体、言动可及的亲身性的肌肤相接中,以至于爸爸的"啊哈"的声音、言语、语调完全融化在婴儿视觉性的感知中,其中勾连着与"啊哈"相连的、爸爸的面部表情与动作体态。婴儿的听觉体验与视感、触感、本体感、温度感等直接联通,以至于婴儿处于积极回应的反复中。加扎尼加等人说:

> 很多人把言语认作是固有的听觉过程——我们解码语言的听觉意义来辨识音素、并把这些音素连为单词,句子以及短语。如果刺激仅限于听觉,言语知觉当然能产生:我们能够欣然理解电话那一端传来的朋友的话语,天生视盲的人也能学会较为流畅的交谈。然而,如果你正在学习一门新的语言,交流的难度比面对面的交流要困难的多:视觉线索能够影响我们听到的声音。这一原则就是被人们所称的麦格克效应:言语感知——你相信你所"听到"的——受到你的眼睛所看到的唇动的影响。[1]

加扎尼加并给出了一个例证,即当我们只有听觉向世界敞开

---

[1]　Michael Gazzanige, Richard Ivry, George Mangun, *Cognitive Neuroscience—The Biology of The Mind* (*The Fifth Edition*), New York: W. W. Norton & Company, Inc. 2019, p. 208.

时,我们的感知是什么样的。

　　闭上眼睛,捏住鼻子,我们应试验要求咬一口"苹果"并猜
测它是一个富士苹果还是一个金苹果,大多数人要么说它是
"富士"要么说它是"金苹果"。我们无法辨别,至少是在第一
口时,我们被误导正在咬的只是一个洋葱。[1]

　　当感觉被割裂时,我们认知世界的难度显著增强且错误的可
能性也明显增加,因为我们不幸地被抛入了一个不断纠错的惨况
中。我们感知世界的真实方式是"知觉真的是一个汇聚和合的过
程。在这个过程当中,有机体使用所有可用信息,并聚合形成这个
世界的连贯一体的表征。"[2]视中有听、听中有视,我们在上文的通
感中就已有叙论,比如,王小玉的说书,"那声音渐渐的就听不见
了,忽又扬起,像放那东洋烟火,一个弹子上天,随化作千百道五色
火光"。王小玉声音的突然扬起是声音的高阶,但随着音阶之突然
拔高对耳道的冲击,听书人体验到的却是烟花多彩的火光的视觉
可见性。

　　认知神经科学家对镜像神经元的发现与研究,更为我们的神
经系统是视听一体地感知世界的工作机制与方式提供了实证性的
证据。

　　前一章中,我们已经阐述了语言与镜像神经元之间的关系。

----

　　[1]　Michael Gazzanige, Richard Ivry, George Mangun, *Cognitive Neuroscience—The Biology of The Mind (The Fourth Edition)*, New York: W. W. Norton & Company, Inc. 2014, p. 208.

　　[2]　Michael Gazzanige, Richard Ivry, George Mangun, *Cognitive Neuroscience—The Biology of The Mind (The Fifth Edition)*, New York: W. W. Norton & Company, Inc. 2019, p. 206.

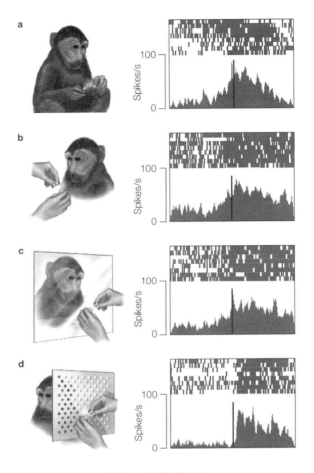

图 38　镜像神经元

此图引自 *Cognitive Neuroscience-The Biology of The Mind*，第五版，第 350 页。此图表是为了说明镜像神经元的发现。

在这一节中，我们从视－听一体的角度再递进视－听与语言的关系问题。上图是单独一个镜像神经元被分处在 a、b、c、d 四种不同的视、听环境下的功能机制的揭示。其中，a 情景与 b 情景的镜像神经元处于视、听、触觉神经共同向世界开放的环境里，而 c 与 d 则是视－听被隔离、单通道地对世界开放的情形。当视听神经共同向世界开放时,被激活的镜像神经元的振幅以及峰值强势具足;视听被隔离地偏颇开放时,镜像神经元的兴奋程度明显受限。在视、听、触神经共同开放的境遇里,镜像神经元在猴子观察他人的动作中被强度激活,而且这种激活程度比猴子涉身操作的激活程度还要强。而一旦视－听通道被分离,尤其是仅当猴子以听觉方式感知世界时,镜像神经元的活性最弱。相应地,这一境遇下的猴子也因神经的激活力不足,对世界的认知加工也被深度制约。我们上文中分析的、仅有触觉的海伦·凯勒就是一个贴切的例证。

　　仔细对比 a、b 两种情形下的镜像神经元的活动,我们不难发现,如果忽略不可目测的动机、好奇、欲望等内在主观影响因素,而仅仅以观察到的这个镜像神经元在视、听、触觉交感下的具足活性的客观性为考量维度,那么,两者的区别在于,从动作的主体来说,a 图中的剥花生是主体的涉身动作,而 b 图中的剥花生则是他者的涉身动作。从动作的发生背景来看,a 图是个人性的活动,而 b 图则是社会化的情境。显然,我们可以得出以下几种结论:1. 单通道的、视觉性地感知世界比单通道的、听觉性地感知世界更为达理;2. 在身体五觉的感性意义上,视、听、触等的交感是我们对世界认知的饱满方式;3. 神经系统是亲社会性的,它的存在之用在社会化的互动中更为兴发。我们把 1、2、3 点综合起来,即形成这样的一个观点:我们是视觉、听觉、触觉、本体觉等联动共进地感知世界。简言之,我们是视－听联动共进式感知。语言是这视听联动共进机制的形式表现。我们再做递进分析。

　　在"啊哈"的交往中,爸爸对婴儿"啊哈"的回应就把婴儿置于与爸爸的社会性的对话中。其中,婴儿视、听、触交感地感受爸爸的"啊哈",以及爸爸的其他言语。这就是婴儿在视觉提示下,视、听、触联动共进地理解爸爸的"啊哈"的社会性行为,以及"轮流"、

"交流"、"一来一回"、"互换"等概念勾连的社会性情景。婴儿对爸爸的社会性含义的"啊哈"的听觉理解是在视觉的直接性、即时性中发生的。所以，尽管"啊哈"是听觉的，但它更是视觉的，是视觉性的铺观与介导为婴儿听到的概念提供"理解"的可视化的线索与落实，正如同伯罗特所说的，在爸爸与婴儿的"啊哈"的互换与对接中教婴儿"轮流"、"互换"等概念。视觉作为听觉感知的线索才是我们日常感知世界的本原方式，但我们却常常忽略视觉的潜穿默导的作用。

　　之所以说我们是视听联动共进地感知，还在于因为"身体的种种感觉总是已经在那里，但每种感觉激活其他感觉的动作品性，以及原先并不存在的各种身体的情感。这些感觉与这些动作交织在一起。"①身体的视觉、听觉、触觉、味觉、嗅觉等感觉不能与身体的这些感觉的动作分离，感觉总伴随着肉身的动作发生。感觉区与动作区在新皮层上连为一体也说明感觉与动作是感－动一体。尽管内脏腺体分泌激素的动作以及它们带给我们的感觉不为我们所意识，但正因为它们内在地完成了预备与准备性的动作，我们才能在应急状态下做出必要性的行为。单纯性的视觉与单纯性的听觉，正如上图 c、d 情形下的镜像神经元，虽然仍然是同一个镜像神经元，功能仍具，但因为它被置于视－听分割的处境，无法相资，不能如视听联动情况下的兴奋强发。故而视觉无法推移听觉，听觉亦不能助兴视觉。从认识论意义上来说，这就导致神经系统未能足性加工对世界的认知。这就是认知折损。

　　社会性的视觉、表情、身姿、言语的互动为婴儿视听联动共进

　　①　Einav Katan, *Embodied Philosophy in Dance*, the Palgrave Macmillian, 2016, p.49.

地理解语言既提供了坐标参照系,又把语言之所指图像化为这视觉感性的场景本身。语言、概念的习得离不开言语、概念从中抽离的环境。罗伯特说婴儿发出"啊哈"的声音,爸爸以"啊哈"回应,以及持续性的"啊哈"在爸爸－婴儿之间的回互,就是"对话的互动"、"轮流"、"一来一回"、"交流互换"等概念本身。爸爸是在这重复性的互动中,"身教婴儿轮换这件事,以及交流是一来一回的互动。"婴儿日后获得的这些概念的语言形式在婴儿与爸爸的这种社会性的交往中,以视觉图像的形式连通到视听联动共进的体式中。视听联动共进地理解语言,理解语言与世界的关系是婴儿习得语言、习得概念的原初方式。史提芬·葛斯丁(Steven E. Gutsein)说:"父母的职责是教小婴儿了解经验分享活动当中最根本的结构。"[1]之所以小婴儿可教,是因为"他们知道维系整个游戏顺利进行的,是那些基本的架构元素。"[2]可是,"最根本的结构"以及"基本的架构元素"与语言习得是怎样的关系呢? 史提芬继续写道:

> 布巴又长大了一个月,他和爸爸约翰在一起玩他们最喜欢的游戏之一。约翰平躺在客厅的地毯上,让布巴坐在他肚子上。约翰握住布巴的小手。约翰唱着"公车上的轮子"(The Wheels on the Bus)这首儿歌「译注:这首歌的主要歌词是:The wheels on the bus go round and round(公车上的轮子转呀转)」。每当他唱到「公车上的轮子……」这段歌词时,约翰就会暂停,然后抓着布巴的小手,随着歌词内容做简单的

---

① 史提芬·葛斯丁:《解开人际关系之谜》,欧阳佩婷 何修瑜 译,2010,第68页。
② 同上书,第69页。

动作。例如：为了配合「轮子转呀转」的歌词，约翰就会抓着布巴的手做转呀转的动作。布巴会着迷似地观察爸爸的表情和动作。他们重新玩了好几次这个儿歌游戏，然后约翰开始加入一些新花样。他把原本歌词的「转呀转」，改成「上下跑」（up and down），并且也配合歌词上下移动布巴的双手。籍由布巴的反应，约翰知道布巴明显觉得动作很好玩，所以约翰继续又改了歌词：「公车上的小朋友转呀转」，再一次把布巴的手抓起来做呀转的动作。布巴很喜欢爸爸加入的变化，尽管他根本就还无法理解歌词的意思，但是他能欣赏爸爸发明的变化，也知道这个游戏的基本架构并没有改变。①

　　婴儿布巴无法理解"转呀转"、"上下跑"等词语的意思，但布巴的眼睛被爸爸的动作牵引，手臂在爸爸的轻轻拉动下也在做旋转、上下移动的动作。同时，布巴的听觉神经系统被爸爸的歌声激发、兴奋。在视听联动共进中，在感性的视－听－动作－表情－身姿投射出的积极氛围中，小婴儿"观察"并"欣赏"着爸爸导引、开放的游戏世界，他同时也在理解的进程中，并表现出游戏"很好玩"的理解反应。显然，布巴的"理解"是在这样的情景里发生的：这个小婴儿在视觉、听觉、触觉、动觉的联动，并与爸爸的言语、表情、身姿等立体性地交互、嵌合的感性环流中生发的；"理解"也是这个小婴儿的视觉、听觉、动觉、触觉等各觉组构成共同感觉的式样。然而，更重要的是小婴儿也在动作的操作中，即"转呀转"、"上下跑"的动作。这是婴儿在与世界不可分的视觉感知中，将世界的逻辑含括

在动作的逻辑中。罗伯特所说的前语言的声音、表情、姿势、姿态等，都作为世界的逻辑内含于婴儿调试性的咿呀学语的发音中，成为日后脱口而出的言语的音素、音调的构位。这是婴儿习得语言、概念、行为的原生方式。

婴儿与父母的这种交互默会、隐性地指导着婴儿调整自己与父母的交往方式，调节自己对世界及其细节的操作，以及对自己行为的修正。我们在五个月大的、名叫玛塔的婴儿的行为中就看到了言语是怎样从默会的动作逻辑中宣发而出。

　　　　她(玛塔)盯着一个红球看，红球在她的手可触到的范围之外。尝试去抓它但够不到后，她开始生气地大哭。哭声惊来了父母，他们意识到有什么不对。妈妈把小红球递给了玛塔。交流发生了。

　　　　四个月后，玛塔又面临相同的处境。她不再为拿到这个小红球而烦恼，也不再因此而生气。相反，她朝着那只球的方向伸出了手臂。带着这个主旨明确的目的，她寻求妈妈的注意。当妈妈看到她的这一行为时，妈妈知道玛塔想要的。显然，玛塔的交流技能——尽管是前语言的——向前迈进了一步。

　　　　即便这些前语言技能仅仅在数月内就被取代，那时，身体的姿势让位给了新的交流技能：实际的语言产生。玛塔的父母清楚地听到了"球"从她的口中脱出。①

----

① Robert S. Feldman, *Child Development*, Pearson Education Inc., 2010, pp. 159—160.

　　显然,9个月大的玛塔不会在九个月后自动、自行地脱口而出"球"这个单词。"球"是在如同"啊哈"那样的氛围、语境中,玛塔浸微父母的视容,溺音于爸妈的声动,肌肤相感的触接以及肢体的动作,并经由"啊哈"到"发出类如言语但却是无意义的咿呀学语声"①淬炼而出。作者的儿子七个月大的时候,某天晚上,奶奶抱着他,手拿一块婴儿小饼干送进他的口中并如同往常那般说着"好吃"。这个七个月大的婴儿第一次脱口说出话语来,即"好吃",其发音如此清晰就好像它并不是出自一个七个月大婴儿的口。迈克尔·波兰尼说"学会一种语言或修改其意义是一种默会的、不可逆的和启发性的技艺。"②之所以"语言及其修改意义"是默会的,正是因为视听文化氛围中的视觉化的、"非言语的适应性行为中的每一种都影响我们的语言。"③

　　语言习得以及婴儿对妈妈、爸爸言语的理解总是与视觉提示下的视听联动共进的不可分连为一体。在婴幼儿的视听联动中,父母的感性语言以及伴随着言语的视觉指向的动作,形成一个整体语境。这整体语境就是言语概念的适用范畴,它提示亦规范着言语的运用与规式。一个怀抱婴儿的妈妈会对婴儿说"宝宝要喝水。"尽管婴儿并不理解妈妈的言语,但妈妈伸手取杯子的动作会把婴儿的眼睛引向某一具体有形的物体上。同时呈现给婴儿的还有妈妈说"杯子"的声音。"宝宝喝水"或"水"的概念是伴随着妈妈的某一姿势、体态,以及婴儿对水的口感与唇动的动作一并发生。因此,"水"的概念并不是感觉主义的模式——这种模式消除了物的客观性与概念的客观形式,而是此概念的视觉－动作关联——

---

① Robert S. Feldman,*Child Development*,Pearson Education Inc.,2010,p.159.
② 迈克尔·波兰尼:《个人知识》,贵阳:贵州人民出版社,2000年,第159页。
③ 同上书,第160页。

既是涉身的动作又指向一个视觉图像的世界,正如同玛塔第一次开口说出"球"这个词。这第一次名物相接的言语,如同凉凉的、滑滑的水流潺潺地触动了海伦·凯勒伸出的手,以至于所有历史性集缩的感性被触发,并于瞬间凝成"水"的概念一样,玛塔第一次吐出"球"的言语也是"身体的姿势"在历史性集缩的感性中,被不可逆地萃拔而出。虽然,玛塔形成"球"的概念并非如海伦·凯勒那样是单一感觉的,也并非如海伦·凯勒那样是视盲。但她们都体现了共同的认知原理:浸身其中让身体默会地知道;言语从身体的某种姿态、姿势中流出。这些力量的综合使玛塔最终被言说的语言捕获、占有,而成为"语言是语言。语言说"的见证,也是这些力量的综合使海伦·凯勒被她的触觉触开,"水"的概念淬炼而成。

伯罗特说"手的姿势激活的脑区与言语激活的脑区很相似,这表明口头语言是从姿势性的语言演进而来。"[1]口头语言从手语的姿势中演绎而来与听觉感知并无关系。"甚至失聪孩子也具有他们自己咿呀学语的形式。失聪的婴儿通过他们的手势而不是他们的声音接触手语,他们的手势语的咿呀学语与有语言能力孩子的咿呀学语近似。"[2]罗伯特并为我们提供了一个对比图,即语言产出时激活的脑区与手的姿势激活脑区的近似呈现。手的姿势与语言产出激活的脑区相似这一实证发现,并不能说手的姿势是言说性的语言产生的具足条件。言说的前提还有倾听。因为听通达说;说是言说所听的。"人之说的任何词语都从这种听(Gehor)而来并且作为这种听而说。"[3]所以,这一实证结果反衬出的却是这

---

① Robert S. Feldman, *Child Development*, Pearson Education Inc., 2010, pp. 159.

② Ibid., p. 159.

③ 孙周兴选编:《海德格尔选集》,上海:上海三联书店,1996 年,第 1002 页。

样一种真相："语言说"是视、听、言、动、触、本体感觉－运动觉等各觉的联动共进的式规。

失明的人，正如我们上文中述及的迈克·梅，其视觉皮层被触觉或听觉所取代。对于视觉、触觉、听觉等皮层而言，一种特定性功能性皮层失用一段时期后，则它不可避免地被其他功能侵越乃至被侵占，这说明功能性皮层之间既合作又竞争。合作时，则显然是各功能皮层的联动共进；当合作的平衡因功能损伤而被打破后，则特定性功能皮层的功用将被折中。

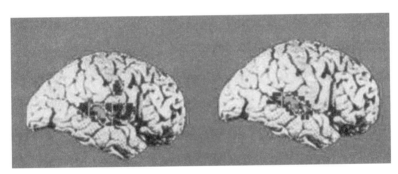

图 39　布洛卡脑区（左）与手的姿势动作激活脑区（右）

布洛卡脑区与语言产出相关；这一脑区同样也是运动区，与手的姿势动作相关。语言产出时，布洛卡脑区会被激活，见左图。手的姿势动作激活的脑区与布洛卡脑区相近，见右图。布洛卡语言脑区与手臂姿势性动作的关系，我们在上文多处谈到镜像神经元时已有论述。此图引自 Robert S. Feldman 的著作 *Child Development*，第 160 页。

视、听、触、本体动觉以及动作的联动共进，拉引婴儿的神经或短程或长程地建立了联结，或使已经建立的神经联通更牢固。婴儿在视听联动共进中接触到的言语、概念，诸如"转呀转"、"公交车"、"小朋友"、"球"、"水"、"杯子"等就成为活性的神经系统之用，是被拓宽、拉长的神经本身。正如图 37 镜像神经元的活动机制为我们所揭示的，并结合加扎尼加等人所说的视觉是听觉的线索，所以，听、触、本体感觉－运动觉等神经活动在视觉可见性的优势下

会更加饱满。事实上,正是视觉把我们径直地置入与环境的直接
互动中。视觉是我们最优势的浸身认知方式。视觉的神经加工如
下图所表:

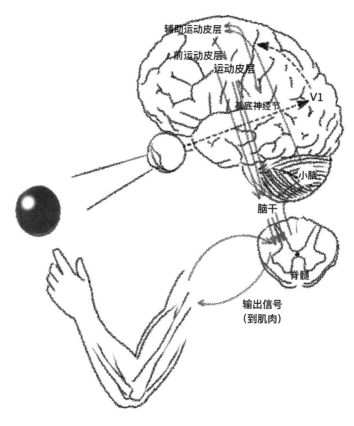

图 40   视觉传导图

本图引自 *Cognitive Neuroscience-The Biology of The Mind*,第四
版,第 329 页。视觉的传导与动作的神经关系如图所示。

我们之所以说视觉是浸身性的,是因为视觉感知,正如赫布所
说,并没有在心灵上形成一个印象层,然后再作为中介调制身体的
反应。相反,视觉是神经系统的直接动作,并通过神经关联直接发
动肢体的动作,譬如图中手臂的动作。"啊哈"阶段的婴儿在视觉

中与父母的微笑表情、语言、声音、动作、姿势等接触并肌肤相感，以及玛塔与妈妈在视觉中的互动，在视觉中与小红球的互动。这些社会性的、言语的互动都在视觉的背景下拉引着婴儿对人类语言、社会性交往的理解。婴儿每一天浸身在以上例证的视、听、言、触等联动共进的回互式体态投射的空间里，听觉形式的"球"、"红色的球"或"杯子"等概念总是被兑现在视觉指引的线索与焦点物体上，神经系统在视觉与语言的处境下、情景里日日新地成长，在实证科学无法勘测、告知的某一刻，神经打破自身沉默的动作，从静默的蓄势发而为言语。从"语言说"的发生意义上来说，语言是回互性的视觉－表情－身姿－听觉－视觉对象示现的体态，并且是神经系统的撮合与揳叙。布洛卡语言区、韦尔尼克语言区以及它们的近域都应该被理解为神经系统在这种意义上的最优势的定位适分。一内一外不是对立的关系，而是表里相依的关系。

语言与视觉的纠缠使婴幼儿的言语似乎不是语言而是图像。"孩子早期语言词汇里那些首先习得的词（the first words）是典型地指涉客观的物体以及事物，既有生命体的又有无生命的。经常，他们说出的人或物都是不断出现又消失的（妈妈），有生命的（猫咪），或短暂的状态（湿）。"[1]我们从婴幼儿的说话中所听到的也就是可视的。与其说婴幼儿发出的"球"、"猫咪"、"湿"等是他们的言语，不如说这些言语就是我们的视觉，我们的听觉。语言是视－听联动共进的装置，即便是在失明又失聪的海伦·凯勒的身上，语言亦如此，只不过视－听联动的装置在她的身上是以触觉的形式表现出来的。海伦·凯勒伸出的手被濡润又涓缓的水流触动，正如我们上文举要的叙论，她不再以触觉的形式感知水，而是以触开

---

① 　Robert S. Feldman，*Child Development*，Pearson Education Inc.，2010，p. 161.

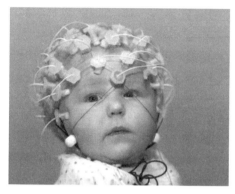

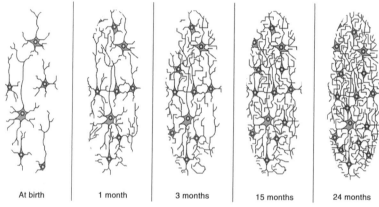

| At birth | 1 month | 3 months | 15 months | 24 months |

图 41　婴儿神经成长的成像

　　科学家使用尖端科学技术力量对生命头两年的神经发育情况进行成像。婴儿从出生到满 2 岁的两年中,神经网络不断复杂并广泛联结。此图引自 Robert S. Feldman 的著作 *Child Development*,第 119 页。此图从左到右分别是出生时、1 个月、3 个月、15 个月以及 24 个月。

了的触觉感知水,尽管她从未"看见"过水之流。这触开了的触觉带给她的不再是字母符号世界的骨硬、孤冷,而是滑凉的、濡润的、潺缓的、活生生的圆通感。这种濡润、圆通具有一种穿透力,打开她肉身的厚度并在那里形成被触物的形状。她被这种从未体验到的感觉震撼,"愣愣地站在那里"。从此,海伦·凯勒不再单纯地触知物,而是触中含有物之"想象",就像失明的 Mike Way 的视觉皮层虽然被触觉侵越,但四十年后复明时,一定程度的视觉功能慢慢苏醒了——尽管有限。因为在这四十年间,他以触觉的视觉形式感知世界;因为视觉被隐藏在了触觉里。不仅是视觉被隐藏在触觉里,听觉同样如此。譬如,上文中述及的"接受"一词对 J. W 来说是在品尝"鸡蛋",而"德雷克"这个名字对他来说如同口中有耳垢之感。

"球"这个词从玛塔的口中自行流出,这就标志着语言神经从神经系统的动作——亦可以说是动作的神经系统中分蘖而出。自"球"肇始,玛塔与周围人的交流开始以言语、言说代替了指向性的动作。罗伯特说"15 个月大时,平均每个婴幼儿的词汇量是 10 个单词,并且在言说的方法上也被拓展。这种状况会一直持续到大概 18 个月大时。这时婴幼儿的一字句(one-word)阶段结束。"①18 个月时,从玛塔的口中冲出的就不再是单独的"球",而是"玛塔(玩)球(Marta ball)或"乔希玩球(Josh ball)"。从咿呀学语的"哈啊"到 15 个月大的"球"脱口而出,再至 18 个月大时冲出口的"玛塔玩球"的简单句式,玛塔的言语是在视、听、言、动、触等动作勾连的语言环境里生发并宣发。她的语言也会如此以相同的方式继续发展,直至完整地说出成分复杂又语意明确的话来如成人的言说行为与方式。用索绪尔的话来说,就是说出作为"社会产物"的"整体语言"。

上文中,我们给语言下的定义是语言是回互性的体态,是视觉 - 表情 - 身姿 - 听觉 - 视觉对象的一体示现。这一体之示现的回互性体态,实际上是文化性的、社会性的肉身的感性能力。一切形式的认知,语言的、知识的、行为的、动作的等,都是肉身感性的分蘖。我们也把肉身的感性称为情本;使语言成为语言的可供

---

① Robert S. Feldman, *Child Development*, Pearson Education Inc., 2010, p. 160.

性就是情本的肉身。语言含情于内的观点，我们在迈克尔·波兰尼的《个人知识》中也读到了相似的论述。迈克尔·波兰尼如下写道：

> 语言主要而且总是具有人际性，并且在某种程度上也富有感情性，它在感情表达（感情交流）和祈使性言语（言语促成动作）中更是非此无它。甚至在宣布事实的陈述句中，它也都是含有某种（交流的）目的和（表达信仰的）热情。事实上，我的论证寻求展示的正是那些甚至具有最少个人性的言语形式中固有而且必须的个人热情的成分。但是，如果我们暂时忽略这一可能性而主要关注语言唯一的纯陈述性应用，那么，由言述带来的独特的求知能力就可以被更清晰地辨认出来了。尽管如此，从一开始，语言就应该被视为包括写作、数学、图形、地图、图表和图画，简言之，应包括在随后描述的语言过程的意义上所确定的用作语言的一切符号性表述形式。①

语言是交流、交际的，但也是情感的。祈使句、陈述句等是如此，数学、图表和图画等语言亦是如此。如果我们忽略语言的情之维度、背景，那么，语言即便是纯陈述性的应用，譬如，"1957 年 10 月 4 号，苏联成功发射了第一个人造卫星"，或是逻辑关系的数学符号，譬如 $E=mc^2$，我们都无法否定它们的情本性。虽然此句陈述句表陈的是一个事实，但是，陈述人总是带着某种特定的情感与态度表陈的。而 $E=mc^2$ 纵然是逻辑关系的数学表达式，但它与

①　迈克尔·波兰尼：《个人知识》，贵阳：贵州人民出版社，2000 年，第 114—115 页。

我们的交流、并在我们身上唤起的是爱因斯坦的伟大成就。一旦可供性的情本因为肉身中枢的损伤而被解构,正如盖奇的境遇,那么,语言将不再是交际、交流的社会关系的纽带,而是消蚀了社会人的文质以及人的社会性气貌的还原。

　　从盖奇的认知混乱以及语言还原,到布洛卡的运动失语;从韦尔尼克的流利性失语,到埃洛特的情感障碍;从 H. M 长时记忆的丧失,到 S. M 恐惧情感的体验失能,不言而喻的是:情本的肉感是记忆、推理、想象、计算、语言、认知、动作、行为等知性能力的同源又檗深的根底。结括一言,认知是情本的适会。在发理词指情本这一概念之前,我们还需继续深会视觉认知与理解,特殊儿童学习障碍为这一主题提供了盈篚之例。

2. 视觉认知与特殊教育教学

　　1955 年 4 月 18 日爱因斯坦逝世。为了理解爱因斯坦的天才思想的原因,神经科学家解剖了爱因斯坦的大脑。《认知神经科学——生物心灵》第三版的第三章这样描述爱因斯坦的大脑:

　　　　1955 年,爱因斯坦去世(76 岁),他的大脑就被剥离出来,并用福尔马林浸泡,测量、称重并拍照。之后,爱因斯坦的大脑被分割开并保存在一种特殊的材料中,这种材料能够使得脑组织被切成很薄的片从而进行显微分析。这些标本以及记录它们在大脑中三维位置的材料被保存下来,用于未来的科学研究。这些诸多研究中的一个是由 Sandra Witelson 和她的同事(1999)进行的,他们研究了爱因斯坦大脑的尺寸和脑回形态,并与原始测量进行比较,随后又与

从他死后不久拍摄的照片上测量到的数据进行的计算做了
对比。

　　他们将爱因斯坦的大脑与一些捐献给科学研究的普通人
的大脑进行了对比,发现爱因斯坦的大脑有两个与众不同的
特征:第一,将颞叶和额叶、顶叶分开的大脑外侧裂(sylvian
fissure)有一种特殊的解剖结构——在爱因斯坦的大脑中,大
脑外侧裂和中央沟在脑的外侧面表层汇聚在一起;而在大部
分的大脑中,外侧裂终止于大脑后部缘上回周围的区域。第
二,也是第一个特征的结果,爱因斯坦大脑的下顶叶更大,外
侧也比内侧更厚(大约厚15%)。

　　Witelson和她的同事认为,爱因斯坦较大的下顶叶可能
与他超高的智力水平相关,但是他们也承认,从数据中无法推
出确切的因果关系。尽管如此,这一发现仍然是令人瞩目的,
他们在大体解剖的水平上发现了爱因斯坦的大脑和普通人大
脑的差异。①

　　爱因斯坦的大脑在解剖结构上的确与常人明显不同,虽然学
术界对爱因斯坦脑结构的特殊性与他天才般思维的卓越性之间是
否存在因果关系无法断言,但它的反面却是确定的:损伤性的脑结
构的特殊性一定会导致认知障碍。譬如,我们在引言部分提到的
W儿童,以及布洛卡、韦尔尼克的病人。但是,还有不同于这类脑
损伤的患者,他们的大脑在现代成像技术手段下难以定位损伤处,
因为他们的神经系统是系统性损伤:从低级的感觉系统到高级的

　　① Michael S. Gazzaniga,Richard B. Ivry,and George R. Mangun,《认知神经科学》,周晓林, 高定国 等译,北京:中国轻工业出版社,2017 年,第 51—52 页。

认知系统。更令科学界手足无措的是研究者难以使用正常的技术手段来检查神经功能的异常性，因为他们的神经系统拒绝了这种可能性。他们的心灵因着中枢神经的无痕的折损而被闭合了。又因为这系统性折损的程度不一、强度不均，所以，他们又各呈特殊的闭合样式，以至于在与外界相处的方式上，各显认知上的、语言上的、情感上的等分化的区间如同光谱。这类脑损伤者就是自闭症群体。我们首先来看一个自闭症儿童的案例。

小 G 是个男孩。G 是该儿童姓氏的首字母。今年 7 岁多了。4 岁 4 个月时，即 2019 年，医生运用孤独症评定量表（CARS）对他进行测评后，得出数值是 37 分。该儿童被诊断为自闭症。幸运的是，他是轻度自闭症。在诊断书上，医生对该儿童的测评写下如下诊断意见：

> 该儿童人际交往与互动呈单向性，目光交流少，叫名不应，注意力不集中，兴趣狭窄，存在刻板行为，多动，规则意识差。建议家长参加培训课程，进行社交、语言、行为管理等训练。

小 G 4 岁的时候自闭症特征已经非常明显了：不说话，不与他人交流，只沉浸在自己世界里摆弄玩具。到了上幼儿园的年龄，小 G 的妈妈带着小 G 到附近的幼儿园报名。可当幼儿园老师了解了小 G 的情况后，立刻以"没有相关的知识与经验"为由婉转拒绝了小 G 妈妈的要求。然后是第二家、第三家幼儿园，等待着小 G 的是相同的命运。在小 G 妈妈的一再哀求下，终于有一家幼儿园的老师与校长勉强地同意接收小 G。但没有多久，幼儿园要求小 G 的妈妈把小 G 转学。幼儿园拒收小 G 存在一个共同的理由：

"小G坐不住,多动,难带,听不懂老师的教导语也无法配合指令行事,没有社会交往的意识,以及幼儿园上课的规范意识,并时常发生扰乱其他儿童的行为"。

事实上,我们在实际教学过程中发现了量表之外的很多问题。譬如,小G没有主动语言,被动发音时也是吐字不清;他的记忆力令人吃惊地羸弱,刚刚学过的日常知识,再提问时就已经忘记,提示性的语言也难以成为他回忆的线索。比如,在个别性的教学中,教师以绘本教该儿童说"过马路要走斑马线。"该儿童会跟读"过马路要走斑马线",虽然语音含混不清。然后,当教师问"XX,过马路要走——",并故意拉长了声音、期待该儿童补全"斑马线"这个概念,但该儿童却说"过马路要走XX"。XX即他的名字。该儿童表示生气的方式也"个性"十足:总是钻到桌子下面,在地上趴着。小G能听懂具体的命名,也能被动地说出简单的语言,能与教师发生简单的对话,但无法理解稍微长的句子,譬如,"你在教室里等着,我去拿玩具"。他甚至不能理解简单的逻辑句,例如,"因为你表现很棒,所以得到了棒棒糖"。

小G能够分清水果和蔬菜,并能够根据语言提示写出1—50的数字,但不能进行10以内的加减法。在教师的帮助下,小A能进行3+2=5的运算,但又瞬间忘记。在社会交往上,小G能够识别他人的情绪,也能进行简单的假象游戏,但缺乏主动与他人交往的意愿。虽然,小G在言语、行为、注意、记忆、社会交往等方面都存在明显的问题,但小G的视、听能力都很好,运动技能也很好。我们应该怎样利用小G的视、听能力以及运动技能帮助认知发展呢?我们不是在认识论的意义上使用"认知"这一概念,而是在生存－感知的意义上使用这一词语。初次与小G打交道,我们就发现他理解他人的语言有困难,确如幼儿园教师所抱怨的那样。

譬如,走进个别化教室前的小 G 会径直地冲到玩具区,挑选、摆弄玩具。当任课 C 教师收起玩具,并把它们放在教室外的玩具柜里,小 G 狂躁起来。C 教师安慰小 G 说"你在教室里等着,我去拿玩具",但小 G 就像没听到一样,执意欲向外冲去。教师在小 G 冲向玩具区的过程中将其截住,并引导回到座位。但小 G 已经难以安静,他在屋子里蹦来蹦去,发泄情绪。C 教师再次对小 G 说,"你在教室里等着,我去拿玩具",但无济于事。

此时,这位任课 C 教师方突然意识到小 G 很可能是听不懂这句话的意思。她放任小 G 以种种躁动的方式发泄着不满的情绪。等躁动趋缓、安静下来后,老师拉着他的手坐在椅子上,并与他面对面坐着,再次温和地说道:"小 G 在教室里等着,老师去拿玩具"。小 G 没有反应。这位教师起身走向教室门口,回来时,带了一些玩具。小 G 玩会玩具后,意愿得到满足。教学工作开始。为了帮助小 G 能够理解这句话的意思,同时也为了检验小 G 是否确如我们推测的那样理解不了这句话,一段教学结束后,教师对小 G 说"你在教室里等着,老师去拿玩具。"但小 G 并没有静静地坐在那里"等着"。相反,如同教学前的表现那样,他意欲冲向门外。C 教师的"等等,小 G"之类的言语对于该儿童只是一种声音而已,没有任何指令性的意义。情急之下的 C 教师一把拉住了他,双手抓住小 G 的两只小胳膊让他安坐,并把他的座位转过来与她自己并排坐一起。此时,C 教师用手指把小 G 的眼睛引向一位年轻助教。C 教师与助教交替地说"小 G 在这里等着,老师去拿玩具,好吗?"说话间,年轻助教走出去,并带着玩具回来。C 教师望着小 G 的眼睛说"小 G 在这里等着,看,老师拿来了玩具,是不是啊?"

为了深化小 G 对这句话的理解,C 教师有意缩短了个别化上课时间。她在临近教学结束时刻意突出了绘本上的各种玩具。果然,小 G 又开始躁动了:想玩玩具。C 教师顺势对他说"你在教室里等着,我去拿玩具,好不好?"这一次,小 G 没有做出意欲冲出教室的态势,但当 C 教师起身走向教室门口时,小 G 站起来意欲跟随。C 教师立刻停下来,指着小椅子说"小 G,你要坐在椅子上。等着老师拿玩具。"接着,C 教师又以特别强调的口吻说"小 G 在教室里等着,我去拿玩具"。小 G 不再跟从,而是安静地坐了下来。在随后一周的教学中,每次完成教学计划后,C 教师重复着这句话"你在教室里等着,老师去拿玩具",并用手指把小 G 的眼睛引向行动中的助教:走出教室,取回玩具。渐渐地,小 G 不再因为被阻止而躁动,相反,他能够安静地坐下来、等待着玩具到来。

从狂躁到安坐,我们可以做这样的假设:小 G 的行为改变是因为他理解了这句话的意指:延迟等待后我就能得到玩具。可他是如何能够理解的呢? 或者我们问这样的一个问题:我们是怎样习得语言的? 奥古斯丁在《忏悔录》中说:

> 当他们(我的长辈)称呼某个对象时,他们同时转向它。我注意到这点并领会到这个对象就是他们想要指向它时所发出的声音来称呼的。这可从他们的动作看出来,而这些动作可以说构成了一切民族的自然的语言:它通过面部的表情和眼神儿,以及身体其他部位的动作和声调等显示出我们的心灵在有所欲求、有所执著、或有所拒绝、有所躲避时所具有的诸多感受。这样,我便逐渐学习理解了我一再听到的那些出现于诸多不同句子中的特定位置上的语词究竟是指称什么事物的;当我的嘴习惯于说出这些符号时,我就用它们来表达我

自己的愿望。①

　　称呼总是对某一个对象的称呼,而且这个被称呼的对象是可以被指向的。我们指向这个被指物的动作可以是"动作"、"面部"、"表情"、"眼神儿"、"身体其他部位的动作和声调"等。而这些恰恰是小 G 学习理解那句话的情景中的种种视觉线索。被言说的语言所指寄寓在语言环境中;语言是视觉性的线索与动作。这是语言习得的发生意义,至少就小 G 的处境来说。语言习得的发生意义,我们在上文中已有述及,即婴幼儿视听一体地习得"喝水"这一概念。在发生的意义上,我们对听觉语言的理解总与语言所关联的具体的可感物密切交织。视觉性的线索、指示性的动作与听觉的联动,是我们在日常生活中习得语言的基本原理。维特根斯坦在《哲学研究》中说:

　　　　让我们来设想一种符合奥古斯丁描述的语言。这种语言是用来在建筑工 A 和他的助手 B 之间进行交流的语言。A用各种建筑石料盖房子:有石块、石柱、石板、石梁。B 必须按照 A 的需要依次将石料递过去。为此,他们使用一种由"石块"、"石柱"、"石板"、"石梁"这些词组成的语言。A 叫出这些词,——B 则把他已经学会的在如此这般的交换下应该递送的石料递上——请把这设想为是一种完全的原始语言。②

---

　　① 维特根斯坦:《哲学研究》,李步楼 译,北京:商务印书馆,2012 年,第 3 页。译者李步楼的这段译文比周士良在奥古斯丁《忏悔录》中的这段译文更体现出了视听的身体姿态与客体指称的结合,所以,作者采用了前者的译文。
　　② 维特根斯坦:《哲学研究》,李步楼 译,北京:商务印书馆,2012 年,第 4 页。

把听觉语言的"石块"落实到视觉性的"石块"这一具体物上，建立视－听－物之间的结构关联是最原初形式的语言认知。这就是维特根斯坦所说的"原始语言"。

儿童在学着说话时用的就是这种原始形式的语言。在这里，语言的教学不是作出说明，而是进行训练 …… 人们教儿童从事这些活动，在这样做时使用这些词，对他人的词也以这种方式作出反应。

这种训练过程的一个重要部分就在于：教师指着对象，把孩子的注意力引向这些对象，同时说出一个词来。例如，当他指着那种形状时说出"石板"这个词（我不想把这叫做"实指说明或定义"，因为儿童还不可能就名称是什么发问。我将把这称之为"实指教词"[ostensive teaching of words]。——我之所以说它是构成训练的一个重要部分，是因为它对于人类来说确是如此，而不是因为不可能对它作出另外的设想。）这种实指教词可被说成是在词和东西之间建立起一种联想。但是，这到底意味着什么呢？是的，它可能意味着各种不同的东西。但是，人们多半首先会想到的是，儿童一听到这个词头脑里便有了这个东西的图画。但是，如果真的是这种情况——它是这个词的目的吗？——是的，它可能是目的——我可以想象词的（声音系列的）这样一种运用。（说出一个词就如同在想象的钢琴上击一个键。）但是，词的目的并不是唤起意象。（当然，人们可能会发现，唤起意象会有助于达到本来的目的。）①

---

① 维特根斯坦：《哲学研究》，李步楼 译，北京：商务印书馆，2012年，第5—6页。

小 G 无法理解的"你在教室里等着,我去拿玩具"这句话,重点不在"玩具",而是"等着"这一词,以及"你在教室里等着"的组合与"玩具"之间的关系。如果"玩具"是"实指教词"意义上的可见性,那么,"等着"对于小 G 来说就是抽象性的,因为它是看不到、摸不着的"时间",它示现在具体的动作或过程中。于是,为了让小 G 理解这句话的意思,C 教师就把"你在教室里等着"转化为助教的可见性的"去"与可见性的"来"的动作,并带回可见性的玩具——这是动作的结果。听觉语言的意指因而也就被视觉的直接与具体取代。时间性的"虚词"就被实指化。可是,当我们说儿童借助物以及动作习得概念或句子时,我们并不是说物之意象存储于儿童的大脑里,以至于当儿童听到这些词语时,大脑中的意象被唤起。没有词的意象与词相对应。原因很显然:如果是这样,无法形成意象的词就不会成为我们的概念,但事实并非如此。譬如,"红"的概念。维特根斯坦在评论以上我们引证的奥古斯丁的那段话时说:

> 在我看来,上面这些话给我们提供了关于人类语言的本质的一幅特殊的图画。那就是:语言中的单词是对对象的命名——语句就是这些名称的组合。——在语言的这一图画中,我们找到了下面这种观念的根源:每个词都有一个意义。这一意义与该词相关联。词所代表的乃是对象。
>
> 奥古斯丁没有谈到词的种类的区别。我相信,如果你以上述这种方式来描述语言的学习,那么你首先想到的是像"桌子"、"椅子"、"面包"以及人名这样的名词,其次才想到某种动作或性质的名称;而把其余各类词当作是某种自己会照管自己的东西。

现在,请想一想下面这种语言的使用:我派某人去买东西。我给他一张写着"五个红苹果"的纸条。他把纸条交给店主,这位店主打开标着"苹果"的抽屉,再在一张表上寻找"红"这个词,找到与之相对的颜色样本;然后他念出基数数列——我假定他能背出这些数——直到"五"这个词,每念一个数就从抽屉里拿出一个与色样颜色相同的苹果。——人们正是用这样的和与此类似的方式来运用词的。——"但是,他是怎么知道在何处用何种办法去查'红'这个词呢?他怎么知道对于'五'这个词他该做些什么呢?"——好吧,我假定他会像我在上面所描述的那样去行动。说明总要在某些地方终止。——但是,'五'这个词的意义是什么呢?——这里根本谈不上有意义这么一回事,有的只是'五'这个词究竟是如何被使用的。①

我们可以在"桌子"、"椅子"、"面包"等客体对应的意义上,说小 G"听懂了"这些概念,或"这是桌子"、"那是椅子"等词语的组合,因为这些概念的共同特征是它们有具体的视觉对应;这些句子也有具体的视觉所指。可是,我们不能在客体对应的意义上说小 G 听懂了"五个红苹果",因为我们既找不到"五"这个概念的视觉对应,又没有办法在可见世界里找到一个真实的"红",然后以"红"这个词与之相对。但小 G 却能听懂"拿五个红苹果"这一指令性语言,虽然教师需要刻意重复"五"两次作为提示。小 G 是怎样听懂这句话中的"五"这个数词以及"红"这个颜色词的呢?我们再来看维特根斯坦对语言的解释:

————————

① 维特根斯坦:《哲学研究》,李步楼 译,北京:商务印书馆,2012 年,第 3—4 页。

现在让我们来看一种扩展了的语言。除了"石块"、"石柱"等四个词外（即上文中引证的"石块"、"石柱"、"石板"、"石梁"四词，作者注），让它还包含一连串词，对这些词就像店主使用数词那样来使用（这可以是一串字母）；进而，假定还包括两个词，它们也还可以是"那儿"和"这个"（因为这大体上表明了它们的目的），而它们是同指示性的手势结合起来使用的；最后，还有一些颜色样本。A 下一个命令，如"d—石板—那儿"。同时他给助手看一种颜色。而当他说"那儿"时，他指着建筑工地的某个地方。于是 B，按字母表中的字母顺序，在说出直到"d"为止的每个字母时，都从石板堆中取出一块和色样颜色相同的石板，并把这些石板送到 A 所指出的地方。——另一次，A 给出的指令是"这个—那儿"。他在说"这个"时指着一块建筑石料。

儿童学习这种语言时，得要背出"数词"系列 a、b、c……。他还得学会数字的使用。——这种训练是不是包括实指教词呢？——例如，人们会指着一些石板并且数着："a、b、c 石板"。——同对"石板"、"石柱"等词的实指施教相类似的对数词的实指施教，所教的数词不是用来点数的数词，而是用来指一眼便能看清的对象组的数词。儿童们就是以这种方式学会最初的五、六个基数词的使用的。

"那儿"和"这个"也是用实指的方式施教的吗？——请想象人们多半会怎么样来教这两个词的使用。人们会指着一些地方和一些东西——在这种情况下，指点也发生在词的使用之中，而不是仅仅发生在对使用的学习之中。①

---

① 维特根斯坦：《哲学研究》，李步楼 译，北京：商务印书馆，2012 年，第 7—9 页。

儿童习得"五"、"六"等概念不是在概念性的数词与实体性的数词相对应的意义上,如概念的"桌子"与实体的"桌子"那般。数不是可感的。数学家 G·弗雷格在《算术基础》中说:

> 当施特里克(Stricker)把数的表象称为运动机能的、依赖于肌肉感觉的时,数学家们在这里就不能重新认出他的数,就不知道该如何对待这样一句话。一种基于肌肉感觉建立起来的算术肯定会富有情感,但是也会变得像这种基础一样模糊。不,算术与感觉没有关系。同样,算术与从早先感觉印象痕迹汇集起来的内在图像也没有关系。所有这些形态所具有的这种不稳定性和不确定性,与数学概念和对象的确定性和明确性形成强烈对照。[1]

在 2+3=5 以及诸如此类的算式中,无论是 2、3 与 5 等数还是这个算式,都不是在可感、可见、可触的意义上的可感物。因此,它们都与感觉无关。但我们是怎样获得、知道这些不可感的数的呢?维特根斯坦说儿童习得"五"、"六"等概念是在"一眼便能看清的对象组"的方式上。维特根斯坦的这种解释至少是在"石板"、"石柱"等可数的"一眼便能看清的"可能性上是合适的,因为他是在数概念的起源上探讨儿童习得数概念的视动的必要性:数的概念来自视觉系统的视觉认知与运动系统的手指动作的配偶联动,当然听动感知亦含于其中。因故,"五"、"六"等数不是作为单独的概念而被习得,而是作为一个语言系统并随着这个系统而被习得、理解,正如同小 G 听到"拿五个苹果"这一指令后,能够完成指令

---

[1]　G·弗雷格:《算术基础》,北京:商务印书馆,2002 年,第 5 页。

性的动作。但小 G 能够完成这一指令性的动作,并不能说他已经获得"五"这个单独的数的概念,而是,"拿五个苹果"这句话是作为一个系统与小 G 交织着。芭芭拉·奥克利(Barbara Oakley)在《数字心灵》中说:

> 获得数学和科学专业知识的第一步是创造概念组块——这是通过意义把离散的信息连在一起的心理的跳跃。信息的组块有助于你的大脑更有效地运作。一旦你组块了一种观念或概念,你不需要记住所有基础性的信息,你只要记住要点——这个组块——就足够了。①

芭芭拉说的"组块(chunking)"与我们所说的系统性工作相同。C 教师刻意加重"五"这一概念两次或三次作为提示,不是孤立、疏离"五"这个数字,而是"五"作为这一组块信息中的要点被提领出来:帮助小 G 在组块化的信息或语言系统中习得、理解并记忆"五"这一概念。不仅"数"来自系统性地认知,颜色同样如此。我们不是从一堆东西中取出某一种颜色,而是"从石板堆中取出一块和色样颜色相同的石板"。换言之,我们视觉认知的是某种颜色的物。物的颜色不是单独存在的一纬;颜色与物不是贴合的关系如经验主义哲学家所说的那样。而是我们视觉感知物体时,某种颜色的物体就是我们视感的物本身,它是视觉系统的产物。法国印象派画家保罗·塞尚(Paul Cezanne)说"颜色是'我们的神经系统与天地的交合。"②我们视网膜上的不同类型的视锥细胞是我们

① Barbara Oakley,*A Mind for Numbers*,A Tarcher Perigee Book,2014,p. 55

② Ted Toadvine and Leonard Laowlor,ed.,*The Merleau-Ponty Reader*,Northwestern University Press 2007,p. 370.

有色感知世界的生物学上的保证。

　　然而,我们在生物学意义上得以保证的感知能力却在自闭症者那里失落了。自闭症群体或者是言语、或者是情感,又或者是行为等诸多方面表现出障碍性地失常或无序。这种失常或无序使他们不能如常人那样融入常态的社会生活,并体验日常性的世故人情,更无法平等地享有社会资源。自闭症的原因复杂且不明,他们或者是基因变异,或者是跨膜传导异常,或者是神经炎症,或者是神经递质传导障碍,或者是神经元的数量较少,或者是皮层构形的畸变,又或者是大脑、小脑、边缘系统等原发性的结构性残缺。而且病因也可能是多因素的交织。有学者曾归因自闭症相关的二十一种神经病理的致因,并总结"自闭症是神经性精神疾病"。事实上,自闭症的神经病理远远多于这二十一种。也正因为自闭症的致病因素复杂且是多因素的交织,所以,"自闭症的一个吊诡的问题是从感觉到高级社会认知加工均表现出障碍,且障碍是并存共现的。"①我们以下图图示自闭症神经异常的特殊性。

　　从基因、神经机制来探讨自闭症的归因有重大的理论意义。这里并不是说它凸显了医学干预的重要性,或医教结合的必要性,而是基于当代的身体哲学以及认知神经科学所揭示的具身认知(embodied cognition)理论来反思特殊教育的理论与实践,并发展与神经 - 认知、身体 - 学习相耦合的特殊教育新理论。这是当前特殊教育理论研究面临的一个重大挑战。特殊教育领域的理论薄弱状况这一事实,布鲁斯-迈劳瑞(Bruce L. Mallory)等人早在1994 年刊发的文章中就力陈积弊,痛批沉疴。他说:"研究、项目、

---

　　① Seok-Jun Hong,etc.,*Atypical Functional Connectome Hierarchy in Autism*,Nature Communications,(2019) 10:1022 | https://doi. org/10. 1038/s41467—019—08944—1 | www. nature. com/naturecommunications.

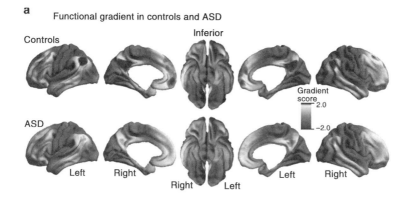

图 42　自闭症与普通人神经成像对比图

　　该图引自 Seok-Jun Hong 等人的合作研究论文。他们运用去融合映射嵌入技术描述自闭症脑皮层层级性的脑成像。这是一种无监督非线性降纬算法。上行是普通人的脑成像;下图是自闭症的脑成像。

实践的理论基础被完全忽略,重心完全集中在干预的结果以及教育服务的提供上。"①理论研究的滞后与薄弱导致特殊教育者虽然信仰"越早干预效果越好"的信念,但却说不出其中的道理,以至于善于实践的专业者缺乏阐释、说明其有效实践作法的理论知识。重实践、轻理论的状况不仅仅只发生在布鲁斯–迈劳瑞批判的 20 世纪 90 年代的美国特殊教育学界。事实上,当前的中国特殊教育领域里理论意识的匮乏以及先进理论的阙如亦同布鲁斯所批判的时代,令人忧心辗转。缺乏理论意识与厚度的特殊教育研究者、实践者无法以穿透性的思考设计出个性化的教育项目。虽然布鲁斯–迈劳瑞是以维果茨基的社会建构观来批判皮亚杰个体性发展的建构观,而这两种理论的时代风标于当前来看似乎正如布鲁斯所说的是"过时的范式",但他于 20 世纪末期对特殊教育的反思以及

---

　　①　Bruce L. Mallory and Rebecca S New,*Social Constructivist Theory and Principles of Inclusion: Challenges for Early Childhood Special Education*,The Journal of Special Ed- ucation,1994(3) Vol. 28,p. 322.

批判也正是我们今天要做的工作，即批判性地认知当前特殊教育领域里行为模式的操作流泛却理论稀薄之窘况。

　　学习理论的发展已经把我们从知识的个体建构论、社会建构论、刺激－反应模式的行为主义理论，带进以神经科学刻画的身体体现性知识论的批判中。其中，二十世纪上半叶的身体哲学兴起更推助具身认知观的波澜壮阔。身体体现性的知识论批判通过脑损伤认知障碍反观出知识是身体的体现形式的本质，即心灵是身体的体现性形式。身体哲学以及认知神经科学还知会我们：只要肉身仍在，残损的神经在一定程度上都具有可塑性。如果具身认知观揭开了知识的本质是再结构化的身体形式的示现，那么，这也要求身体介入到具体的操作中，在操作中习得知识，无论操作是思维性的还是手性的。这就是浸身认知。我们以上举例并阐述的"啊哈"中的爸爸与婴儿的交流就是婴儿的浸身认知。浸身认知是发生意义上的学习原理，它也成为我们帮助心灵被深锁在走样的神经机制里的自闭症儿童的教学原则。我们对小 G 的教学就是浸身认知的一个例证。我们将继续以他为案例展开我们对视觉浸身认知与教学关系的论述。

3. 视觉浸身认知与自闭症儿童教学

　　小 G 有良好的视觉认知与视觉理解。这也成为我们利用他的视觉能力开展教学的线索与途径。我们该怎样借助他的视觉能力来实施知识的学习呢？在一次个别化课堂教学上，小 G 突然向 C 教师提到"蓝魔虾"。C 老师大惑不解，不知道小 G 在说什么。C 教师就此事问及小 G 的妈妈。他的妈妈解释说有一次小 G 看科普片，看到海洋里有一个蓝魔虾在游动。自闭症是谱系性的障码,不是所有的自闭症都喜欢看电视。譬如,我们接手的另一个18岁的自闭症青年从小就不看电视,不读绘本。因此,小G喜欢看电视以及绘本,就为我们的教学提示了路径。小G的记忆力很差,刚学会的10之内的加减法不到两秒就忘记了,如果这是因为数学的抽象性,或许还可以理解,但刚刚学过的"斑马线"也是转脸就忘记了。也就是说,小G难以记住新学习的概念。可是,记不住新概念的小G看了一个科教频道的视频就记住了蓝色的虾。他是如何能记住的呢?我们尝试分析一下原因:

1."蓝魔虾"概念的习得是小G观看视频的结果。"蓝魔虾"在海水里游动,这是具体、真实的物象,这也是视觉直接认知。视觉在直接感知时也在理解,它不需要神经系统再进行信息的整合,然后解释或判断;

2. 视频中蓝色的虾在海洋里游动,它是动态的,水草相映,情景交融,声色并茂,所以视频图像是小G视 – 听联动地感知。视觉的直接性以及视 – 听联动把神经系统带进动感的强度中;

3. 电视观看蓝魔虾是全景式的视觉认知。蓝魔虾是一个活的生物,它在海水里自由自在地嬉戏、游玩。讲解员在讲解着蓝魔虾的栖身海域、生活习性、体态构造以及颜色时,视频总是从多个视角、多个面向呈现蓝魔虾。这种全景式的动态视频的呈现,是神经系统的深度激活;

4. 小G在视觉、听觉、躯体本体觉、运动觉等各觉的联动中完全浸身在视觉性的蓝魔虾的世界里,但他仿佛又触摸到了蓝魔虾,与它共游、共居。所以,小G对蓝魔虾的记忆不仅仅是记忆的神经机制或注意的神经机制在发生作用,或者是两种神经环路耦合性地作用着。即神经在认知。而是小G的全身在感知。因为仅仅从记忆、注意的神经机制来解释小G对蓝魔虾的难忘,无法解释为什么小 G 学习其他新概念、新知识时就转瞬而忘的羸弱的记忆力。

虽然视觉是全脑的作业与动作,虽然观看蓝魔虾的游动会激活小 G 全脑在动作,但从小 G 的记忆结果来看,记忆来自于他全身心地投入与介入,是身体在认知,在记忆。这就是浸身认知。我们用这个概念指的是身体与物在持续又深度意义上的相参互渗、穿插僭越以体现物之结构的学习方式。"具身"这个概念是就知识的本质、性质来说,它是实验心理学家、神经科学家以及现象学家反思批判去身性心灵主义的知识模式,而把知识还原给了身体,即知识是身体的体现性。"浸身"则是就知识的习得方式而言,即知识是发生意义上的、时间性地介入到物之中的操作。如此,这两个概念提挈、指归的就是我们在世的最基本的条件与保障:我们以身体的能力拓展我们的日常生活。身体的拓展能力从"啊哈"的意义上就已开始,因而浸身认知是始源性的、发生意义上的。所以,"具身"与"浸身"也就是普通群体的日常、常态的生活样式。如此,一个问题油然而生:心智障碍群体如何能够实现知识的"具身"呢?尽管他们也浸身在文化性的社会生活中,但身体拓开日常生活世界的能力已经残缺或关闭,譬如自闭症。与其说他们浸身在人类的社会文化中,不如说他们已深深被"锁"在"走样的"神经狭道中,心灵与世界只能从间隙中渗漏而出。因此,所有非天才意义上的特殊群体的日常生活都是谱系意义上的"有限浸身",即浸身的深度的可能性随着神经、脑区损伤的程度而不同。

自闭症群体(除去个别天才型的)的浸身深度更是有限。正因为浸身的有限性,所以自闭症患者的知识具身形式与常态不同。"有限浸身"有两层含义:一是身体即便残缺,但只要身体在世,它就依旧能感。因为身体是肉感的,它既能感又可被感。这是现象学身体哲学从知识论批判发展至肉身哲学的本体论批判的理论演进。二是身体的中枢区域损伤导致肉感能力失敏脱锐，以至于肉身在世的感知能力被局限，因此知识只能是有限具身。这也就使特殊教育教师以深度激活失能脱敏的中枢系统的方式来施教，变新知识、新概念的学习为视觉中的深度激活的联动神经机制效应。即图像化学习以及教学的图像化，这就是从小 G 识记蓝魔虾知识对我们的启示。

　　浸身认知是发生意义上的，所以浸身认知破除了概念论的学习方式：小 G 不是以卡片认知的方式——这是盛行于社会机构的教学方式——学习"蓝魔虾"这一概念以及相关知识，而是在神经‐发生、身体‐认知的意义上习得。小 G 也不是在概念强行灌输的方式上学习。相反，他是在忘记了自己、忘记了观看、忘记了蓝魔虾，即是在忘记了学习这一认知活动的意义上习得了"蓝魔虾"以及相关知识。小 G 习得蓝魔虾的学习经历从反面向我们揭示了学习的原理：知识的获得来自身心一体地介入到认知中。任何形式概念的学习都不是外界力量强行灌输的结果，相反，概念的学习与概念寄寓的情境骨肉相连，只有浸身与概念勾连的情境中才能深度理解概念。

　　概念的习得、学习的动机也不是强化的结果。"强化"这一概念依旧是把认知主体与认知活动分开，把认知视为是对象化的刺激活动。然而，自闭症儿童小 G 习得蓝魔虾知识的方式却扭转了强化观。他的学习与识记不是外在刺激激发并维持内在动机的结果。浸身认知并没有内外之分，小 G 在视觉中被蓝魔虾紧紧攥住就是在认知中。这里没有强化，亦没有物我二分，惟有视觉以及视动中的小 G 与蓝魔虾的深度交织。学习是以身为媒的深度介入。这也是自闭症个别化教学中视觉被特别强调的原因。可是，当我们说小 G 是视听联动地认知"蓝魔虾"时,这究竟指什么呢?戴维德·休伯尔(David Hubel)与斯托登·威塞尔(Torsten Wiesel)在视觉神经机制的研究上曾获得突破性的成就。他们把一个不透明的圆盘放在一块玻璃片上,这就使这块玻璃片上出现了一个黑点。他们检测的是初级视觉皮层上的一个神经元,虽然,黑点并没有激活这个神经元,但当把玻璃片的边界移过视网膜时,他们发现神经元激活。经过数次试验,他们揭示出"初级视觉皮层神经元的第一个组织原则:不像神经节细胞的圆形感受野,视皮层神经元对边界起反应。"①

他们又在随后的试验中揭示出"外侧膝状体的神经元与节细胞神经元行为相似:两者都能够被小亮点最大程度地激活。"②这些神经元都是同心的中心区与外围区的组织结构。当刺激亮点落在中心区内,神经元被最大程度地激活。见下图:

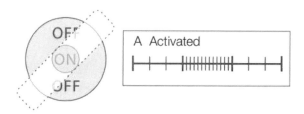

图 43 刺激落入中心区

该图引自 Cognitive Neuroscience—The Biology OF The Mind,第 4 版,第 191 页。标有"ON"字样的就是这个神经元感受野的中心。当刺激落在中心区,该神经元被最大程度地激活。"OFF"字样指神经元被抑制。

当刺激从中心区向外围移动,则神经元的兴奋程度减弱。当

---

① Michael Gazzanige, Richard Ivry, George Mangun, *Cognitive Neuroscience—The Biology of The Mind* (*The Fourth Edition*),New York: W. W. Norton & Company,Inc. 2014,p. 191.

② Ibid.,p. 191.

刺激落在外围区内,则神经元的兴奋被抑制,见下图 43。当刺激一部分落在中心区一部分落在外围区,该神经元没有任何变化。见下图 44。

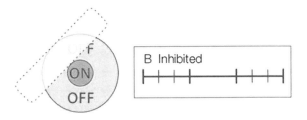

图 44 刺激落入外围区

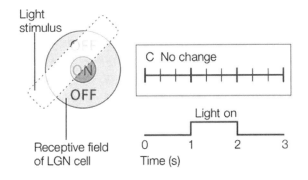

图 45 刺激部分落入中心区部分落入外围区

该图引自 *Cognitive Neuroscience—The Biology Of The Mind*,第 4 版,第 191 页。

休伯尔与威塞尔的试验结果得出的一个结论是"神经系统更喜变化。"[①]然而,休伯尔与威塞尔开创性研究的深意更多于神经系统喜变化。范津宇与曾毅在合作刊发的文章"*Challenging Deep Learning Models with Image Distortion based on the A-*

① Michael Gazzanige,Richard Ivry,George Mangun,*Cognitive Neuroscience— The Biology of The Mind*(*The Fifth Edition*),New York:W. W. Norton &. Company,Inc. 2014,p. 194.

butting Grating Illusion"中阐述了他们的实证研究以及结果。这项研究把具有外部轮廓而没有纹理信息的剪影图像分别应用于深度学习神经网络模型以及人眼,并检测神经网络模型与人眼在系统性地生成幻觉轮廓图像能力上的差异性。他们发现使用深度增强(Deep Augment)技术训练的模型相比其他模型能够显著增强模型对交错光栅扭曲数据集的识别。然而,即便是当前最先进算法的深度学习神经网络模型在交错光栅效应的识别上也与人类水平相距甚远。生物性的神经系统产生幻觉轮廓图像的能力远非人工神经网络模型所能比拟的。然而,这并不是我们撷取此例的重点。我们的重点在于这两位研究者对不同算法的深度学习神经网络模型识别结果的对比。他们把剪影图像应用到深度增强模型时,也把这些数据应用到结构相同但并未使用深度增强技术的模型,并对比不同模型可视化的浅层神经元的活动。借助浅层神经元活动的可视化,他们认识到无论模型是否使用了深度增强技术训练,都能够在模型的浅层发现沿着幻觉轮廓的神经元激活现象。然后"只有在使用了深度增强技术训练的模型中,发现了类似端点激活神经元(Endstopped Neuron)的活动。"①

现在让我们再回到生物学意义上的神经系统,来解读引证的这句话的意义。浅层的神经元活动是我们的神经系统在应感机制上的能力,这种能力就如同我们视网膜上的视锥细胞见光即分解的高度不稳定性。静听的课堂就是应感意义上的浅层的神经活动,因为静听的课堂未能有效激活神经系统,更不用说是在中心区深度兴奋意义上的激活了。神经系统最有效的激活不仅仅是多感

---

① 范津宇、曾毅,*Challenging Deep Learning Models with Image Distortion based on the Abutting Grating Illusion*,https://doi.org/10.1016/j.patter.2023.100695.

官的联动,而且也是神经元最大程度地兴奋。更有趣味的是,我们的神经元具有不同的结构与功能。视网膜上的节细胞以及外侧膝状体的神经元会被落入中心区的光点刺激最大程度地激活。当视觉神经脉冲内含视觉信息从外侧膝状体的神经元投射到初级视觉加工区的神经元时,神经传导再次出现聚合。第一次聚合发生在从视网膜的感光细胞向视神经节细胞的投射。"尽管人眼约有 2 亿 6 千万个感光接收器,但我们只有 2 百万个节神经细胞接收来自视网膜电传导的视觉信息。很多视锥细胞汇聚到一个神经节细胞。通过聚合输出,视锥细胞甚至在弱光处境下也能激活一个神经节细胞。"①这就是构成我们的这块肉身的能感性与可感性。

我们的视传导通路中也有第二次聚合,就是外侧膝状体多个神经元向初级视觉皮层的一个神经元投射。见下图。

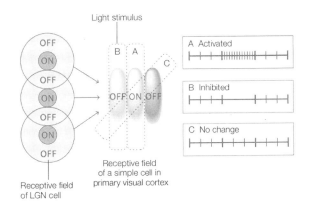

图 46 外侧膝状体神经元向初级视觉皮层的投射

该图引自 Cognitive Neuroscience——The Biology Of The Mind,第五版,第 193 页。

---

① Michael Gazzanige,Richard Ivry,George Mangun,*Cognitive Neuroscience——The Biology of The Mind*(*The Fifth Edition*),New York: W. W. Norton & Company,Inc. 2019,p. 191.

可是,不同于外侧膝状体的神经元对光刺激起反应,初级视觉皮层的神经元对可见物的边界敏感,且是具有一定角度的边界。这就是被休伯尔与维塞尔命名的简单神经元。这也意味着初级视觉皮层还有复杂神经元。它们既对被视物的边角敏感,又能被边界点兴奋。如此,我们也就理解了小G能够识记蓝魔虾的原因:视频全景地呈现蓝魔虾的视觉刺激是神经元中心区的最大化激活、各类神经元应感而兴奋,以及各感官最大化激活的神经系统的交织。我们把这种意义上的神经激活机制称为深度激活。它是身心在视觉中的深度凝一。这也就解释了小G习得蓝魔虾的原因之一的全景式的含义。

视觉的直接性、即时性,以及化抽象的语言、文字、概念的学习为神经的径直操作,既减轻了神经认知加工的负担,又使视觉信息成为神经-认知的视觉性线索。于是,知识的学习就被转换为视觉图像化的视觉理解。我们对自闭症儿童小L的教学利用的就是知识的视觉图像化的原理。L是该儿童姓氏的首字母;他是个没有语言的自闭症儿童。当前的小L5岁半了。2021年的夏季时他三岁半,我们对他的一次教学是数字学习。任课H教师把1—10数字从左向右排列,并把相应黑点对应排列在数字下面。见下图。

图 47　小 L 学习——对应数学关系

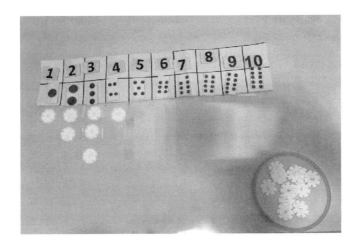

图48　教师视觉提示排放雪花片

　　H 教师提示性地把雪花片从 1—3 对应地排列在数字与黑点下面，以视觉提示该儿童继续取与数字对应的雪花片排开直到 10。但是该儿童无法理解教师给出的视觉提示以及指令性的语言，他盯着桌上的图片不知所措，局促不安。面对儿童既不能视觉理解教学意图，又难以用语言沟通的困境，H 教师顺手拿起笔将数字之间的隔线下延如下图，于是竖排的雪花片之间就被分隔开来。线条的呈现清障了小 L 堵塞的视觉理解，他的小手——捏取雪花片对应地排出直到 10。下图就是该儿童的排列。

　　这是个典型的视觉认知与视觉理解的案例；提示视觉认知与视觉理解的线索就是线条。线条出现后，雪花片与数字、黑点之间的对应关系就被逐一地单独标示出来，两者之间的关系也就被视觉的空间结构提示出来。数字不再是无感、干瘪的符号，或神秘的不可解性，而是就在那里的可视化、可感的黑点或雪花片。儿童 L 是在可视的物理属性上完成了对数的定义以及理解：数是具有可

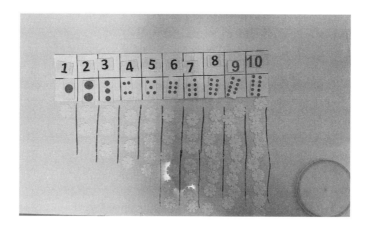

图 49   视觉提示下小 L 完成雪花片的排列

以上图 46、47、48 均由特教系年轻教师胡胜提供。胡胜是作者领导
的特殊教育团队成员,擅长特殊儿童的个别化教学。

数性的相等的量,并且可以是一对多的开放性。因为他知道在雪
花片的下面还可以摆放相同量的其他任何可数的等量实物。事实
上,他也继续摆放着手边可用的实物。或许有人会像弗雷格那样
反对数的关系是视感的形式。弗雷格说:

　　如果我们要假定,在看到一个三角形时,某种有感觉的东
西会以同样的方式相应于"三"这个词,那么我们必然会在三
这个概念上也重新发现这种情况;在某种没有感觉的东西身
上就会有某种有感觉的东西。也许可以承认,相应于"三角形
的"这个词有一种可感觉的印象,但是,这里必须把这个词看
作一个整体。其中的三,我们不是直接看到的;相反,我们看
到的某种能够与精神活动联系在一起的东西,这种精神活动
导致一个其中出现了这个数的判断。那么我们凭什么感觉譬
如亚里士多德建立的三段论的格的数呢?譬如以眼睛吗?我
们至多看到表达这些三段论的格的符号,而没有看到这些三

段论的格本身。如果它们本身依然是无法看到的,那么我们如何能够看到它们的数呢? 但是也许人们认为看到符号就足够了;符号的数与三段论的格的数是相等的。那么这是从哪里知道的呢? 为此人们必须已经以其他方式真正确定了三段论的格的数。或者,"三段论的格的数是四"这个句子仅仅是"三段论的格的符号数是四"的另一种表达吗? 不! 假如符号的性质没有同样表现出符号表达之物的性质,就不会表达出任何有关符号,就不会表达出任何有关东西,谁也就别想知道有关符号的任何东西。由于相同的东西可以没有逻辑错误地以不同的符号表示,因此符号的数与符号表达之物的数甚至不必吻合。①

弗雷格说我们既感觉不到数,又看不到数本身,我们看到的是数的符号。物之数与物之符号的数并不相同,也不必吻合。譬如,上例中的雪花片。我们用这个意指真实雪花的雪花片,即符号,指归的是雪花本身,这与雪花的数量多少没有关系。弗雷格又以数非北海来类比"北海"的可人为任意抉择,而数却是非感觉的、非任意性的思维的必然。可是,就像我们在 L 儿童从 4 到 10 对应排列的雪花片的示证中所看到的那样,该儿童是在视感的空间结构中发见物之数与数字的对应关系。数感是他的视觉空间能力的具体体现。事实上,我们在这个儿童身上发见的视感数学是人类形成数学知识的原始样式。下图是美索不达米亚的数字。它与上图中的数字与黑点的对应何其相似乃尔。

思维、客观意义上的数在起源上是视觉的感性能力,是视感的

① G·弗雷格:《算术基础》,北京:商务印书馆,2002 年,第 39 页。

𒁹 1		𒌋𒁹 11		𒌋𒌋𒁹 21		𒌍𒁹 31		𒐏𒁹 41		𒐐𒁹 51
𒈦 2		𒌋𒈦 12		𒌋𒌋𒈦 22		𒌍𒈦 32		𒐏𒈦 42		𒐐𒈦 52
𒐈 3		𒌋𒐈 13		𒌋𒌋𒐈 23		𒌍𒐈 33		𒐏𒐈 43		𒐐𒐈 53
𒐉 4		𒌋𒐉 14		𒌋𒌋𒐉 24		𒌍𒐉 34		𒐏𒐉 44		𒐐𒐉 54
𒐊 5		𒌋𒐊 15		𒌋𒌋𒐊 25		𒌍𒐊 35		𒐏𒐊 45		𒐐𒐊 55
𒐋 6		𒌋𒐋 16		𒌋𒌋𒐋 26		𒌍𒐋 36		𒐏𒐋 46		𒐐𒐋 56
𒐌 7		𒌋𒐌 17		𒌋𒌋𒐌 27		𒌍𒐌 37		𒐏𒐌 47		𒐐𒐌 57
𒐍 8		𒌋𒐍 18		𒌋𒌋𒐍 28		𒌍𒐍 38		𒐏𒐍 48		𒐐𒐍 58
𒐎 9		𒌋𒐎 19		𒌋𒌋𒐎 29		𒌍𒐎 39		𒐏𒐎 49		𒐐𒐎 59
𒌋 10		𒌋𒌋 20		𒌍 30		𒐏 **40**		𒐐 **50**		

图 50　美索不达米亚数字

直接性。不仅如此,而且数以及数的计算也是身体对身体进行操作的视动系统。吴军在《数学之美》中说"早期数字并没有书写的形式,而是掰指头,这就是我们今天使用十进制的原因。毫无疑问,如果我们有十二个指头,那今天我们用的一定是十二进制。"[1]十进制几乎存在所有的文明形式中。吴军继续写道"几乎所有的文明都采用了十进制,那么有没有文明采用二十进制呢,也就是说他们数完全部的手指和脚趾才可是进位呢? 答案是肯定的,这就是玛雅文明。"[2]十进制、二十进制的发现都与我们的身体构形相关,即手指与脚趾的数量,且是我们对这些可用之形的数量之用。从发生论上来说,身体构形的数的特征以及身体的可用性是数与算术的原始标尺。在身体之用的数学逻辑起源上,皮亚杰不失为颇具洞见的哲学家。皮亚杰说"我们在感觉运动智力中发现了一种蕴含逻辑,一种序列逻辑,一种对应逻辑。对此,我坚持认为它

---

① 吴军:《数学之美》,北京:人民邮电出版社,2016 年,第 7 页。

② 同上书,第 9 页。

们是逻辑数学结构的基础。"①我们递进补充说:感觉运动逻辑是视觉系统中的感觉运动逻辑。我们在开篇提到的 W 儿童因为斜视始终未能正确点数手边小球的数量,尽管他的手边不过是 6、7 只颜色不一的小球。他要么把两只球数成一只球,要么把一只球点数两次;视觉的偏斜导致点数的动作失序。因此,我们从 W 儿童走样的视觉框架下的点数动作洞悉到的并不是一一对应的序列关系,而是混乱的错位关系。这与普通儿童的点数相去甚远。W 儿童接收纠正性干预项目至今已数年了。在第 5 个年头时,他的斜视得以纠正,其他能力诸如感知、语音语调、说话、动作、情绪表达等方面也明显改善。伴随着视空间能力的改善,W 儿童的点数能力也得以纠正:他不仅能够一一对应地点数实物,也能进行简单加减法的算术计算。当然,我们并不能把 W 儿童的点数能力仅仅指归为视觉系统,而是感知、言语、动作等多系统的综合。这也就启发了我们的认知:序列、对应的逻辑关系是视觉、感觉、运动系统的比义、综合。我们把这种多感觉、多系统的比义、综合称为视动系统。显然,数学知识是从发生意义上的视 - 动系统中莩甲而出。

在 L 儿童的教学案例中,我们发见的是数学的视感能力。数字并不是他思维的对象,而是他的感性本身。当 H 教师在纸上写下各不相同的数字时,L 儿童会兴奋。不仅如此,当 H 教师播放乘法口诀表的数字歌时,L 儿童会开心地笑;当 H 老师停止播放时,L 儿童顿然不开心。他想继续听感数字歌。数字对他来说完全是感性的生活素材,如同他喜爱把玩的可见的积木。L 儿童视

---

① Jean Piaget,*Genetic Epistemology*,W・W・Norton&Company・INC,New York,1970,p.43.

感数学、听感数学与积极情感的感性联动启发我们的是数学以及数学逻辑关系一定不是我们感觉的任意性，但却是我们的感性内容与质素。数是感性的内容与质素在颜色数字的联觉现象中最为极端但也最为该情且是实证的该情。颜色数字见下图。

图 51　颜色字母与颜色数字的联觉现象

该图引自 Cognitive Neuroscience—The Biology Of The Mind，第五版，第 209 页。

颜色数字的共感觉虽然是极端的现象，但它恰好例证了数字不是抽干了感性的纯理性或纯粹思维的自身同一形式。数是感性的一维。这些自闭症儿童的视觉认知以及视感数学的学习方式，启发我们的是知识是肉身的感性形式。认知、学习归根结底是要回到感性的视、听、触等觉的联动，以及感性联动的操作。因为视觉的直接性减轻了神经认知加工的负担，把概念的学习转化为视觉图像的认知以及五觉联动的肌亲肤感。翻开自闭症儿童教育的经典教材《超越语言》，我们看到的情境性、描述性、导引性、示教性的图画远比文字多。每一幅图画都是一个叙事，一个故事，一次教学，一次示范，所以，每一幅图画都令你身入其境，让你"明白"，让你"听到"，让你"触感"。虽然该书作者弗恩·苏斯曼（Fern Sussman）说"你的孩子的种种动作向你表明他感知世界的方式——通过运动、触觉、视觉、声音以及嗅觉"，①但这是就自闭症儿童浸身

---

① Fern Sussman，*More Than Words*，A Hanen Centre Publication，1999，p. 6.

认知的学习原理而言。但在作者的眼里,弗恩·苏斯曼的这本书同样是视觉教育与视觉学习的典范。

我们在上文中阐述了海伦·凯勒以触开了触觉感知世界,这是水流经她的手的潺潺的动感为她打开的一种敞开的感觉。这感觉不是以往字母的拼写带给她的干硬的线条,而是这些弯弯曲曲的线条在潺潺水流的动感中顿化出一幅图像。语言成为图像,这就如同劳拉的"on"与"in"的手势语。一只手在另一只手上意指"on";一只手在另一只手内意指"in"。可是,我们又如何能说具有空间结构的这些手势不是一幅一幅图像呢? 我们又如何能说这些既盲又聋的特殊儿童在用她们的手势去交流时,不是以图像的思维在表达她们对世界的图像认知呢? 这就是海伦·凯勒的老师安妮·莎莉文为什么说海伦·凯勒知道了语言的秘密,因为从此的海伦·凯勒将不在单词的世界里学习单词,而是在图像的世界里感受单词。

我们在这些自闭症儿童以及脑损伤儿童的障碍性认知中,深会到认知的发生意义上的浸身方式。浸身认知指归的根本要义是我们以身体在世的这块肉身是感性的,是视动优先的。它也是亲图像的。我们是感性的、图像肉身的存在者。一旦感性的肉身遭遇损伤,如脑损伤的海伦·凯勒、劳拉与 W 儿童,以及自闭症儿童小 G 以及小 L 等,他们虽然身-居世界但却是有限浸身,因此,身感世界的方式走样变形。尤其在盖奇以及类如盖奇的埃罗特的身上,我们看到了关键脑区前额叶的损伤对他们的情感体验的解构,而这种解构导致他们虽然保留了一定的知性能力,但却永远失去了完整的人格。我们的人性观被深度颠覆:认知不是心灵的维度,而是从肉身的感性中荸甲而出。认知是肉身感性的结晶。我们把肉身的感性称为情本。语言、动作、概念、观点、数学以及其他形式的知识等都是肉身的感术与述情。我们的肉身情本观发端于神经－学习的实证追踪，也是对神经实证科学的反思。这种反思不断摇动着我们发理神经学习与教育、教学的关系。

就专业性的知识与技能的传递、接续来说，教育、教学是教师拓开学生心智、拔擢知性能力的提智活动。然而，"教"这一概念的立义乃是指意成化。《孝经》说"先王见教之可以化民也，是故先之以博爱。"①如何化呢？《白虎通·三教篇》"教者何谓也？教者，效也。上为之，下效之。"②"教"是上行之并使下位者效之，所以，追随效行即是"化"。《温馨雕龙·原道》说"研深理而设教 …… 察人文以成化。"③教之所指就是成化学习者使之效行。但成化不是流于行为的可观，效行也不是观念上的认同，而是血气的节奏的迁转。《礼记集说·乐记》说"夫民有血气心知之性，而无哀乐喜怒之常。应感起物而动，然后心术形焉 …… 廉直劲正庄成之音作，而民肃敬；宽裕肉好顺成和动之音作，而民慈爱。"④我们把应感而动的血气之迁称为肉身的成化。先王设教，无论是布于经册的还是流于声乐的，无非是成化、养正血气的肉身。所以，《论语·泰伯篇》说"动容貌，斯远暴慢矣；正颜色，斯近信矣；出辞气，斯远鄙倍矣。"⑤虽然，教育、教学的节奏并非如音乐那般"使其曲直繁瘠、廉肉节奏，足以感动人之善心"⑥的强劲，但原理相同：开学即为养正。所以，教育、教学，不是在言辞的对接上发生，而是在文辞气力上发生，是喻声、方貌、拟心的交注，是肉身间的廉肉相动。所以，

---

① 皮锡瑞：《孝经郑注疏》，北京：中华书局，2017 年，第 53 页。
② 陈立：《白虎通疏证》，北京：中华书局，2014 年，第 371 页。
③ 刘勰.《文心雕龙》，杭州：浙江古籍出版社，2011 年，第 2 页。
④ 陈澔注：《礼记集说》，上海：古籍出版社，1988 年，第 211 页。
⑤ 刘宝楠：《论语正义》，北京：中华书局，2017 年，第 292 页。
⑥ 《二十二子》，上海：古籍出版社，2007 年，第 338 页。

温润化感乃至廉肉相动的际感关系才是教育、教学的原道、正纬。换言之,亲身或感身性的师生关系而不是知识的递传才是教育、教学辅开的首要条件与前提。这就是我们为教育、教学设立的第一命题:情本为始。因为情本的感同与感认在人之初就已具显。

实验心理学家发现即便是出生仅两天的孩子也对特定的语言表现出了倾向性。当婴儿4个半月大时,他们就能从相似的声音中区分出自己的名字。在实验心理学家做的一个实验中,婴儿们吸吮乳头时录播读故事的声音。心理学家发现如果播放的是妈妈读故事的声音,婴儿吸吮的时间会更长。反之,则短。婴儿的这些倾向性是怎样形成的呢?"一种假设是胎儿期就接触到妈妈的声音是关键因素。研究者用这样一个事实来支持这种设想:婴儿对爸爸的声音并没有表现出比其他男性的声音更具倾向性。另外,新生儿更愿听他们出生前妈妈常唱的歌谣而不是妈妈没有唱过的童曲。这更像是胎儿期接触到妈妈的声音——尽管妈妈的声音被子宫里的液态环境消声了——利于婴儿听觉偏好的形成。"①

婴儿的感知启发我们摒弃视、听、触、嗅、味五觉分化观来理解我们的感知方式,而是回到五觉相并的始源性上,即肉身的感知。这也是我们以"情本"这个概念立意、阐发肉身认知的原因。神经－学习范式的教育学是让未来从事教育事业的准教师具备神经－认知、身体－学习的原理性知识,并以此施教所接受的专业性学习。也是神经－学习、身体－认知范式的教育学才真正体现出教育学是教师教育教育学的原意,因为这些准教师将在发生认知的意义上来帮助学习者的认知。新范式的教育学首先强调教学的情本关系的始要性;其次,此种专业性意义上的教师是在神经－

---

① Robert S. Feldman,*Child Development*,Pearson Education Inc.,2010,p. 137.

认知、身体－学习的意义来开展课堂教学活动。或许有反对的声音说中国古人并无神经－认知的科学性知识，难道我们可以说古哲并未通晓、深谙教育、教学的原理性知识？我们的回答则是：中国文化本身就是浸身认知的。古哲不仅深谙教育、教学的浸身认知原理，以及知识的"得之于手而应于心，口不能言，有数存焉于其间"①的默会属性。而且，更为重要的是从先秦至明清，浸身认知、得手应心的学习理要构成了传统文化的义脉，并被明儒学者概括为身渍心染与知行合一等概念。这也就成为我们钩沉中国浸身认知文化模式的教师教育教育学的奥义之径。

---

① 郭庆藩:《庄子集释》,北京:中华书局,2017 年,第 494 页。

第四部分　浸身－认知与教师教育教育学

　　　　我们的教育意识最终来源于我们形成观念的能力,无论
　　这些能力被直接应用于经验还是受到某种语言指涉体系的中
　　介。教育是隐性知识,我们所说的求知能力就是以这种知识
　　为基础,是我们附带觉知的。①

——迈克尔·波兰尼《个人知识》

　　2018年初,华东师范大学面向国内外召开了交叉融合的教育
科学研讨会,实证模式的教育新形态草创伊始。随后不足一月的时
间内,华东师范大学再次主会,直接把新形态的教育体式落实在脑
科学的格局内。如此,基于脑科学准线改造教育的运动肇始兴发。
继华东师范大学教育学新宪章后,各大高校模山范水,推波助澜。
短短一年内,认知神经科学已呈飞动之势。然而,有关脑科学等实
证科学与教育关系之立论,虽然群言多品,立论有殊,但师心难见。
而颇令人费解的说法莫过于"未来教育的重要特征之一就是基于
脑、适于脑、促进脑"以及"每个教室在一定意义上都是脑科学的实

---

① 　迈克尔·波兰尼:《个人知识》,贵阳:贵州人民出版社,2000年,第154页。

验室"①等言论。这些表述读来颇能气往轹旧,造端新篇,可稍加思量不难发现浓厚的还原论色彩。我们不能不发问:学习、受教是否仅仅只是脑的事业? 虽然我们以上行文都是在谈神经学习,但这并不意味着我们不会对此进行反思。因为我们并非只是神经的构成,我们还有身体。当说神经认知时,我们同样强调了身体‐学习,可是,神经认知与身体学习是怎样的关系呢? 尤其是当下尖端的技术手段显示的脑的活动模式,譬如血氧依存水平以及叠加态的脑成像,能否被理解为学习的样式? 如果未来的教育的新标签是基于脑、适于脑、促进脑,那么,是否意味着"不愤不启,不悱不发"的古训——这并非是神经实证意义上的结果,也不是实证研究可证实的——不是科学的学习理论呢? 当教育学被实证性的认知神经科学日益规范立衡时,我们无法回避这样一种反思,即脑科学究竟知会了教育学什么? 如果我们仅仅局限于脑的认知机制的实证成果来高谈脑科学与学习的关系,那么,实证科学的研究成果能否直接引进课堂教学并产生预期的学习革命等问题早在美国学界引起争鸣。正如认知与教育心理学家 Elsbeth Stern 教授评论说"仅仅神经科学本身并不能提供用来设计强有力的学习环境的特定性的知识,尤其是学校教育诸领域的知识。通过深入到对脑的能力以及局限性的理解,神经科学可以解释为什么有些学习环境成功而有些失败。作为跨学科研究的一部分,神经科学可据以用来改组未来的课堂教学的结构。这是'基于实证'的、值得支持的改革。"②

再者,除了让头盖骨下那些不可见的黑箱以及机制在技术的应用、帮助下部分成为可见的之外,认知神经科学知会了我们什么呢?

---

① 董奇:学生学习的脑科学进展、启示与建议,教育家,2018 年第 28 期,第 9—12 页。

② Elsbeth Stern, *Pedagogy Meets Neuroscience*, Nature, Vol. 4, 2005,, p. 745.

是从传统认知的心灵转向了大脑,还是身－脑二元新形式诞生的呢? 在进一步讨论之前,我们先澄清一个概念,即脑科学。我们用这一术语指的不仅仅是大脑以及它的部分,而且广泛性地包括中央神经系统。如此,我们认为脑科学对教育科学最具理论以及实践意义的启示是它揭示了人是情本的在者。我们以这块感性的肉身在世,我们的情感体验、知识形成、意志表现、言语表达、行为示现等都是这块肉身的感性能力。本文运用的"情本"这一概念,不是在情感、情绪的层面上,而是在肉身感性的意义上使用的。如此,"情本"就不是大脑、神经的附带效应,不是心灵的产物。它也不是概念论的,而是肉身存在的维度与方式。正因为人是情本的存在,浸身认知才是可能的。认知或知识是肉身的我们身－居地操作并再以肉感的结构示现而出的姿势、姿态。肉身的我们因为身居一处、浸身操作而使得这块肉身被历史、文化、习俗、风俗、制度等染渍并日渐日深。于是,肉身成为有知的、意志的肉身。当这块肉身的中枢神经或关键脑区损伤时,它作为有知的意志整体就被解构。伴随着这不幸的解构是知性能力的碎片化,以及理智能力的瓦解。这正是上文中述及的盖奇与埃罗特的境遇。他们的悲剧却成为学术研究的幸事,为我们提示了教育、教学的两大原理:近身关系与浸身认知。

1. 图像的肉身与近身性教学

上文中,我们例证了盖奇与埃罗特的案例。额叶损伤的埃罗特在知识、能力测试的心理学量表中是"正常"的,但量表中的心智并不是他现实生活中的心智。他的量表心智与现实心智之差是云泥之别。埃罗特难以应对日常生活中的社会性知识以及与社会生活相关的推理、决策的能力。他也没有共情的能力,叙述自己的不幸遭遇时平淡又平静,情感如同被抽干生命之液的枯木一般失去了感性的光与色。如果大脑的损伤瓦解的是肉身的我们适应生活的感受性——基于这种感性能力,一种完整的理性认知结构才能体现出来,那么,显而易见的是我们对人的理解与定义并不是传统哲学所推崇的理性,而是生存以及开拓、提升生存空间的感性能力,并对这种开拓、提升能力产生惊讶的感性能力。查尔斯·谢灵顿说"惊讶是一种心境。"①可是,"惊讶"之能在埃罗特以及他十九世纪的原始版本盖奇身上永远失去了。

虽然埃罗特在各种心理学智力量表测试中成绩良好,甚至某些项目的得分比普通人还要高,但这些量表测量的知识是知识论意义上的低维认知,所以,这些知识对于曾经是成功商人的中年埃罗特并不具有挑战性。相反,这恰恰暴露出心理量表的"漏智"特征。即智力量表测出的是心的客观性的动作,而不是个人感受性的心境。前额叶部分脑区的移除破坏了神经中枢的完整性,使完整的神经系统中断、开裂。神经断裂的埃罗特在认知维度上失去了社会性的认知、规划、分析、推理等高级认知能力,在情感维度上失去的是认同、同情、惊讶、失望、喜悦等感性能力。达玛西奥说"埃罗特的困境是知道但感受不到。"②"感受不到"的缺感性来自中枢神经的残缺,以至于肉身作为一个完整的能感、可感的情本结构被解体。"感受不到"的埃罗特导致埃罗特的高级认知能力还原,使埃罗特的生活失序颠倒,混乱不堪。所以,达玛西奥又写到"情绪的还原可能同样是非理性行为的根源。"③感受性是这块肉

---

① Charles Scott Sherrington,*Man On His Nature*,Cambridge University Press,2009,p. 104.

② Antonio Damasio,*Descartes' Error*,Penguin Books,1994,p. 45.

③ 同上书,p. 53.

身完整体的感受性。在这个完整结构的感受性中,认知能力乃至高级的理性认知与行动才从中间出。一旦中枢意义上的完整感受性破损,种种形式的认知障碍就会显现。肉身的完整感受性也就是我们所用的"情本"概念的指归。因此,一切知性能力,譬如,感知、认知、记忆、想象、判断、决策、推理等理性能力都是感性肉身的能力的萃出;一切行为、动作、姿势、姿态等都是它的情变。它们皆是肉感情本的可视化的符号与标志。因故,我们与世界的关系是情本设位。当我们说情本为认知立体时,我们还要对"情本"这个概念发理词指,追取深意。

李泽厚先生曾提出深刻的"情本体论"说。在《说巫史传统》中,李泽厚说"孔学特别重视人性情感的培育,重视动物性(欲)与社会性(理)的交融统一。我以为这实际是以'情'作为人性和人生的基础、实体和本源。"[1]"情本体"不可不谓是鞭辟入里的洞见。但是李泽厚先生却认为情感是心理状态的。与李泽厚先生不同,我们认为"情"是能感、可感的一体肉身的结构化的示现。比如,我们在上文中叙论的杏仁核损伤的 S. M. 的缺乏恐惧感的情感体验,柯拉帕雷德(Edouard Claparede)脑损伤导致的健忘症患者等。肉身中枢机制的损伤、残缺导致了情本的解构,认知也因而被碎片化。

当代认知神经科学的实证研究也揭示了喜、怒、快乐、忧伤等情感的神经环路。"首先,大脑从众多的极小脑区引发情绪。这些脑区的大多数都处于脑皮层之下故被称为皮质下。主要的皮下部位是脑干、下丘脑与基底前脑。其中一个是导水管周围灰质(PAG),协调情绪反应。……另一个重要的皮质下部位是杏仁

---

① 李泽厚,《说巫史传统》,上海:译文出版社,2012 年,第 36 页。

核。大脑皮质上的这些引发部位,也是皮质部位,包括前扣带回区的部分和腹中正前额叶部分。其次,这些部位都加入到对情绪的不同的加工。通过 PET 成像我们已经表明,忧伤、生气、害怕和快乐的兴发与体验都会导致以上提到的几个部位的兴奋,但每种情绪兴奋的方式各不相同。比如,忧伤持续激活腹中正前额叶,下丘脑和脑干,而生气和害怕激活的既不是前额叶也不是下丘脑。无论是忧伤、生气还是害怕都会激活脑干,但忧伤的情绪只会强度激活下丘脑和腹中正的前额叶。再者,这些部位的其中一些组织也涉及到对指明某种情感刺激的认知。"①导水管是中脑导水管,上下通连第三脑室与第四脑室。中脑水管的周围有一层灰质,称为中央灰质。中央灰质在我们身处危险情境的情绪反应中对调节我们的行动、行为至关重要。我们的恐惧情感正像我们在 S. M 的案例中看到的那样,被还原到边缘系统的杏仁核。但也正像我们所了解的视觉的低级通路那样,我们的恐惧情感来自视觉、丘脑、杏仁核以及脑干等脑组织的合作。各脑组织、神经环路的互感同构才是我们常态的、外显行为的内侧的制式力量。

达尔文说"最主要的表达性行为,人与低等动物共同表现出来的,于当前来说都是内在的或遗传的,——也就是说,它们不是个体通过学习获得的。"②我们不需要学习这些基本的情绪表达就如同初生的婴儿无需学会啼哭,因为基本的情绪是我们作为感性的肉身存在的维度与方式。情感性的情绪是肉身适应环境,适应群居生活以及特定情境的具体历史的经验与积淀,并保全生命的进

---

① Antonio Damasio, *The Feeling Of What Happens*, New York: Houghton Mifflin Publishing Company, 1999, pp. 60—61.

② Charles Darwin, *The Expression Of The Emotions In Man And Animals*, New York: D. Appleton and Company, 1987, p. 361.

化机制,所以达玛西奥说"情绪的生物性'目的'一目了然,情绪并不是多余的奢侈品。情绪是好奇的适应机制的重要构成,生物体利用这种机制来调节生存。"①生物体在与环境的交往中所获知的经验与教训通过神经系统、皮质和皮质下组织成为它权衡利害、保全生命的机制与记忆,而肉身的这些组织也在感性能力的进化中成为"肉身的标志。"达玛西奥是这样解释这个概念的:

> 让我们粗线条地考虑一下这样的一个场景。关键性的要点构因迅速地在头脑里展开,粗略地但同时又是视觉性地,因为它们在脑海里是一闪而过所以你很难清楚地界定细节。但现在,在你运用投资－收益分析到你的预事而发生的想象之前,以及在你筹划解决这一问题所做的推理之前,重要的事情发生了:如果某个既定的选择性导致不利的结果出现在脑海里,无论它是多么短暂,你立刻会有不悦感。因为这种感觉是身体的,我用肉身状态这个技术性术语来命名这种现象("肉身"是希腊语的身体);并且因为它"标识"一个图像,所以我把它称作"标志"。②

显然,达玛西奥谈论的情绪、情感不是传统心理学意义上的。相反,"肉身的标志"这个概念让我们看到了被传统心理学的"心理"情绪观遮蔽的、情感体验的本因,这就是肉身的积极的或消极的感受性,即肉身的意识。虽然我们在日常生活中仍然需要分析、推理、判断、决策等高级理性能力,正如达玛西奥所说:"肉身的标

---

　　①　Antonio Damasio,*The Feeling Of What Happens*,New York: Houghton Mifflin Publishing Company,1999,p. 54.

　　②　Antonio Damasio,*Descartes' Error*,Penguin Books,1994,p. 173.

志并不足以成为我们决策的依据,因为随后的推理、选择将在很多情况下发生,尽管并不是在所有的情况下均是如此。"①但是,这个"肉身的标志"却隐潜地运衡我们对当下行动、行为的后效性的考量。"当消极的肉身标志与一个特定的未来后果共现,两者的结合就成为一个警示;反之,则肉身的标志就会成为激励的向标。"②肉身的情绪态势或倾向是想象、分析、推理、判断、决策等高级理性的羊水,使它们立势成形并淬出而被标举为情本的符号。

认知神经科学家勒杜(Joseph Ledoux)同样把情绪还原为神经系统的生命特征。"我把情绪看作神经系统的生物功能。"③虽然达尔文、达玛西奥、Joseph Ledoux 各有规略,但文笔同致,即情感、情绪是身体的结构与存在维度。身体在它的情感中展开生命力,并规范它的感性模式与认知模式,一切外显的客观化的行为只是情本在者的可视化的情本信标。在情本肉身的意义上说,生命体的存在在始源性上是情感的而非认知的。杜威说"经验在原初的意义上来说是主动 - 被动的事件;经验的首要之义并非是认知的。"④杜威的观点与皮亚杰《发生认识论》中的阐论可谓是同声相应。皮亚杰对 0—2 岁儿童的感知运动阶段的划分知会我们的正是婴幼儿认识世界的方式是感性的触知,譬如上文中例举的"啊哈"交流的婴儿,布巴视 - 动感知"转"的概念,以及玛塔触知小红球等。这三种例证都是触感意义上的触知,因为视觉也是触觉——有距离的感性触知。感性触知将婴幼儿与被感知物在触感

---

① Antonio Damasio,*Descartes' Error*,Penguin Books,1994,p. 173.

② Ibid.,p. 174.

③ Joseph Ledoux, The Emotional Brain, New York: Simon &Schuster Paperbacks,1996,p. 12.

④ Dewey, *Democracy &Education*, Martino Publishing Mansfield Centre,CT,2011,p. 164.

中关联起来：一方面，物被赋予肉感的肉性结构，承载着社会文化的肉身的规式；另一方面，触觉在触知中被物之结构内构，触觉带着物之性回转到自身，成为具体的物之性的触知。所以，认知无非是具有某种关联意义的感性的动作而已。皮亚杰写道：

> 我认为人类的知识本质上是主动的。获得知识就是把现实纳入到一个转换系统中并同化它，获得知识就是转换现实以便理解一种状态是怎样产生的。①

知识就是这个具有主动性的转换系统的曲变。皮亚杰当然不是在肉身可感的意义上来谈论转换系统，而是在动作以及动作的转换上。譬如，皮亚杰说"他在这里发现的就是数学领域里的交换律……因此，这位未来的数学家那天发现的知识不是来自砾石的物理属性，而是来自点数砾石的操作动作。"②但是，动作是身体的动作，是直接性的，因此，这个主动性的转换系统是动作本身。可是，这个转换系统是什么呢？它具有怎样的重要性呢？皮亚杰说：

> 我将从区分思维的两个方面开始，这两个方面虽然相互补充但却不同。一方面是形象的，另一方面是操作性的。形象方面是对状态的模仿。这些状态是瞬间的又是静态的。在认知领域里，形象方面首先是知觉、拟态、思想图像，它们事实上是内化了的拟态。思想的操作方面运作的不是状态，而是从一种状态向另一种状态的转换。例如，它不仅包括动作本

---

① Jean Piaget, *Genetic Epistemology*, W. W. Norton & Company, Inc. New York, 1970, p. 15.

② Ibid., p. 17.

身,这是对客体或状态的转换,而且它还包括智性的操作,它们本质上是转换系统。①

动作的意义不能仅仅被理解为只是外显的肢体行为,而是在动作的内在机制上还同时发生着一种操作,这就是操作中的转换,知识就出自这个转换系统。我们以皮亚杰举证的那个十岁的男孩——也就是上文引文中提到的那位未来数学家——点数砾石的例子为证。那位数学家十岁时摆弄并点数砾石。他把十个砾石排成一行并一一对应地从左到右点数,他得到了"十"。他又从右到左点数,结果还是"十"。他又排成一个圆形并点数。结果还是"十"。这就是数学的交换律;总和与序列无关。所以,皮亚杰说交换律的数学知识来自点数砾石的操作动作。可是,这个转换系统是什么呢? 我们以下图释之。

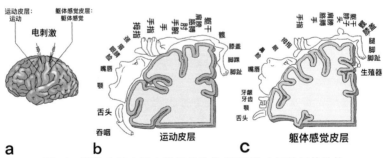

图 52 躯体在脑皮层上的拓扑结构(新的脑皮层的拓扑结构图已由 Evan m. Gordon 等人的合作研究刊出,参见 Nature 2023 年 4 月 19 日刊出的电子期刊)

这是加拿大神经科学家威尔德·彭菲尔德(Wilder Graves Penfield)的运动皮层以及本体感觉皮层上的身体各部位的结构分

---

① Jean Piaget, *Genetic Epistemology*, W. W. Norton & Company, Inc. New York, 1970, p. 14.

布图。它是彭菲尔德于 1929—1955 的 27 年间的脑外科手术中，先是电极探测皮层再经由手的动作画出的小矮人结构图。其中我们的面部、口舌、吞咽系统，以及手与手指的动作无论是在运动皮层还是感觉皮层占比很高。在外观上，我们看到的是手以及手指的运动，但内在地，则是运动系统以及脑皮层的动作。点数时，手指在动作，而与手指的动作相连的脑组织、脑皮层也在动作中。但伴随着这些脑组织以及脑皮层的动作，还有一种操作活动在发生，就是"十"这个总和独立于序列的交换律。它来自神经系统在点数动作中的转换，即神经系统对自身进行的再操作。这就是智性的操作。皮亚杰也把它命名为"反身抽象"。皮亚杰解释说：

> 　　我是在双层意义上使用这个术语。这里的"反射"在心理学的意义上具有两种含义，除了它在物理学上的含义外。在物理学意义上，反射指的是一束光照在一个表面上，再返照在另一个物体表面上。在心理学的第一层意义上说，抽象是指从一个等级向另一个等级迁转（例如，从动作水平到操作水平）。在心理学的第二层意义上说，抽象指的是反身的思想过程，也就是，在思想层面上，一种再组织过程发生。①

　　"反身抽象"也就是神经动作的再动作。不言而喻，"十"就是与手指的动作相连的神经的动作的再组织。这也就可以解释我们在行文之初提到的脑损伤 W 儿童在点数五只球时难以得出"五"这个总和的原因。因为神经的损伤限制了神经系统对自身的再操

---

① Jean Piaget, *Genetic Epistemology*, W. W. Norton & Company, Inc. New York, 1970, p. 17—18.

作的能力,即反身动作的能力。如果思想性的数学交换律——而这是高级的逻辑形式的知识——不过是神经动作的再操作过程,那么,显然,它的本质就是动作的感性,或者用我们上文中提到的一个概念来阐释,那就是视动系统。一切知识的形式,无论是人文历史的还是科学形式逻辑的,无论是陈述性的还是技术性的,无非是感性的神经系统或者应该说是感性的肉身的操作或再操作的动作。

知识如此,情感、情绪更是如此。它们不是心灵的产物,亦非心理的状态,而是肉感的身体己身的体现性。当达尔文把人与动物的基本情感还原为表达性的动作结构时,他实际上也就是把情绪视为存在之维。我们的视、听、言、动是感性的肉身视其所视,听其所听,触其所触,言其所言,动其所动。这也是皮亚杰所说的图像。我们在彭菲尔德脑皮层上的人体分布的拓扑图看到的还是肉身的图像。R. B. Tootell 等人的研究更在神经的图像机制上实证地让我们看到图像肉身的形式与结构。自闭症动物学家天宝·格兰丁(Temple Grandin)在《用图像思考——与孤独症共生》一书中写道:

> 对我而言,表示空间概念的词语,诸如"在上面"和"在下面",始终毫无意义,直到我形成一幅视觉图像,并且将其添加进记忆中。直到现在,当我单独听到"在下面"这个词时,脑海里就会自动呈现一幅画面——我在一次空袭演练中蹲在学校自助餐厅的桌子下面。①

① 天宝·格兰丁:《用图像思考——与孤独症共生》,范玮 译,北京:华夏出版社,2014 年,第 9 页。

视觉图像思维方式的天宝难以理解文字性的语言,难以融入人际关系的交往。"人际关系完全没有意义,直到我形成门与窗的视觉象征符号。"①天宝用门与窗的视觉象征关系来类比人际关系也就是将在世行为以及处事之道视觉化。自闭症的天宝之所以如此,原因在于自闭症或称孤独症的大脑与普通人的大脑不同:

> 孤独症人士的大脑神经回路断裂无序。这种状况影响了他们把来自存储感觉记忆的大脑低级部位的信息与前额叶高级信息处理部分加以整合的能力。低级水平的处理系统可能被减弱,也可能得到加强。在一位孤独症人士的大脑中,只有两个部分属于正常,一个是视觉处理皮质,另一个是负责存储信息的大脑后部区域。②

自闭症者的大脑的视觉兴奋以及视觉信息的存储,同样也是普通人的视觉感知的神经机制,也是自闭症大脑的异常机制让我们反观理解了普通人认知世界的方式,那就是我们是基于感性的视觉感知以及对视觉(其实上还有听觉等)信息的高级机制的整合来理解感性的世界。换言之,我们同天宝一样是视觉图像的思维者,虽然我们生活在语言的世界里,但我们常常需要借助图像来理解文本化的语言。我们以最近发生的课堂教学为例。上周周一(3月20日)的一次研究生的课堂上,在要点讲授之前,我先让学生阅读以下教学内容:

---

① 天宝·格兰丁:《用图像思考——与孤独症共生》,范玮 译,北京:华夏出版社,2014 年,第 12 页。

② 同上书,第 19 页。

> 在他们记录的最初几周，Hubel 和 Wiesel 为观察到的现象所困惑。虽然他们在确定单个皮质细胞上几乎没有困难，但是这些细胞却没有对 Kuffler 研究中证明的有效刺激做出反应：即位于细胞感受野中的一个小光点。确实，一致性反应的缺乏使得很难决定感受野的位置。Hubel 和 Wiesel 做出了突破，他们转而使用在载玻片上放置一个不透明的圆盘，从而产生黑色的点。虽然细胞对这些黑点不反应，Hubel 和 Wiesel 却注意到了当玻片边缘通过视网膜上某一部分时，细胞活动突然增加。在对这个刺激进行了数小时的测试之后，初级视皮质神经元的第一条组织法则逐渐清晰起来：不像神经节细胞的圆形感受野，皮质神经元是对边缘反应。

图 53 视觉皮层神经元的激活机制

> 接下来的工作显示了外侧膝状体细胞和神经节细胞有相同的表现：都是对小光点有最大的兴奋性。这些细胞的特征可以用同心圆式的中心——周围组织形式来做最好的说明。图 1 示例了一个外侧膝状体神经元的感受野。当一个小光点落在中心兴奋性的区域，细胞就被激活。如果相同的光点移动到周围的区域，细胞活动就被抑制。如果一个刺激覆盖了中心和外周，那么细胞就不会激活，因为兴奋性区域和抑制性区域的活动相互抵消。这一发现阐释了知觉的一个基本原理：神经系统对变化最感兴趣。我们不是通过同质的灰色皮肤识别一只大象，而是通过它形状的灰色边缘和背景之间的对比来辨别。

图 54 神经系统的工作机制

　　虽然开学已经有一个月了，授课内容也多次涉及神经元、神经系统，但研究生们说他们难以理解这两段文字，而是一边读文字一边看插图时才大概理解了文字所指。图示如下：

　　他们给出的解释是：图像直观、形象，容易理解。的确如此！图像是直观的；它直接激活视觉系统。当我们借助图像思考文字时，我们就是把文字视觉图像化如同天宝借助门窗视觉化人际的世界一样。文字所指就被转换为图像中的大圆与小圆或大圆与小圆的关系，以及圆形与标有刻度的线条之间的关系等。因此，思考性的文字被转为视觉性的图像，阅读也就相应地被转换为视觉的

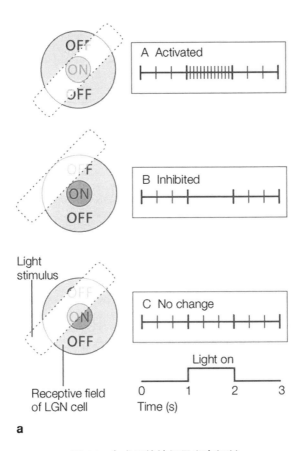

图 55　全或无的神经元兴奋机制

　　该图引自 *Cognitive Neuroscience—The Biology of Mind*，第五版，第 193 页。当刺激落在神经元的中心区内，该神经元被最大限度地激活。当刺激落在中心区外，神经元的激活被抑制。如果刺激部分在中心区部分在外周，则该神经元不发生变化。

神经动作与视觉认知。事实上，文字，乃至数学逻辑知识等都不是心灵的产物，而是肉感的形式，是肉身基于自身图像的再操作，学生借助视觉图像来阅读文本的例子清晰地示证了肉感的图像原理。图像的肉身在绘画中更清楚地被揭示，而这同样是脑损伤患者给我们提供的实例反观。

　　一个名字缩写为 P. T 的患者右脑卒中。他能很好地辨识出毕加索《哭泣的女人》这幅作品中这位女人的轮廓并说她可能是一个女孩，可是他却无法从莫奈的《草地上的午餐》这幅画中把主题化了的这位男性的图形从背景中辨识出来。因为他在该图中看不到种种可加以定义的形式，譬如，帽子、脸部、服饰、绿色的树枝等形状，对他来说，这幅画像不过是颜色与图形的抽象混合物而已。

图 56　莫奈与毕加索的绘画

　　该图引自 *Cognitive Neuroscience—The Biology of Mind* 第五版，第 205 页。左图是从法国印象主义画家克劳德·莫奈的《草地上的午餐》中截取的一张人脸；右图是巴勃罗·毕加索的《哭泣的女人》。

　　我们该如何理解他的视觉缺陷呢？《哭泣的女人》这幅画一眼看上去就是抢眼的色彩与线条的强势勾勒。在红、黄、黑、白、橙、深蓝等颜色夸张地错位布局与色差的对比中，人脸与它的各部位以及背景都被粗狂、猛浪的线条移出，强烈冲击视觉系统。于是在人脸的各部位之间、发际与人脸之间、人脸与背景之间均形成了鲜明的轮廓与边界。不仅如此，而且错位、扭曲的局部构形的块状被七扭八歪地组构在一起，以至于紧张、板块化的肌肉状就是她的面部表情。毕加索的这个"绘画似乎是用边缘不整齐的三角形建构起来的。"①于是,二维的平面,即人脸,被模铸为数块的块状且是扭曲的块状。这正是她经历着、承受着的心碎之痛的脸。换言之,痛苦的心是在被扭曲、拉引变形而为立体模块化的肉感形式中显现出来。"立体派主要是描绘形式的一种艺术。"②它是反思的结果以及寻求最有效表达痛苦情状的筹划与谋划的手段,故而不是视觉的展现而是理智地建构。或者说,绘画对"伤心"的视觉表达是借助被拧巴而呈扭曲状的视感宣表的。所以,《哭泣的女人》是高度模块化的形式组合。相比之下,在《草地上的午餐》中,我们看不到《哭泣的女人》中错位相接的线条与鲜亮夺眼的色彩,也难以辨析线条与色彩勾勒出的图形与背景的边界。相反,那位男性的衣帽服饰的色彩融入到背景的底色中而浑然一体。同时,人脸、人形乃至整个画面都给人动态的模糊感。绘画就如同作者是在"光变了,颜色也要跟着变"③地"'捕捉'一瞬间"④的仓促中草草落笔完成。当然,这也的确是这位印象派大师的风格与技法。"莫奈的创作目的主要是探索表现大自然的方法,记录下瞬间的感觉印象和他所看到的充满生命力和运动的东西。"⑤

那"瞬间的感觉印象"是我们的肉身的图像。这图像可以是莫奈画笔之下的那张男性人脸的样式,也可以是毕加索笔下的那个哭泣的女人的悲伤表情的视觉样式。我们在视觉中"正好是'依据'或'并同'这些图像的方式来看,这些图像充满着我们的视觉以

---

① 尼吉尔・温特沃斯:《绘画现象学》,董宏宇 等译,南京:江苏美术出版社,2006,第 130 页。

② 杨身源:《西方画论辑要》,南京:江苏美术出版社,2001 年,第 535 页。

③ 同上书,第 368 页。

④ 同上书,第 367 页。

⑤ 同上书,第 367 页。

及我们的想象。"①而从那个男性的人脸到哭泣的女人的那张人脸，不过是"图像的转换（iconic turn）"②而已。这就是肉身图像的适会；图像的肉身是肉身与世界共在并同的能力。假如中枢损伤正如同 P. T 的境遇，肉感的图像将会分解而无可视化的图像。P. T 对那张人脸的无视觉的感知，却能很好地识别哭泣的女人，这也就反衬出肉身的图像结构。尽管 P. T 的中枢系统的残损，它依旧能够视觉图像化自身，只是视觉的图像因为神经的断裂破坏了神经系统、脑皮层、皮下组织以及不同功能的神经元之间的同步作业与协同，而是肉身的图像结构离散呈模块化。P. T 的"问题在于对对比或形状知觉的缺陷。对比或形状的特征在毕加索的绘画中明显但在莫奈的作品中缺乏。的确，最近我们通过对 V4 区的讨论了解到颜色与形状的知觉常常是不分的。显然，这位病人的中风首先损伤了向大脑皮层投射颜色和形式知觉信息的神经通路。"③

P. T 进入不到莫奈的绘画中，认知神经科学告诉我们那是因为视觉 V4 区的损伤分解了大脑作业的连续性，即神经元不能对色彩以及客体的形式进行编码。可是，P. T 能辨别那个女人与他不能辨别出那个男人，其认知模式都是本质相同的残缺。因为我们看画不是分辨色彩与线条，画中的线条也不是几何学的排列。我们更不是以 P. T 模块化的方式来观画并说那可能是一个女人或一个年轻的女人，即便是毕加索的立体主义的风格。P. T 模块

---

① Mauro Carbone, *The Flesh of Images*, translated by Marta Nijhuis, State University of New York Press, 2015, p. 4.

② Ibid., p. 4.

③ Michael Gazzanige, Richard Ivry, George Mangun, *Cognitive Neuroscience—The Biology of The Mind*（*The Fifth Edition*）, New York: W. W. Norton & Company, Inc. 2019, p. 205.

化、刻板性的边界认知更像是从一个裂了缝的整体中漏脱而出,而这并不是我们观画的认知方式。我们看画是在色彩、线条、肌理等造型元素的搭配与布局中理解"绘画的生活－意义",①而不是通过错落搭配的几何线条以及边框性的边界来匡感模块化的人脸。深会绘画的生活意义与我们亲感体证的世界经验相关:它或者是我们的生活世界或者是不同的另一种样式的生活世界。无论这样的一个世界是我们熟悉或不熟悉的,至少我们知道那是画家本人或画中人生活着的世界。他们与我们有着相同的情感经历与生存体验。"观看既不是简单地'看',也不是'看作',而是'根据某东西来看'……在此看是'根据'我们观看的方式、我们寻找的东西在看,结果根据我们的经验的总体性(totality),就是我们所注意到的东西。"②这个"根据",这个"经验的总体性"就是我们与世界、他人交往的共同的背景。然而,不幸的是,P.T散碎的正是这个"根据",这个"经验的总体性",即完整肉身的情本结构。

P.T能从立体感的画面中辨认出人脸就如同埃罗特在心理测试中能完成那些测试题的表现一样。然而,无论是P.T还是埃罗特,其认知行为都是障碍性的、残缺的。反观之下,我们日常的思维、认知正是出于这个完整的感性情本结构,而且,我们也是籍着这个感性的情本与世界、他人交往,它的气息以及隐匿的感性支配着我们的语言以及对他人的感知、认知、判断,左右着我们与他人的关系是亲近还是疏远。我们在与自闭症儿童交往时,发现他人,譬如,个案教师,不是一个自闭症儿童认知的对象,而是身感意义上的感受性。换言之,自闭症儿童是根据"近身关系"来调整着

---

①　尼吉尔·温特沃斯,《绘画现象学》,董宏宇 等译,南京:江苏美术出版社,2006年,第118页。

②　同上书,第86—87页。

他与他人的边界距离。在我们帮助的一位轻度自闭症儿童的个案中,我们看到这个名叫 Z. X(其姓与名的两个首字母)的 3 岁男童带着笑意主动与坐在旁边一排的观摩学生一一碰碰手,但他却跳过一个学生继续这种行为。他的选择性行为的原因在于一一碰手的那些学生在课前都亲昵地与他嬉戏玩耍,而他跳过的那个学生当时却是冷眼旁观。尽管他是个自闭症儿童,没有语言,但他却感受到了前者的热情与爱意,并积极地回应。他也感受到了后者的冷漠,并以消极的态度应之。同样,我们在这个儿童身上看到了他对音乐的应和:当播放欢快的音乐时,他的身体随着乐感摇动;当播放低沉的音乐时,他感伤地低下了头。任凭老师轻声细语地呼唤与爱抚,他仍然在低沉的感伤中,不愿抬起头。

自闭症儿童虽然心灵被不同程度地深锁在"走样的"神经中,但他们能感、能知,并以这种感受性调节着他们与个案教师、周围人的关系。虽然他们是有限地浸身认知,但他们依旧能与个案教师或他人在有限但共同的空间里实现肉身间的身—身共通与僭越。这种身际间的共通与僭越是语言无法逮及、意识不能察觉的近身感——它或拉近或疏远儿童与个案教师的身际距离。我们把身际间的这种共在、共通、互有、互渗的关系称为近身空间或近身关系。近身空间是个案教师近身性的肉感气息投射出的一处时空,一种氛围。它是教师盈满的爱心、亲和的身姿、感召的言语、开放的动作、感性的情趣等人性文化的综合,近身空间的近身性让儿童感附并被吸引,成为教师完成教学目标的加盟力量。个案教师的一切专业性的知识、技能与经验都以这种空间氛围为母液,并在这种母液中才能发挥其最大效用。特殊教育是情本感性意义上的近身介入地提智。

波士顿大学的惠洛克学院教育学系特殊教育研究者扎卡里·

罗塞蒂(Zachary Rossetti)教授的弟弟泰德是脑瘫,终日躺在轮椅上是他的常态在世的生活。虽然泰德没有语言,不能行走,但他喜爱社交,酷爱体育运动,也是一个很风趣的人。面目表情丰富、喜爱社交的泰德常常借助身体的语言参加大型社交活动并是客人们攀谈的对象。泰德喜欢观看体育节目,常与家人一起外出活动。泰德也有很好的理解力与知识能力。罗塞蒂教授介绍说2020年感恩节家庭聚会时,泰德能够回答很多知识性、学业性的问题,远超过校方所断定的心智水平。而在学校教师与周围人的眼里,泰德具有严重的心智障碍,无法学习、读书、社交。简言之,他们认为泰德无力与世界交往。泰德虽然做过心智测量,但罗塞蒂教授认为"泰德的心智障碍并没有被恰当地评估,所以他的智障程度被高估了。"①从童年到青年,罗塞蒂教授与其弟弟朝夕相处使他认识到泰德的心智能力事实上要比量表测出来的量值要高。这一事实不是说具有科学意义的量表无效或无意义,而是说心智,对于一个个体而言——即便这个个体是脑瘫,并不是离散的、点状的、相对独立的值,而是容纳并在底部支托着这些点状的值可以独立显现出来的域,即情本的感受性。只要泰德依旧在世——以肉感的身体在世,他就具有这种情本的能力并能够通过肉感的感性能力——面部表情以及身体的动作——表达他的体会。这也就是当前融合教育模式与实践在最根本意义上的理论一句。所以,罗塞蒂教授一再阐明"融合教育首先是家庭意义上的融合。"②

　　教育学界乃至特殊教育学界一直在趄摸、寻求融合教育的理

---

　　①　Zachary Rossetti, *Inclusive Education and Practices in the United States*,《融合教育路径与范式国际研讨会》大会发言稿(淮北师范大学与宿州学院联办),2022年11月26—27日(淮北)。

　　②　同上。

论基础。我们认为它的理论性依据之一就是肉身的情本感性原理。罗塞蒂教授说融合不应该被理解为仅仅是把特殊儿童放进普通教育的班级中;这不过是形式上的融合。基于肉身的感性原理以及知识的情本感性形式,我们认为融合首要的是"关系"的交叉,即肉感交织中的你中有我,我中有你的共有。融合是肉感的共通,是"近身关系"的生发与发生。所以,罗塞蒂教授说特教教师要走进特殊家庭,了解这些家庭,与他们交流,把他们视为专家,尊重并平等地对待他们。因为是他们养育着特殊儿童。我们更愿意说:父母之所以是专家,是因为他们与他们的孩子——这样或那样特殊原因的儿童——是近身关系的。惟有是近身关系的,父母也才能真正成为专业性的专家。也惟有走进这些专业性的父母,尊敬他们,向他们学习,特教教育者也才可能成为专业性的专家。虽然"专家"由专业性的知识、技能、经验等占有的程度与高度来界定,但毋宁说,惟有对特殊家庭、特殊儿童肉感共鸣的"感受性",对此专业之特殊性的情本意义上的"感受性"以及感同的态度,才首先决定了他作为一个领域的专家的吻合度与专业度。"感受性"不是意识性的,而是肉身情本的,是肉身己身维度的。它多于语言,是语言的根。所以罗塞蒂教授说他的弟弟虽然没有语言,不能行动,终日身困于轮椅,但依旧能感知、能体验并能够通过面部的表情、身体的动作表达着自身对世界的理解。脑瘫没有阻断泰德与世界的互动与交往,虽然他的互动与交往被深度折损。因为泰德是作为一个人与世界打交道;他在世的生活并不能仅仅还原是大脑的活动。这种说法同样适合于自闭症谱系障碍者。尽管自闭症个体自闭了,但他是感性的人。他生活着,体验着,以不同于普通人的方式感知、体验这个生活世界。

情本感性的肉身也为自闭症儿童的教育、教学提示了掰开他们拧巴、锁合的神经－认知的可能性，这就是把他们融入到普通人的日常生活中，肌浸肤感普通人的言语、行为，与父母、家庭成员互动，与社会其他群体互动，也就是让他们与我们共居于一处世界，使他们所视、所听、所食、所触、所用等都来自人性的生活世界。这些文化化的物品既渗透在他们的肉感中，塑造着他们的人性，也导引着他们融入普通人的社会生活，拓开他们深闭的心灵。这又回到我们上文中反复论证的自闭症儿童的学习方式，就是可他们可被用起来以发展他们的认知能力的视觉认知。

　　波士顿大学乐尔·唐娜（Lehr Donna）教授在谈到自闭症儿童教学时举了一个火警的例子。她说根据火警图片教育孩子怎样逃生原本是对普通儿童的教学内容，但现在她们已经把它引进对特殊儿童的教学中。她们所依据的理论假设是自闭症儿童虽然语言能力深度受损，甚至没有语言，但他们的视觉能力尚好。特殊教育者把火警图片进行组合，红红火焰色彩的图片、教师的导引性语言、方向指引性的手势、逃跑动作的姿势与视觉空间的综合运用，就把火警－危险－逃生概念性的知识转化为一种叙事结构，并且是视觉叙事的认知与理解。自闭症儿童通过视觉化的感知就把自身放入"火警"的处境中。"感知不是心灵透过眼睛在看客体，而是身体把自身全部放入在眼睛中。"①当然，当我们说利用自闭症儿童的视觉能力教学时，我们同样也要考虑视觉教育、教学以及视觉情境设置的方式问题。譬如，一位自闭症儿童的妈妈希望她的儿子多融入到社会场景中，多接触多元化的感官刺激，于是，把他带入一个大型的商场里。可是，当这个自闭症儿童进入那个商场时，

①　燕燕：《梅洛-庞蒂具身性现象学研究》，北京：社会科学文献出版社，2016年，第166页。

随着多向度、多感官的感性刺激的呈现与不断纵向展开,尤其是视觉信息对视觉感官的强大冲击力,让在场的这位自闭症儿童难以承受高度开放、复杂的视觉情境,品物繁多、人声嘈杂、人来人往带给他的不是普通人的目的-行为导向的忽略与忽视,而是流幻、变幻的流形如魅影缭绕。这位儿童狂躁地逃离,一任妈妈随后追赶。这或许是一个特例,但假如这是特例,那么,这个特例也比这样的一个案例要普遍:在纽约上空盘旋20分钟左右就精细地绘出了气度恢宏的纽约曼哈顿大厦,以及它的周边景致的自闭症青年斯蒂芬·威尔夏(Stephen Wiltshire)。还是孩子时的斯蒂芬就不说话,也不与他人交往,三岁时被诊断为自闭症。他没有语言,完全生活在自己的世界里,但这位自闭症儿童却表现出了艺术天赋。7岁时的斯蒂芬就痴迷于伦敦建筑物上的素描标志。他的绘画天赋引起他的一位教师的关注,并将斯蒂芬的作品参加儿童绘画大赛。斯蒂芬声名鹊起。

图 57　孩提时代的斯蒂芬

1992年斯蒂芬前往美国,诞生了巨幅《纽约》。这幅画像精细各分、粗广有别。其惟妙惟肖的高楼大厦以及如数家珍的街头巷尾绘制使这位出生敦伦的英国人却如同身-居纽约的纽约人一般的通晓。惊人的视觉感知、视觉记忆以及视觉理解能力足证其异禀之能。

图 58　Stephen 绘制纽约全景

这是 Stephen 在纽约绘制纽约全景图的工作情景。"纽约——他的灵魂之乡，在这里他开始了 5 天马拉松式的绘画历程，即一幅 6 米长的油画，并由美国哥伦比亚电视台现场直播。"(https://www.stephenwiltshire.co.uk/biography，5/14)

斯蒂芬的座右铭是"尽你所能，永不停止。"显然，自闭症的斯蒂芬与自闭症儿童小 G、小 L、Z. X 以及逃离商场的那个自闭症儿童之间感性能力的个体差异性比目可知，虽然前三个儿童也各有殊情。可是这些自闭症案例却让我们反观到最根本意义上的学习原理：非言语化的身体能力在视觉中学习。即肉身的图像认知原理。图像认知的极端案例就是如同摄像机的斯蒂芬的肉身。正是在这种极端的情况下，肉身的图像由隐至显。它就为我们的教学提供了概念性知识的图像学习方法。

作者在讲《西方哲学史》课程时，柏拉图的理论学说常令学生吃力、费解，譬如，"洞穴比喻"，理念世界与现象世界，可见世界与可知世界，实物与影像，数学以及最高抽象理念等不概念。这些概念性的知识不是应感性的听觉知识，也不能依靠应感的听觉感性来理解。它们与我们听到刺耳的鸣笛就可以判断后者是来自机动车辆的感性知识并不相同。所以，静听方式的课堂教学——它通常是教师传授性的言语讲解每一个概念的通用模式——难以帮助学生理解知识，虽然在这样的课堂上，学生可以借助他们良好的记忆能力来复述概念学习的机械性效果。当然,这还需要他们具有认真对待课堂学习的主动意愿的意识为前提。在这种教学理念、模式与学习考评方式的支配下,学生也是以单纯的记忆对待侧重记忆而非批判性思维的考试。相反,在我们的课堂,教师讲解这些概念之后,要求学生动手绘制它们之间的关系结构图,然后再根据自己的绘图,讲解他们所理解的概念之间的关系。下图就是其中一个学生的绘画,她代表她们小组的理解向课堂汇报讨论情况。

图 59 柏拉图可见世界与可知世界结构关系图

以图像表示概念之间的关系就把概念性的知识图像化,语言的间接性就被转化为视觉的直接性,转换为"身体把自身全部放入在眼睛中"的身体的感性。同时,在动手的操作中,视觉的、听觉的、本体感觉的、动作的等不同的神经环路与个别脑区也就被联合起来,成为一个视动系统——一个多层级、多结构、多脑区的联合同步的神经动作。在联合同步的动作中,思考以及反思在从一种状态向另一种状态的转换中发生。视觉的、动态的、操作的课堂既是肉身的图像认知,又是把概念性的知识肉身图像化。相应地,教师主导的课堂模式就被反转为学习者主动的认知过程。因此,教师的批判性思维就是指引、帮助学生在不同的概念之间建立结构联结。这是反思性教学,它同样是反思性学习,是发展学习者批判思维能力的提智活动。知识的习得不是取决于教师呈现了多少内容,而是取决于教师怎样导引学生动手、动脑地再操作。教师的指引作用越明确,神经动作也就越强烈,神经通路也就越被复杂地拓开与联通,肉身也就越被具体图像化,认知因而也就越直接。学习能力、理解能力是从指引开放的空间关系的图像中强大乃至锐化。这是教育的科学性,因为它以神经认知的实证研究为规式;这也是人文的教育,因为它是亲肉身的近身膏润。这才是真正的教育:科学与人文并行;指引与运思互体。在这种教育模式中,干瘪、抽象的概念论的知识不是强加地认知,而是近身的温润将干瘪、抽象的概念性的知识阔扩为感性的肉身的图像。它是灵肉一体的教育。为了更好地理解图像肉身一体的教育原理,我们还需要再递进解释身体与心灵的关系。

2. 视觉图像认知与身姿化教学

　　雅斯贝尔斯在《什么是教育》中说"教育是人的灵魂的教育,而非理智知识和认识的堆积。通过教育使具有天资的人,自己选择成为什么样的人以及自己把握安身立命之根。谁要是把自己单纯地局限于学习与认知上,即便他的学习能力非常强,那他的灵魂也是匮乏而不健全的。"①教育的目的是要充养、疏阔灵魂。可什么是灵魂呢? 这个问题才是我们要把从特殊群体的认知方式中、深会到的神经－认知、身体－学习的原理,延伸到普通教育领域里,并形成一般教育学理论的反思性的主题。所以,我们就无法回避身体与心灵的关系问题。上文中,我们已经提及神经科学家威尔德·彭菲尔德。彭菲尔德是英国神经科学家谢灵顿的高足。虽然

―――――――――

①　雅斯贝尔斯:《什么是教育》,邹进 译,北京:生活·读书·新知三联书店,1991年,第4页。

彭菲尔德以皮层上的小矮人闻名,但我们更应该把它看作是卓越神经科学家的继踵接武的一项成就。约翰·摩根·欧文记叙:

> 1870 年,休林斯·杰克逊的拓扑预测被德国医师费理屈(Gustav Fritsch)与希兹格(Eduard Hitzig)证实。他们用微弱电流刺激青蛙大脑的表层发现了运动皮层,并观察到身体的断断续续的运动。当他们在相同的皮层重复刺激时,他们观察到了相同的运动。当他们刺激邻近脑皮层时,他们观察到了毗邻肌肉的运动。苏格兰神经医师大卫·费里尔(David Ferrier)在猴子的大脑上做了大量的实验。他的研究表明在运动皮层上存在一个肌肉运动的拓扑结构图。1876 年,费里尔在出版的著作《脑的功能》,其中第一次呈现了皮层映射图。随后,神经生理学家查尔斯·谢灵顿与塞希里(Cecile)、奥斯卡·沃格特(Oscar Vogt)以及神经外科医生奥特弗瑞德·弗厄斯特(Otfried Foerster)、威尔德·彭菲尔德(Wilder Penfied)表明运动皮层的映射突出的是猴子、猿类以及人的手与脸部的肌肉运动。[①]

尽管彭菲尔德从他的前人以及与谢灵顿的合作研究期间获得了知识与经验,但从 1925 至 1955 年,他的兴趣已从临床基础的病人的报告——这些报告帮助他勘查个别病人的大脑,到普遍性的大脑映射的建构——帮助他寻找那个始终处于隐匿中的心灵。尤其是他后期的工作中,"他把追踪心灵作为工作的重心,渐渐养成

---

① John Morgan Allman, *Evolving Brains*, New York: Scientific American Library, 1999, p. 32.

二元论的形而上学观,其中,由大脑扮演的外在的'心灵'就如同一台'不可见的计算机'。"[①](Between Clinic and Experiment 283)"不可见的计算机"的确是彭菲尔德的用语。在 *Mystery of the Mind* 一书中,彭菲尔德说"我推测心灵通过大脑的机制发出方向指令。这与编程一个不可见的计算机非常相似。"(46)西方哲学传统的身心观在彭菲尔德的手术刀以及电极的探微下成为大脑－心灵与身体的二元观。身－脑二元论的形成与他的临床经验密不可分。彭菲尔德在用微电极针沿着右脑中央沟两侧刺激脑皮层不同的部位时,他发现局部施行麻醉的病人会报告说左拇指有感觉或舌头在运动。而当他把微电极针从本体感觉区、初级运动区移至颞叶区时,病人却诉说着他正处于过去的某一情景中,并报告当时发生的事件。

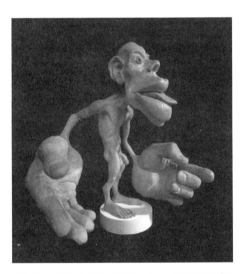

图 60　彭菲尔德的感觉小矮人的塑料制版

①　Katja Guenther,*Between Clinic and Experiment*：*Wilder Penfield's Stimulation Reports and the Search for Mind*,1929—55,Canadian Bulletin of Medical History,Volume 33,Number 2,fall/automne 2016,pp. 281—320.

这些临床经验使彭菲尔德认识到"颞叶是'精神性的'而不是感觉和运动的。"①如此，大脑虽然是作为一个完整的结构整体，但其感觉区、运动区以及"解释皮层（the interpretive areas of the cortex)"②的分际且默会地合作又把我们的感觉、动作与精神活动带入结构性的客观行为中。如果这些部分的脑区是灵魂，如果心灵可以通过探勘神经系统、脑皮层、皮下组织来显露，那么，心灵就不是单一独在的实体，不是自在自为地存于身体的某一部位，而是脑身相连、身内身外的相通。这似乎钩沉了中国的身心观。钱穆在谈到中国文化中的身心观时说"身内身外，一切相通处皆为心。"③

既然心灵是身体的心灵，那么，雅斯贝尔斯所说的"教育是人的灵魂的教育"——雅斯贝尔斯并用爱来形容之，实质上就是以爱浸渍身体的膏润，这也就是我们所说的近身性教育。教师本于情、发于情、知于情的教化，让学习者浸身在一种氛围中并濡润其成长。借用《礼记·乐记》中的一段话来说就是"夫民有血气心知之性，而无哀乐喜怒之常。应感起物而动，然后心术形焉。"④人说到底是这个血气肉身并因之而感、而知，所以，"知"就是这块肉身的"心术形"，即肉感的形式，并从它的感性中生发。既然肉身能感、能知，既然知识是身体的感性的形式，所以，教师教育教育学需要让未来的教师深谙此理：转换自身感性的身体为概念的视觉化的符号——让身体成为概念的表达性姿势，于是，静默的身体就成为言说的身体，而概念——作为身体表达性的身姿，就成为另一感性

① Wilder Penfield,*Mystery of the Mind*,Princeton Legacy Library,1974,p. 25.
② Ibid.,p. 21.
③ 钱穆:《晚学盲言》,桂林:广西师范大学出版社,2004年,第415页。
④ 陈澔注《礼记集说》:上海:古籍出版社,1988年,第211页。

肉身可直接理解的视觉。

康星民(Seokmin Kang)与芭芭拉·特沃斯基(Barbara Tver-sky)做了一个实验:他们在动力系统学习的课堂上运用了不同的教学方式。学生被分为两组,观看语言并伴随身体姿势的教学视频。两个视频中对文本的解释性语言相同,对发动机的基本图表以及构形的名称标注也相同。两个视频的不同之处就在于:所用的手势不同。动作－手势的视频中,解释伴随着手势的动作。这些动作的手势描绘发动机动力系统中的每一构成部分的运转状况,譬如,开阀、闭阀、助推、爆炸、打火、压缩、还原、吸进、旋转、下降、进入、上升、排出等。换言之,在动作－手势的视频中,讲解者将概念性的知识在手的动作姿势中被视觉直观化。而在结构－手势的视频中,讲解者的解释伴有相同数量的手势动作。这些动作描绘的是这个系统的各部分的结构,譬如,曲轴、气缸、吸进阀、活塞、火花塞、排气门。在结构的视频中,讲解者只是在指出这些构件在系统中的位置时,才使用动作的手势,并在讲解展开中用手势来比拟它们的形状。而在动作的视频中,讲解者用手势以及手势的动作来拟诸曲轴的运动,活塞运动的方向,油与气的流动,进气阀与排气阀的运动等。而且,动作性的手势与描述这些动作的动词在时间上相合,它们只是部分地对应着所描述构件的大致位置,以至于手势很自然地将全部结构的基础知识包含于内。

视频讲解结束后,根据试验目的,需要对两组学习效果进行测试。测试内容由两部分组成:绘制发动机动力系统的视觉图示,以及基础知识问题的回答。在视觉绘图中,参与者给出的动力系统必须至少包含四个步骤。这两位实证研究者发现这两种讲解方式在学习活动的参与者身上所产生的学习效果存在明显的差异。动作－手势视频学习者的绘图中包含着更为详细的视觉信息,构件的视觉结构也较复杂。这些信息既涉及到构件的运动，又指涉了它所处的位置。我们以下图示之。

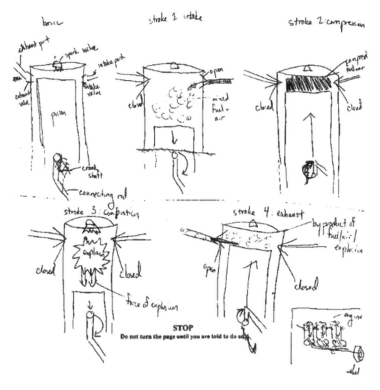

图61 一位动作－手势视频参加者的视觉解释

相比动作－手势视频的参与者，结构－手势视频的参与者绘制的发动机的图示则粗糙、简疏，图示如下。无论是对构件的结构还是对构件功能的讲解，动作－手势视频的参与者要比结构－手势的参与者给出更丰富的视觉信息。换言之，在动作－手势视频参与者绘制的图示中，包含了更为详尽的结构性的知识。

在知识测试中，动作－手势视频的教学效果同样比结构－手势视频的教学效果优越，图示如下。

无论是知识问题的测试还是视觉性图表解释的测试，动作－

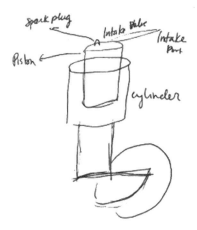

图 62 一位结构－手势视频参加者的视觉解释

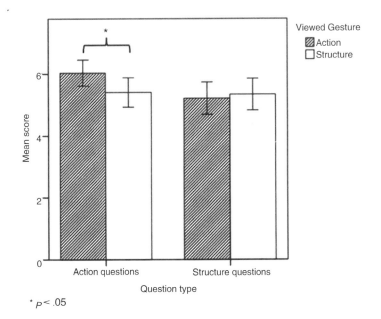

图 63 两组知识部分测试成绩的对比

图 60、61、62 均引自 Seokmin Kang 与 Barbara Tversky 的合作论文 *From Hands to Minds：Gestures Promote understanding*，Cognitive Research：Principles and Implications，(2016)1：4.

手势视频参与者对知识的理解以及视觉性的手述,即视觉性的图画解释,都要高于结构－手势视频参与者的学习效果。更为重要的是动作－手势视频参与者在描绘动力系统时更富有创造性。因此,排除所有的相同因素,两组的差异性仅仅手势本身。在动作－手势视频中,讲解者是用动作性的手势来讲解动力系统的工作原理、构件的知识、结构与功能,这些动作性的手势富于表达性与意指,既具体又明确。而结构－手势视频中的手姿只是用于拟形构件的结构以及指示它在系统中的位置。相比之下,如果我们把结构－手势视频中的手姿看作是符号——象征着构件的形状,那么,动作－手势视频中的手姿就不再是符号,而是动力本身——发动机动力系统的概念性的知识在其中被视觉化,成为视觉的认知。因为"这些手势具有潜在的能力能够在思想与动作之间建立关联,因为手势不仅表征动作的信息,也表征着实时世界(real-world)动作环境之外的信息。"[1]因为这些手势、手姿不是复制动力系统,而是视觉再现运动系统;它们能够改变参与者思考动力系统的方式,并提升我们思考动力系统的思维能力以及表述动力系统的语言能力。

手势、手姿把文字符号性的知识解构为视觉对象,同时手的感性的、连续性的、意指性的姿势又把这些离散的动作连贯为一个系统且是动态性的系统,于是,动感的手势、手姿就成为发动机动力系统的理论知识的视觉叙事。相应地,符号化的理论知识就被转化为视觉神经、运动神经等直接可操作的对象。"涉及到动作产出的神经系统影响着与动作知觉相关的神经系统,具体地

---

① Erica A. Cartmill, etc., A *word in the hand*: *action*, *gesture and mental representation*, *Erica A Cartmill*, Philosophical Transaction of the Royal Society B, (2012) 367, pp. 129—143.

说，当观察那个动作时，带着先前经验来做出这个动作时会激活感觉运动脑区。"①换言之，手势、手姿引动的是视动形式的知识加工。这与我们在上文中所论证的自闭症儿童的认知方式是相同的原理。因此，理论知识就不再是对象性地反观认知，而是身体居于视觉情景中的具身认知。就发动机动力系统学习这一案例来论，动作－手势视频参加者所获得的良好的知识理解的原因就在于：间接的、文字符号化的知识体系在意指明确、动感系统的手势、手姿的流动、连贯中，成为中枢神经系统直接加工的视觉符号，如同学习者视动理解柏拉图的学说一样。理论化、概念性的知识在手势、手姿中被相接成体，"就像动作影响随后的思想，手的姿势所表达的动作信息也可能影响随后的思想。"②

　　如果我们同样以图形视觉呈现以上与动作－手势视频相关的知识学习的文字叙述，那么，图形则如下：

图64　手势、神经叙事与知识关系

　　① Erica A. Cartmill, etc., *A word in the hand: action, gesture and mental representation*, *Erica A Cartmill*, Philosophical Transaction of the Royal Society B, (2012) 367, pp. 129—143.

　　② S. L. Beilock and S. Goldin-Meadow, *Gesture Changes Thought by Grounding It in Action*, Psychological Science, 21(11), 2010, pp. 1605—1610.

图65　概念性的"我"的身体姿势

被视觉形式化的知识既包含了知识的内容、结构,又让静态的、理论的、概念的、离身的、符号化的文字动起来。在"动"中,文字符号的知识形式被放回到知识被抽离出来的背景中——视觉的、体感的、体证的、身居性的、真真切切的生活情景。试想,对于一个儿童,尤其是特殊儿童,当学习"我"这个概念时,假如我们以如下的身体姿势并随后配以反身指向自身的手势,是不是更具视觉理解力呢?

尽管我们的视觉也常有走样,譬如我们可能会把"李敖"读成"李放"、"许晴"误认为"许睛"。这种情况在特殊儿童身上尤为常见,譬如下图一位智力发育迟缓男孩写在书本上的错字。

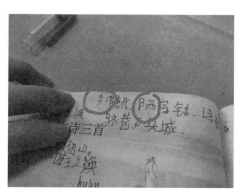

图66　一名智力发育迟缓儿童写的字

"梦"字少了"木","陋"字少了竖弯这一笔画,尽管他是照着课本来写,也尽管该男孩视觉正常,但依旧写出了令人匪夷所思的错字。下图是他在黑板上写的"刘禹锡"的"刘"字。事实上,他写成了"郊"字。

图 67　S 男孩写的"刘"字

图 68　"刘"、"郊图"

"织女家"被写成"织嫁"。而且,他照着课本也会把诗句写反如图 67,又或者字与字之间莫名其妙地间出一大块空格如图 68。

图 69　诗句语言的颠倒

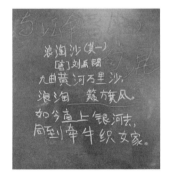

图 70　字字间大块空格

　　这位智力发育迟缓的男孩今年 13 岁，我们以 P 来称呼他。P 是他的姓氏的首字母。除了书写错误之外，P 男孩在记忆英文单词时，也如同他写汉字一般视觉错误，譬如 banana 这个单词，他会记成 banada。不仅在书写能力上存在明显的缺陷，他的记忆能力也非常弱，如同上文中述及的自闭症儿童小 G。他学习知识记得慢但忘得快，所以背诵课文也就很吃力，譬如《草原》这篇文章。当其他同学可以较为完整地背诵出来时，P 男孩则只能背诵其中的 1 或 2 句。相较于现代文，他背诵古诗就更为困难了。然而，颇为有趣的是，他背诵《回乡偶书》要比背诵《浪淘沙》所需要的时间明显短，且内容的准确率以及书写的正确率也明显好于后者。我们不妨对比《回乡偶书》与《浪淘沙》诗句的不同之处。唐朝前期诗人贺知章《回乡偶书》的诗句如下：

　　　　少小离家老大回，乡音无改鬓毛衰。
　　　　儿童相见不相识，笑问客从何处来。

中唐刘禹锡《浪淘沙》的诗句如下：

　　　　九曲黄河万里沙，浪淘风簸自天涯。
　　　　如今直上银河去，同到牵牛织女家。

　　《回乡偶书》中的少小、老大、鬓毛、相见相识、微笑、人、来去等都是视觉性的，且是近身性的视感；乡音是听觉的，也是近身可听的。因此，《回乡偶书》的诗句是紧扣可视、可听的日常生活叙事的写作。诗句即生活，它是近身性的生活叙事。相比之下，《浪淘沙》中的诗句"九曲黄河万里沙、浪淘风簸自天涯"却是远身性的，或者说是离身性的，因为它们是视觉的想象，而不是视觉本身。更重要的是诗人不是在写黄河、风簸本身，不是在叙述可视的、可听的生活事件，而是在写诗人对自身命运多舛、时乖运塞的生活的感受。诗人对贬谪且是一再被贬谪的命运感受在后两句中被点明、渲染、拔擢、升华，那就是诗人憧憬、向往美好生活的、不息的生命意志力量。所以，与其说九曲黄河是视觉性的，不如说是诗人在用"九曲"来暗指自身波折的宦官人生，用"浪淘"来暗喻自己不屈的高品之性。所以，刘禹锡的《浪淘沙》不是视听的亲感，而是高阶的认知。

　　《浪淘沙》对于该男孩的记忆挑战正如同他的同学们难以理解孟浩然的《宿建德州》一样。"移舟泊烟渚，日暮客愁新。野旷天低树，江清月近人。"这些原因不一的认知障碍儿童，丝毫不能理解这些被组合在一起的汉字在说什么。当授课教师告诉他们"渚"是水中一块陆地时，他们会继续发问"为什么要把小船停在那里？"他们也无法理解"天低树"是何义，以及"月亮怎么又离我们近了"等诗句。虽然他们之中有些孩子，譬如听障学生，能够理解"弯弯的月亮像小船"这样的明喻，因为他们借助"弯弯的月亮"与"小船"的视觉相似性来理解"像"这个词。授课教师又播放了与《宿建德州》诗句相配的视频：画面中一条小船缓缓驶向并停靠在水中的一块陆地上。那时，天色已近黄昏。一个人从船上缓缓走下并移步到那块陆地上；缓慢、迟沉的步伐显露出他愁绪的情怀。画面中的镜头被不断推远、推开，空旷辽远中极目远眺，天际低垂似与地平线交融，衬托出近处的树木高耸。日暮下的江水越发显得清凉，正是旷远的寂寥与如烟的草色使月亮与人更加亲近。月色与江水相辉相映，立身天地间的客人却成孤寒状。

　　视觉丰富又动态的画面似乎使这些特殊儿童"理解"了这些诗句，但那仅仅是诗句的字面意思，而不是这首诗的意思，即该诗的深度与广度。诵读诗歌不是理解诗词的字面意思，而是理解诗歌的意境。严羽说"夫诗有别材,非关书也;诗有别趣,非关理也。然非多读书,多穷理,则不能极其至。所谓不涉理路,不落言筌者,上也。诗者,吟咏情性也。盛唐诸人惟在兴趣,羚羊挂角,无迹可求。故其妙处透彻玲珑,不可凑泊,如空中之音,相中之色,水中之月,镜中之象,言有尽而意无穷。"[①]然而,这是一群神经损伤的孩子们,如果他们连字面之义都难以理解,又如何期待他们理解"羚羊挂角,无迹可求"的"意"呢? 林庚说"诗歌比起其他一切文学作品,都更是'语言的艺术',我们演一幕哑剧,可以没有什么语言,可是诗歌如果离开了语言,便将一筹莫展,虽然说画中也可以有诗,那究竟已是另外的一种艺术了。"[②]所以,这些孩子们理解文字,但无法理解诗的语言。他们在视觉性的画面中所理解的《宿建德州》已不再是诗歌了,而是视觉的动画,这正像我们看到的 P 男孩的同班同学 S 的绘画作品。S 是一位 14 岁自闭症青少年女孩。S 少年的绘画中只有直线而没有曲线造型,虽然图 71 中画有圆形,但那只是圆的形状而不是曲线造型。

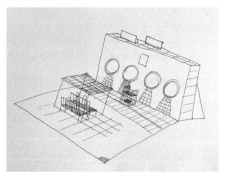

图 71　自闭症 S 的绘画

图 64 - 图 71 由淮北师范大学特教系"小雏菊"社会服务活动提供。

---

① 严羽:《沧浪诗话校释》,北京:人民文学出版社,1983 年,第 26 页。
② 林庚:《唐诗综论》,北京:商务印书馆,2020 年,第 84 页。

　　以上论述似乎又把我们带回到对视觉认知的探究中。事实上，无论是教师把思想视觉化还是把诗句图像化，目的都是让静止的、概念性的知识动起来并可视化。因为镜像神经理论让我们认识到视觉、动作与思想在神经－发生的层面上是不可分的，而对于空间有限的课堂教学来说，让思维活跃，让思想产生的最有利的方式就是创造概念、思想的可视化的空间，或使符号的文字以及抽象的概念成为视觉化的场景，而能够创造视觉化思想的最方便的可用性就是手势身姿的运用。"手势身姿能够示现大小、形状、方式、样式、位置、方向、顺序、数量，既是实义性的又是隐喻性的。他们能表明抽象的意义、心境、情感、评估、态度以及其他。通过使用空间定位、形式与运动，手势身姿与动作能够传达更丰富的意蕴。"①实义的、隐喻的多维性正是手势身姿的丰富的意蕴所在。试想，在讲解事件相关电位（*Event Related Potential*，简称 ERP）的课堂上，授课的白老师正在讲解脑皮层的脑电活动。突然间，她的话锋就转向了脑电与扣带皮层，两者也就被关联起来。这时的她需要向课堂说明什么是扣带皮层，以及它分布在大脑的什么区域。可是，概念性的"扣带皮层"对于学生太抽象；语言的解释力量难以企及。白老师立刻放下手中的翻页笔，双手握拳并在一起类如左右半脑的合并，然后，再分开，向全班示意仍在握拳的右手，并将内侧一面朝向全班。白老师用左手手指沿着弯曲的食指下侧画一个弧形的同时，说道"这就是扣带回"。抽象的概念在一个简易的手的姿态中被简明扼要地示现出来。这就是手势身姿的赋形力量，既是实义的又是隐喻的。再假如，一位物理教师在讲解物体的

————————
① Barbara Tversky, *Visualizing Thoughts*, Topics in Cognitive Science, 3 (2011), pp. 499—535.

旋转运动时,让自己的身体旋转起来,那对学生的亲感性认知与理解会具有怎样的冲击性。在这些课堂上,手势身姿的运用成为学生递进理解知识的最好的可供性。教师的身体姿势成为他人视觉化思想的空间场景,成为离身、骨干的概念的感性肉身。我们在一位生物学赵老师的课堂上看到的就是概念的骨肉相连的教学策略。在学习"神经元的结构及功能"时,"神经元"的形状、结构、功能等知识点对于学生来说是抽象的,尽管他们已经是高中生了。

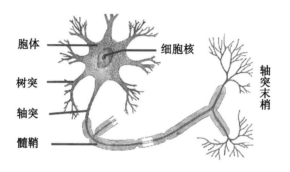

图 72　神经元结构图

虽然在课堂上赵老师呈现了神经元的结构图,但借助多媒体的视感知毕竟只是视神经的应感状态,即对神经元的感知是视网膜上的视锥细胞的应感能力,以及由视锥细胞的兴奋所引动的视神经的冲动。换言之,这种意义上的视觉感知是浅层学习。加扎尼加说"大脑不可能对诸如抓握、抛掷、跳舞的目视动作的视觉样式形成抽象的表征。"[1]因此,学生也很难深度加工 PPT 呈现的神经元的知识。为了深度加工所学的知识,赵老师要求学生们举起他们的胳膊,两手手指叉开,两手掌完全展平,掌心向前。左手手

① 　Michael S. Gazzaniga, Richard B. Ivry, George R. Mangun, *Cognitive Neuroscience—The Biology of Mind*, Fourth Edition, New York: W. W. Norton & Company Ltd, 2014, p. 364.

指代表树突(五个手指可表示为多个树突),手掌代表细胞体(又称胞体),两臂代表轴突,每个神经元一般只有一个轴突,衣袖代表髓鞘,右手手指代表神经末梢。如此,每一位学生自身的感性身姿就成为神经元的结构样式,身体成为意指性的符号,并投射出它的"神经元"的况味。同时,每一位学生也在视觉化认知他人的身姿,并在他人"神经元化的身姿"中直接理解神经元的构形、结构、功能与联结。微观的知识被宏观化,不可见的知识被直接可视化。

在讲到"脱氧核苷酸如何连接"这个知识点时,赵老师首先呈现脱氧核糖核苷酸的结构图如下:

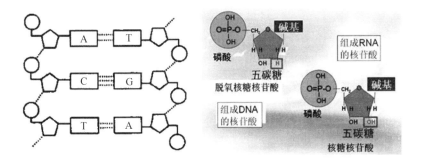

图 73 核苷酸分子结构图

为便于理解核苷酸的分子结构,赵老师首先要求一名学生站在讲台上并面向班级学生,右胳膊水平伸直,手掌伸开,掌心向前;左手拳头代表"磷酸基团",右手手掌代表碱基,身体代表五碳糖。赵老师并作图示如下:

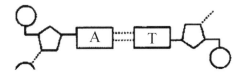

图 74 核苷酸分子结构图

但是,这是符号化的知识。怎样让学生深度感知这些抽象的符号的意指,以及理解符号与符号之间的关联关系与功能就成为教学的重点与难点。赵老师的授课方式颇具创意。首先,他邀请两位学生站在讲台上。然后,他向这两位参加演示的学生问道:如果要求你们两个手拉手,且手指要反向相扣,该怎样做? 学生很容易想到其中一位要面向全班,而另一个学生则要调整方向、面朝黑板。于是,当两个学生以相反的朝向并手拉手地并立时,这就是 A 与 T 连接的视觉图像。之所以要求两位学生手拉手且手指反向相扣,是因为双螺旋结构的基因的每条链上由若干相邻的碱基配对而成,并且碱基的配对遵循反向互补的原则,譬如, A 与 T 配对,C 与 G 配对;A=T 以及 T=A。当要求两个学生手拉手站立时,身体的姿势成为一种视觉符号,即 A=T,而手指反向相扣并立,也就把文字符号化的"反向互补"的思想认知转化为视觉性的"反向互补"的直接认知。于是,身姿就破解了思想的密码,打破了文字的束缚与限制,让意义涌现,即思想不是视觉的衍生物,而是伴随着视觉而来,与视觉共现。课堂上演示的姿势、动作不仅活化了课堂,使静态的课堂成为动感的场景,而且,动作化的身姿创造了一个图像世界,在这个图像世界里,枯干、抽象又孤零零的概念被重新排布,科学知识与感性的身姿在视觉中紧紧纠缠,并从感性的、表现性的身姿中再被萃取而出。赵老师把他的教学理念称为图像化的教学策略。

手势身姿的图像化教学策略会随着课堂教学内容的复杂性与难度而调整。比如,课堂教学对氨基酸结构的讲解。氨基酸分子结构如下图所示:

氨基酸的分子结构就如同一个伸直双臂的直立的人。赵老师

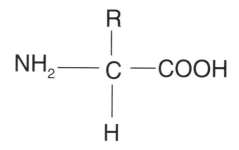

图 75　氨基酸分子结构图

的授课运用的正是这个分子结构的"象形"原理。他请一个同学双手自然伸直,以左手代表氨基(-NH2),右手代表羧基(-COOH),腿代表氢(-H),头也正好对应了 R 基。于是,我们看到一个形体立在了那里,但它亦是一个可见的氨基酸分子。因为姿势与身体同在,而姿势的符号意义是氨基酸分子的结构。在形体氨基酸中,视觉可视的对象不再是身体,而是"氨基酸分子"样式的身体的艺术表现性。阿诺德·贝林特在《艺术与介入》中说"姿势与平常的动作不同,它拥有意义;它是反映生命力量的表现性动作。当生动的运动或姿势是日常行为中的一部分时,它不是艺术。当动作与有目的的行为,与有目标的行动不同,并置于一个想象性的、虚幻的王国时,它才成为艺术。这里,姿态变成了一种符号形式,它脱离实际需要的控制。"①氨基酸分子样式的身体姿势的目的不是要让身体成为感性对象,而是要创造一个氨基酸分子样式的视觉空间,以影响、作用视觉感知,成为形象化的视觉记忆。构成生物体的氨基酸多达 21 种,但这 21 种氨基酸指示 R 基不同,其他都相同。这就如同千人千面的差异性。

　　赵老师又让两个同学手拉手,一位同学代表一个氨基,一个代

---

　　①　阿诺德·贝林特:《艺术与介入》,北京:商务印书馆,2013 年,第 209 页。

表羧基。手拉手表示两个基团相连。赵老师让两位同学手拉手，
表示的一个氨基酸的氨基与另一个氨基酸的羧基结合形成肽键，
脱去一分子水后形成二肽。这两个同学再与第三个同学手拉手，
即三个同学并排手拉手，这就是三肽。然后，赵老师再让十名同学
排在一起，并手拉手地并排站立，这就是十肽。十肽构成一条链就
叫做肽链。接着，又由十一名同学排为第二排。这十一名同学手
拉手就构成了另一条肽链。有些蛋白质只由一条肽链构成，而另
有一些蛋白质则由两条肽链构成。教师把不可见的原子、分子的
结构身姿化，并重新布置在视觉空间里，于是，离身、抽象、文字符
号的知识就被赋予了形体，形成直观、直接的视感冲动。

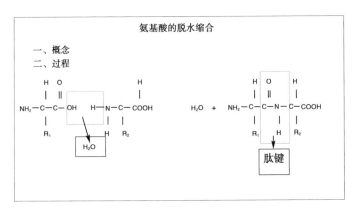

图76　氨基酸脱水示意图

图72到图76由淮北师范大学附属中学高中生物科学赵红波老师
提供。

　　赵红波老师把身姿化的课堂教学命名为图像化教学。虽然
"图像化"在他的观念世界里与模型建构相关，譬如，减数分裂或有
丝分裂模型建构，也就是以建构模型的方式来帮助学生理解概念，
把抽象的教学内容直观化，但他同样也把肢体的语言称为"图像
化"，即概念性知识的身姿化。因此，在他的课堂上，图像化就不是

借助多媒体工具简单地再现神经元、分子、原子的结构,而是让身体成为这些不可见知识的图像,赋予这些离身、干巴、抽象的概念以肉身的生命气息。于是,教学就成为一种探究用形体的姿势去创造视觉空间的一种艺术,为了是让身体的生命气息以及动力系统赋予抽象、干巴的概念以具体的形状,就像画家探究光、影、色、线条等造型元素的运用来创造性地赋予世界以具体的样式。梅洛-庞蒂说"艺术的准永恒性是有形存在的准永恒性;在对身体以及我们的各种感官的运用中,也是在身体以及感官把我们置于这个世界中的境遇里,我们获得了理解文化姿态的种种途径,这也是我们置身于其中历史的境遇。"①换言之,课堂上身体语言的图像化的运用是让当下的身体解码历史性符号的文化意义,并再体现出符号的当下作用——成为未来文化样式的历史记录。

课堂上以视－听方式学习抽离的概念就如同站在历史博物馆里的一方展柜的玻璃窗前观看一件孤零零的考古文物一样,我们知道它一定具有某一特定的历史意义,可是除了它的名称或形状之外,我们所获无几。为了能够理解孤零、疏离、抽干背景意义的概念,手势身姿的空间运用以创造直接、直观的视觉认知之外,课堂教学还要为它铺垫义脉相通的衢路,一如我们需要还原历史的场景,让考古文物诉说它自身的历史意义。内义交注的脉流,条贯统序的衢路就是概念与之筋骨相连的肉身。我们以《认知脑与学习理论》真实的一次课堂授课为例,示证筋骨相连的大学课堂教学。本次课堂时间为 90 分钟。这门课程也是作者主讲的一门本科生专业核心课程。此次的课堂学习主题是怎样把时空错位的神

_____

① 　Maurice,Merleaup-Ponty,*Signs*,translated by Richard C. McCleary,Northwestern University Press,1964,p. 70.

经科学家的神经－认知观的理论阐述贯穿连通,并在内义脉注中展开新理论的学习。课堂教学展开如下:

首先,以 PPT 形式呈现我们在图 40 中看到的婴儿神经成长的成像,并引出问题如下:

我们的心智水平与能力是由什么决定的?

经此引出神经科学家圣地亚哥·卡哈尔的神经学习理论,并呈现中译文 PPT 如下:

> 通过观察、对比脊椎动物大脑锥体细胞的轴突与树突的形态与相对丰富性,我们得出这个结论:心智能力以及它的最高贵的表达、才能、天才,并不取决于神经元的大小与数量,而是取决于连接过程的丰富程度,换言之,取决于短程或长程连接环路的复杂性。

其次,继课堂回答提示思维进展到对以下问题的思考:

你认为卡哈尔以后的神经科学家会研究什么?为什么?

继以课堂回答引出赫布突触学习理论,并由学生在黑板上画出赫布突触学习理论示意图,即本书第二章的图 21。然后,教师呈现赫布可塑性理论的中文幻灯片如下:

> 当细胞 A 的轴突与细胞 B 如此接近足以激活它,且不断重复或持续性地对细胞 B 放电时,某种成长过程或新陈代谢的变化就会在其中之一细胞或两个细胞中发生,以至于使细胞 B 放电之一的细胞 A 的效能增强。

如此,通过复习旧知识,再次把卡哈尔的理论与赫布学习定律

关的理论联起来,不仅巩固了旧知识,又在两者的理论之间建立了义脉流注的连贯性。更重要的是,它引出了通向新知识学习的路头:

1. A 与 B 之间的连接不是增强而是减弱了呢?
2. 为什么会出现神经元无法被激活的情况?
3. 功能弱化的神经元之间会再次发生连接吗?
4. 如果不会,会导致怎样的行为障碍发生呢?

以上问题就是诺贝尔奖获得者休伯尔与威塞尔的视觉神经研究的部分内容。任课教师呈现幻灯片如下:

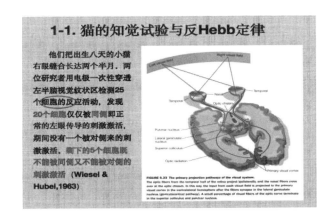

图 77 课堂所用幻灯片

借助图像、图片以及图文并茂的呈现方式,课堂教学就把休贝尔与威塞尔的遥远、抽象的研究过程视觉直观化。课堂继续提领思维疏阔思考以下问题:

5. 红色字体部分隐含了什么样的一个问题,而这个问题又是他们在继续展开目标性的科学研究工作时必须明确确定的一个问题?

教师提示课堂逐渐向下面这个问题接近:

他们发现的数个不能被激活的神经元是偶然现象吗?

再继续呈现幻灯片:他们又对 7 只小猫以及一只成年猫进行试验,并通过人为的手段使这些猫咪在不同成长时期产生视觉障碍,然后检测视觉神经元的功能,其中检测的数量也是各不相等。但实验结果均表明总有一定数量的神经元不能被来自双侧电流激活的情形。

如何解释这一现象?

随同该问题一并呈现以下问题:

1. 被同侧激活的这 20 个神经元,说明此类神经元具有什么样的激活条件?
2. 剩下的 5 个神经元既不能被同侧激活,又不能被对侧激活,那么,这类神经元的激活条件是什么?
3. 从激活条件来看,初级视觉加工区至少有几种类型的神经元?
4. 什么是发展的关键期?怎样理解?
5. 什么是视觉皮层神经元的前馈神经机制?

　　课堂由此进入分组、讨论环节,讨论时间为 20 分钟。讨论结果之一是引出赫布定律的反面现象,并由学生接近地表述出以下定律:

　　　　如果前突触细胞 A 反复且不断地未能激活突触后细胞 B,而细胞 B 因为其他前突触神经元的影响而处于放电状态,那么,其中一个或两个细胞之间会产生新陈代谢的变化,以至于细胞 A,作为使细胞 B 放电的神经元之一,效能会减弱。

　　在教师的提示、导引下,学生言语相接、认知冲突又合作地得出其他问题的答案:

　　　　1. 激活域限低,单侧神经脉冲即可激活这 20 个神经元;
　　　　2. 激活那 5 个神经元的条件是双侧脉冲的同时出现;
　　　　3. 从激活条件来看,至少有三种类型的神经元:对侧脉冲、同侧脉冲以及双侧脉冲激活的神经元;
　　　　4. 发展关键期是神经元以及神经元组成神经系统的发育关键期。神经元功能的弱化取决于受损时间的长短以及损伤程度。
　　　　5. 视觉皮层神经元只对应接受前一层(外侧膝状体)的神经元传导的视觉信息。

　　教师对以上问题做总结,继续以以下问题提领课堂,并组织课堂讨论:

　　　　1. 威塞尔与休伯尔两位神经科学家关于视皮层神经元

的功能得出了什么样的结论?

2. 你们认为这两位神经科学家的视皮层的前馈神经机制具有怎样的影响?

3. 当前自闭症儿童教学强调视觉认知。为什么?

在教师的语言、身体姿势的提示下,各题答案如下:

1. 当一只眼睛失去功能作用后,大多数视皮层的神经元变成单眼加工,有些只接受来自左眼的视觉信息,其他则只加工右眼的信息;视皮层神经元的激活的神经脉冲的同步性;视皮层神经元突触的配偶功效(conjoint survival);视皮层神经元具有功能特异性;

2. 视觉神经传导的前馈机制是卷积人工智能网络模型的理论基础;

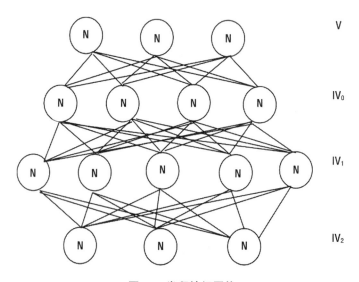

图78 卷积神经网络

之所以称之为卷积网络模型是因为它是卷积数学运算的运用,而其中涉及到的最重要的技术突破就是反向传播算法(Back-propagation)的引进。我们在上文中已有叙论。其中数学建模扮演着重要作用,但数学只是工具,卷积神经网络的深度学习模型的核心在于"神经知识",即休伯尔与威塞尔这两位神经科学家所揭示的视觉神经传导机制。这是该模型的原理性知识。

　　3. 充分利用自闭症儿童的视觉能力,疏阔、拓展他们的有限浸身能力。因为在视觉中,自闭症儿童就是在神经－学习、身体认知中。

至此,课堂知识点讲解基本完成。教师以手势进行提示性的课堂学习要点总结:

　　1. 两位神经科学家揭示出视觉皮层神经元活动方式,层级结构以及特异性功能 ;
　　2. 发现与赫布定律相反的神经元活动机制;
　　3. 休伯尔与威塞尔视觉学习理论启发了当代卷积神经深度学习人工智能模型。

不同于可见性的、手势身姿的图像教学策略与方法——在这种课堂上,譬如赵老师的课堂,学习者成为风景里的观众,这种教学方法是神经层面上的"身姿",它是不可见的,且是在教师言语指引下、动感拓开的"身姿"——学生自身就是"风景"。我们更愿意称之为内景,犹如神经成像的图像。这内景性的图像认知、思维本身。无论是可见的还是不可见的手势身姿的教学方式,它们的教学原理相同,都是以图像的肉身的图像方式拉开、推进教学。换言之,它们都是卡哈尔与赫布的神经学习理论的运用与综合,其本质都是耦合性的目标－导向与语言指引下的思维的拔擢与疏布,且是系统性的递进与展开。可是,我们在图像教学法的实践中看到的不仅仅是神经－认知这一学习原理,更是教师对教学的爱、热情、激情与投入,是教师对学生的责任与情华,是教师对知识的敬畏与守护。结括一言,育人是教师心实、真切的事业。在教师积极、温良的情感流布的空间里,学习者肉身的愉悦感性为神经认知开放了更宽的感知域限。"总体上,爱的情感广涉皮下－皮层组织,动机的、情绪的以及认知系统。认知系统包括多巴胺集中的脑区,诸如脑岛、尾状核、壳状核、腹侧被盖区、前扣带皮层、海马双侧后部、左额下回、左颞中回以及顶叶。这一发现加强了这个假设:爱比任一种基本的情感都复杂。"[1]认知从情本中由隐至显;情本是包孕认知的母液。教学是在感受、领会的化育中实现。这就是我们述略的情本教育观,用雅斯贝尔斯的话来说,教学的化育是"通过感领唤醒来达到的"[2]意义共享。在浸润的意义共享中,师生间是情感的互换与知识的、导引性地言语对接。

知性的濡化让未来从事教育的准教师在课堂教学伊始并贯穿教学过程中的,是他们耳濡目染的、积极的爱与信任的互通。这是他们受教的首要的经历与意义的沉积,既是个体性的又是社会性的,既是当下的又是未来朝向的。所以,我们不能够说教师的教学

① Michael S. Gazzaniga, Richard B. Ivry, George R. Mangun, *Cognitive Neuroscience—The Biology of Mind*, Fifth Edition, New York: W. W. Norton & Company Ltd, 2019, p466.

② 雅斯贝尔斯:《什么是教育》,邹进 译,北京:生活·读书·新知 三联书店,1991年,第13页。

风格并不影响教学结果,即便教学内容是形式逻辑的数学知识。
"在讲授和师生互动的教学风格之间并不存在显著的差异。值得指
出的是教学类型的效果对以上提到的、与颞上回－颞顶区活动相
关的教学的结果并不具有重要意义。"①作者得出这一结论是通过
近红外线光谱仪来实证调查讲授型、合作型、视频教学三种类型之
间与数学学习的关系来实现的。但不可否认的是,近红外线的光谱
效应是对大脑的血氧水平依存的描述与度量,是具体工作状态中的
神经系统的可观察、可量化的动作,它不是知识,也更不是感受性的
意义的指标。它甚至与程序性的知识无关,更不用说它与形式逻辑
的数学知识直接对应。知识,尤其是数学、逻辑知识,是思维的操
作,它在本质上是感性的神经系统的操作中的再操作,也就是皮亚
杰所说的思维的操作是从一种状态向另一种状态的转变。认知神
经科学的种种尖端技术让我们窥见了可测量的神经动作,但它的再
动作或者说再操作,即皮亚杰命名的"反身抽象"却是不可见的,也
是不可测量的。因为皮亚杰说反身抽象是动作的协调。

　　虽然大脑的结构以及它的各构成部分的性情先天地决定了个
体学习数学、逻辑的能力,可是,外在的因素诸如教学风格、教师的
态度与亲和力、学生个人的意志力、目标定位、兴趣爱好等都将对
数学知识的学习产生持续且深远的影响。我们更应该说学习者的
情感体验更具行动的意义。因为意志性的情感是行动的源头与坚
持的力量。而这些不可能成为近红外线光谱仪等技术工具测量的
对象。再者,即便是纯粹形式化的、抽象的知识,学习者的学习都
是在教师指导下的意义的生成。威廉·詹姆斯(William James)

---

① Lifen Zheng,etc. *Enhancement of teaching outcome through neural prediction of the students' knowledge state*,Human Brain Mapping,39(7),2018,3046—3057.

说"无论多么抽象,没有可被感知的真理不会在某一时刻不对我们在世的行为产生影响。……正像我现在说,你们在听,似乎并没有什么动作紧接着发生。你们或许认为它是纯粹的理论过程,没有实际的效用。但是它一定产生了有用的效果。你们听了今天的讲座却对你的行为不产生影响,这是根本不可能的。即便影响不在当下,那也一定是在将来的某一天。将来的你们会对今天的思考给出完全不同的答案。"①隐含在詹姆士这段话的另一层意义则是不同教师的讲授因为风格、背景、个性以及知识结构的差异对学生当下以及将来的行为的影响也不同。但无论怎样,它们都会在学生的当下以及未来的生活中生成意义。这种内隐的感知正是因为我们是情本的存在,且这内隐的感性在日积月累中扩展、丰富肉身的图像,重组肉身的我们的存在的历史与应感的结构,支撑我们理解知识以及生活的能力并使之厚实。

如果教育是情之教化,那么,学习者所要学习的内容,即知识,就从来不是孤零零、干瘪的骨架。概念化、抽象性、边界清晰的知识体系总有它的母液,即它的历史或现实生活的关联域。在情本的教化之教育中,教师不是把形同骨架的知识直接呈现,也不以此为目的。而是把它们回放到从中抽绎出来的母液中。达特茅斯学院人类学教授 Sienna Craig 会在其人类学课堂上讲解人类学家马林诺夫斯基、摩尔根或舒尔茨等人的理论,这也是人类学知识学习的必需,但课堂上的理论学习并不是获得知识的优越条件,封闭式的课堂也不是获取令人满意的人类学知识的渠道。相反,每经过一个时段的课堂理论的学习,Craig 教授会带领学生在达特茅斯学院的人

---

① William James, *Talks To Teachers*, New York: W · W · Norton & Company, 1958, p. 35.

类学展览馆里上课。在这个展览馆里，陈列着来自世界各地的物件，图画的、饰品的、服饰的；海洋的、陆地的；日常的、祭祀的；历史的、当下的等实物。师生在解说员的帮助下，共同领会人历史的以及现实性的人类活动。实验室内，学生们通过对阿拉斯加的祭祀、澳大利亚的土著、中东蒙面人的服饰、印第安人的风俗或其他地区宗教文化的实物的讨论、分析、总结，来补充课堂上抽象的理论难以实现的触摸感的领悟。这种领悟不是通过单纯性地观看，也不是聆听讲解员单方面地讲解，而是在历史、文化的再现讲解中，借助向文化实物提问、猜测、假设、推理、对比等口与手的活动、身与心的协同，并在分组合作与讨论、辩论、争鸣中实现心通。心之感通固然需要大脑的不同区域的合作，但它更是以身介入的操作、磨合的肉感的深度加工。认知神经科学告诉我们，大脑不仅是功能性地分区，它还是多通道地联觉，譬如我们的丘脑就是实现感觉的衢路交通的枢纽组织。事实上，上丘、颞上回、顶叶、前额叶以及海马等脑区都是多通道的加工模式。传统上，被我们视为是功能特定性的脑区实际上也是联觉的。"当视觉刺激接近与触觉刺激对应的脑区时，对ERP 的最早期成分的分析表明视觉感知被加强。"[1]更为重要的是"大脑更可能是处理多通道的信号而非单通道的信号。"[2]

因此，学生在人类学展览馆里的学习所运用的视觉、听觉、触觉、运动觉、自由行动的动感以及对话、交流的语言，就远比课堂上的神经活性要强烈。然而，多感官地接受这些感觉信息的感官并不是物理属性的通道而是这块肉身的存在样式，所以联觉不是大

<hr>

① Michael S. Gazzaniga, Richard B. Ivry, George R. Mangun, *Cognitive Neuroscience—The Biology of Mind*, Fifth Edition, New York: W. W. Norton & Company Ltd, 2019, p. 208.

② Ibid., p. 207.

脑的联觉而是肉身在被浸渍。这是肉身的历史的记忆。迈克尔·加扎尼加等人说大脑的感觉系统加入到对外在环境的重构。的确如此,但这仅仅是在中枢的意义上,即我们的"精神"状态是一个有序、整全的一体,而不是分裂的状态。我们并不是在大脑多通道的感知模式中重构我们对世界的感知与理解,而是在皮层、皮下组织、单通道以及多通道联觉、协同的作业中,经过时间性地浸身,以及身心共同介入的操作,转化概念论的、无骨少肉的、抽象的知识为肉身的经络与纹理。换言之,知识必须被肉身化而不仅是大脑的多通道化。这就是深度学习。

　　浸身性的深度学习并不是卷积神经网络人工智能意义上的深度学习,尽管神经系统从可见层到不可见层的纵向递进的逐层迭代是深度性的。因为我们的视觉本身就是深度的。它的深度不仅仅体现在双眼视差导致深度视感的自显,也体现在构成视觉的传导机制本就有深层次的。视觉的低级路线,也即视觉的深度传导路线,在生命的应急时刻刹那显豁它的重要性。这就是感性的、情绪的肉身对自身的保护机制。卷积神经网络模型就是对不可见的视觉模型的可见性的模仿。然而,浸身性的深度学习不是实证化的,而是达玛西奥的肉身标志意义上的,是历时性的身体的感知。所以,达玛西奥再此申明他的肉身情绪观,即"情绪是身体与神经系统彻头彻尾地同步并相互作用的现象。"[①]"情"是肉身存在的维度。因为肉身是历史的、文化的、制度的、风俗性的,所以,肉身才能成为他所说的"标志"。情感、情绪的肉身不是达玛西奥的初创文意,而是钩沉的达尔文的影子。当然,达尔文的情绪理论也有它

---

① Antonio Damasio,The Strange Order of Things,Pantheon Books,2018. p. 128.

直接的启示录,这就是英国生理学家查尔斯·贝尔的神经机制情绪观。我们在上文中均已述略。上承查尔斯·贝尔的达尔文又开启了查理斯·谢灵顿的情绪观。有趣的是,谢灵顿的名字反复出现在赫布的著作中,而赫布的突触学习定律又出自他在彭菲尔德的实验室的工作。如此承续与循环,我们也就不难理解情感的肉身观最终在达玛西奥的著作里章条纤曲、详备成文。

因为我们就是我们感性的肉身,也因为这感性的肉身能"曲直繁瘠廉肉节奏",所以,我们是籍着这感性、情本的肉身认知与学习。杜威说"老师通常要求孩子们带着情感阅读,为的是产生意义。"[1]带着情感阅读也就是阴阳顿挫、缓急应节地阅读,这是肉身的韵感与节序。虽然认知神经科学告诉我们前额叶、边缘系统、海马、杏仁核、眼窝皮层等与我们的情感、情绪相关,但是,我们并不能说海马、杏仁核或脑干的生理现象就是爱或恨,我们也不能说活跃中的脑皮层的血氧水平依存就是意义。情感与意义是活生生的人的生存体验与存在状态,这就是我们所说的心、身与脑的肉身结构一体的意义。实验室与课堂之间永远都类如试验样本与生活场景之间的差异。如此,我们就不能期望在实证研究的成果与知识的学习之间建立"从实验室到课堂的无缝的流动",[2]正如安瑟瑞·丹尼尔(Daniel Ansari)与蔻奇·唐娜(Donna Coch)教授的批判,因为"这些期望既不现实,也破坏了构筑教育与神经科学之间有用连接的努力。"[3]脑的工作机制、状态与知

① Dewey, *Democracy & Education*, Martino Publishing Mansfield Centre, CT, 2011, p. 167.

② Daniel Ansari and Donna Coch, *Bridges over troubled waters: education and cognitive neuroscience*, TRENDS in Cognitive science, Vol. 10, 2006, p. 146.

③ Ibid., p. 146.

识的形式、类型、层级之间并不是因果关系，更不是从脑到知识的直通车的对应效应，而是一体两面的体现性。如果实证研究告诉我们可以通过观测脑电波的差异性来判断孩子是在香港地区还是在大陆学习的数学，正如董奇教授的例证，那么，我们从这个案例看到的恰恰是教育、教学方法的分殊是对教育依托的文化背景的示证，且通过教育者的文化素养、教学理念以及价值取向的伦理观例证出来，正如同我们的每一个客观性的动作都不是外显的孤立，而是体现着文化并在视觉文化提供的环境与氛围的母液中发生。

不可否认，大脑结构的健全是我们常态的言语与行动的枢纽。但我们并不仅仅只是大脑，而是结构性的肉身一体，是活生生的人，是时时刻刻在感受着的真实个体。这也正是贝内特与哈克的洞见。"情绪不能说成已进化为'脑的状态或身体的反应'。确切地说，是脑的进化使动物能对它们所关注的东西做出情感性的反应。情绪进化为动物对环境的特性（相关的环境特性被认为通过这样那样的方式影响动物的利益）的反应。脑的状态（这对感受情绪必不可少）和身体反应（这可以体现某种情绪扰动的特征）都不是情绪。它们缺乏主要由情绪构成的有意性或'关于某种对象的直接性。'要描述某种具体的情绪，某人不可能只提及脑的状态或身体反应，而不涉及它们产生的环境、相关知识或信念，以及人的希望或愿望。"[①]贝内特与哈克的批判不可不谓锋颖入骨。情绪、情感不是身 - 脑的反应，而是以感性的肉身存在的人的在世方式与状态。所以我们难以苟同这样的观点，即"当我们感到幸福的时

---

① 贝内特、哈克:《神经科学的哲学基础》，张立 等译，杭州:浙江大学出版社，2008，第217页。

候，不是一个抽象的概念，而是跟脑的认知加工以及相应的体验及其所对应的特定神经活动网络相关。"①把幸福感还原为大脑、神经系统的激活模式无法回答我们为什么有幸福感。更进一步地说，如果幸福感与特定的环路相关，而大脑的这些特定环路一定不是个性化的，而是普遍性的——因为脑科学处理的不是特异性的脑，而是一般性的脑的结构与机制。如此，那么，为什么相同区域、环路的激活，而我们的幸福感却不同甚或相反。正如同加扎尼加等人所指出的那样："确切地说出让我们感到幸福的原因并不容易，所以，这是具有挑战性的情绪研究。研究幸福所使用的种种方法涉及到让被试看幸福的面部表情，看电影，或者尝试引发幸福情绪的其他不同的方法，但是，这些方法的可靠性、可信度却并不一致，甚至各研究之间也不具有可比性。……忧伤与幸福在杏仁核—海马区域的激活是相似的，并延伸至海马旁回、前额叶与颞叶、扣带回前部、楔前叶。"②还原论可以告诉我们忧伤的或幸福的情感环路是这样的或那样的，但却无法回答为什么相同的情景下而个人的幸福感却不同。

脑科学的最有利的优势或许在于，当我们面对一个认知或行为障碍的个体无法确定原因时，比如一个儿童被误诊为自闭症然而实际上却是脑损伤所致，它也可以帮助我们一窥脑内，定位病灶，并根据脑科学的知识来设计针对性的教学项目。但是，脑科学永远不能知会我们某一部分脑区的活跃是数学的、逻辑的知识，或另一部分的激活是幸福感的体验等。瓦尔特·格列

---

① 董奇，《学生学习的脑科学进展、启示与建议》，教育家，2018年第28期，第9—12页。

② Michael S. Gazzaniga，Richard B. Ivry，George R. Mangun，*Cognitive Neuroscience—The Biology of Mind*，Fifth Edition，New York：W. W. Norton & Company Ltd，p. 466.

农（Walter Glannon）说"通过表征身体的状态给脑以及作为完整的这个有机体，肉身的标志就在皮层已经存储的先前经验的记忆和由杏仁核、海马以及其他边缘系统调节的这些经验的情感之间形成了联系。因此，情感不能还原为神经过程。"①在最彻底的意义上讲，我们不能被还原为我们的大脑，我们也不是我们的大脑。相反，我们是格列农所说的"大脑、身体与心灵——一张人脸的神经伦理学"意义上的人。但为了克服实证科学还原论意义上的情本肉身的概念，以及情本与认知的关系，我们还要转向中国岁月绵邈的古来文明，淬取身心一体的浸身认知精要。

3. 浸身性中国文化与浸身认知教育学

兰波斯·玛拉傅斯（Lambros Malafouris）在 *How Things Shape The Mind* 一书中说"虽然神经科学的确是无以堪比的向导，使我们识别了神经结构和网络的精密复杂的环路与连通，正是这些结构与网络支撑了我们的认知活动。但我依旧找不出理由来相信神经科学能够揭示构成我们心灵之种种材料的位置与起源，以及自我是怎样形成的。如此，我们又在何处寻找心灵？我们又该怎样停止以二元论的方式思考心灵与世界的关系？我想强调的是我们要超越肌肤的边界，跨越时间的尺度来看物质文化是人类心灵的基础。"②我们不能像看到身体那样看到心灵，可是，我们却

---

① Walter Glannon, *Brain, Body, Mind: Neuroethics with a Human Face*, New York, Oxford University Press, 2011, p. 16.

② Lambros Malafouris, *How Things Shape The Mind*, Massachusetts Institute of Technology, 2013, p. 4.

能在身体的样式中看到心灵,譬如,维特根斯坦所说的"人的身体是人的灵魂的最好图画。"①在身体与世界交往的物质文化中看到心灵,比如,我们处于科技时代的心灵样式。我们也可以仅仅根据物质文化看到心灵的样式,譬如,我们在图 12 中就能够"看到"王维文气诗性的心灵。所以,兰博斯说"从物质介予(material engagement)的观点来看,认知没有界域。心灵无疆。认知不是'内在的';认识是相间的。"②兰博斯的物质介予心灵观与我们以上述论的浸身认知观相同。浸身认知观主张知是身之识,学是以身介入地浸身发生。在西方,物质介予认识论是经过了现象学身体哲学之后产生的。可是,浸身认知观却一直贯穿在中国文化的义脉之流中。

我们首先来看经典中手感形式的知识论述。《列子·汤问篇》记载了郑师文学琴的故事:

瓠巴鼓琴而鸟舞鱼跃,郑师文闻之,弃家从师襄游。柱指钩弦,三年不成章。师襄曰:"子可以归矣。"师文舍其琴,叹曰:"文非弦之不能钩,非章之不能成。文所存者不在弦,所志者不在声。内不得于心,外不应于器,故不敢发手而动弦。且小假之,以观其后。"无几何,复见师襄。师襄曰:"子之琴何如?"师文曰:"得之矣。请尝试之。"于是当春而叩商弦以召南宫,凉风而至,草木成实。及秋而叩角弦以激夹锺,当夏而叩羽弦以召黄钟,霜雪交下,川池暴沍。及冬而叩徵弦以激蕤宾,阳光炽烈,坚冰立散。将终,命宫而总四弦,则景风翔,庆

①　维特根斯坦:《哲学研究》,北京:商务印书馆,2012 年,第 272 页。
②　Lambros Malafouris, *How Things Shape The Mind*, Massachusetts Institute of Technology, 2013, p. 85.

云浮,甘露降,澧泉涌。师襄乃抚心高蹈曰:"微矣子之弹也!虽师旷之清角,邹衍之吹律,亡以加之。彼将挟琴执管而从子之后耳。"①

郑师文跟从瓠巴习琴三年却指下不成曲,并解释是"内不得于心,外不应于器。"《注》说"心、手、器三者互应不相违失而后和音发矣。"②作为器的琴有其性,习琴是手习得其性以化转手之性,使不应器的手能够动弦而感物,音发而通天。介入性的手把心、器通联,心、器在手的动作的界面中中和。钱锺书解释"夫手者,心物间之骑驿也,而器者,又手物间之骑驿而与物最气类亲密者也。"③钱锺书的这段法语引文很容易让人把手理解是实体性的,如同古希腊哲学家的观点。而法文作者的比喻,即作为骑驿的手——中转的作用,似乎又更突出了手的作用只是它的实体性的功能。工具性的手对于西方学者并不陌生,亚里士多德在其多本著作中多次极意陈词这个概念。在《动物四篇》中,亚里士多德说"手就不该看作是一个简单的工具,而是多样的工具;因为事实上,手才是优先于诸多工具的工具。"④在《论灵魂及其他》中,亚里士多德再次归结"手是[能运用]诸工具的一件工具。"⑤然而,钱锺书又说"自心言之,则发乎心者得乎手,出于手者形于物;而自物言之,则手以顺物,心以应手。一艺之成,内与心符,而复外与物契,匠心能运,而复因物而宜。心与手一气同根。"⑥手非实体功能性的手,而是与

---

① 杨伯峻:《列子集释》,北京:中华书局,2013 年,第 183—185 页。
② 同上书,第 184 页。
③ 钱锺书:《管锥篇·卷二》,上海:生活·读书·新知三联书店,2015 年,第 774 页。
④ 亚里士多德:《动物四篇》,北京:商务印书馆,2010 年,第 201 页。
⑤ 亚里士多德:《灵魂论及其他》,北京:商务印书馆,第 166 页。
⑥ 钱锺书:《管锥篇·卷二》,上海:生活·读书·新知三联书店,第 775 页。

心同气相连。手可见,心不可见,但心之样式可以从手的动作中显见。物不是独立于心之外的实在,而是手之性的物,是心手之物。所以,物不与心手相对,而是等待手去触摸的远亲。气化之心手观就把中国哲人的手论与西方哲人的手论殊分开来。

艺成之前,郑师文心手相措、手琴违和,所以,郑师文说"所存者不在弦,所志者不在声。"手、心、器相失相左,郑师文不敢发手动弦。艺成之后,郑师文手叩琴弦,指下声鸣:于春日而生南吕之音,故有秋凉之至;于秋日而生夹锺之音,故有温徐而来;于夏日而生黄钟之音,故霜雪相交;于冬日而发蕤宾之律,故行炽烈之炎。南吕、夹锺、黄钟、蕤宾乃是音之律;春、夏、秋、冬则是天之节;秋凉、温徐、霜雪、炽烈是身之感。艺成之手在得心应器的动作中重新打开了一个时空——身感的时空。所以,郑师文说"得之矣。""得之"是肉感的手得。

郑师文通过把手介入到习琴的操作中习得了弹琴的知识。《大佛顶首楞严经·卷四》说"琴、瑟、箜篌、琵琶,虽有妙音,若无妙指,终不能发。"[①]习琴是手指与琴弦时间性的交织、交错,砥砺翻移,迁转会通。苏轼《琴诗》说"若言琴上有琴声,放在匣中何不鸣? 若言声在指头上,何不与君指上听?"[②]郑师文通神之琴声来自他的手与弦织结为一体的气韵,来自他尽其灵性的肉感的手气,并含琴之性于肉感的动作中。在郑师文天手—弦中,已没有琴、手的分界,因为琴是手性之琴,而手也是含有琴性的手。《文心雕龙·声律》说"弦以手定"[③]即是此理。同样,我们也无法区分哪里是郑师文的身,哪里是郑师文的心,因为当手动音作而有凉风霜雪至时,那手既是身

---

① 宣化上人:《大佛顶首楞严经浅释》,南京:金陵刻经处,2009 年,第 406 页。

② 苏轼:《苏东坡全集》,北京:燕山出版社,2009 年,第 2725 页。

③ 刘勰:《文心雕龙》,杭州:浙江古籍出版社,2011 年,第 119 页。

又是心。这就是《列子》中泰豆氏所说的"得之于足,而应于心"的道理。泰豆氏向造父解释驾车"曩汝之行,得之于足,应之于心。推于御也,齐辑乎辔衔之际,而急缓乎唇吻之和,正度乎胸臆之中,而执节乎掌握之间。内得于中,而外合于马志,是故能进退履绳而旋曲中规矩,取道致远而气力有余,诚得其术也。得之于衔,应之于辔;得之于辔,应之于手;得之于手,应之于心。则不以目视,不以策驱……迴旋进退,莫不中节。"①如同习琴是身手介入到琴性中的相磨相合的指感,而指感亦是心,学习驾车亦是手足之练才,因故,泰豆氏的"得之于手,应之于心"的手性也就是他的心灵。兰博斯说"在这样情境性的动作背景中,具身心灵的边界并不仅仅由身体的生理性来决定,它还由物质现实的种种局限性以及可供性来决定。心灵与这种物质现实构成性地交织在一起。"②

泰豆氏的足、手与衔、辔、绳的相砥相砺、相磨相合就是浸身认知。郑师文把身、心、手借给了琴具,其手习得了弹琴;造父把身、心、手、足借给了驾车,他的手、足学会了驾车。这是郑师文、造父的浸身学习。钱锺书评"《列子》言心、手而及物,且不遗器,最为周赅。"③"周赅"的深层含义在于心、手、器、物的并举是时间的树立。然而,对手、物、心、时间并举的浸身认知描述最为周赅的是庄子。在《庖丁解牛》故事中,我们读到庖丁解牛的过程如下:

> 庖丁为文惠君解牛,手之所触,肩之所倚,足之所履,膝之所踦,砉然向然,奏刀騞然,莫不中音。合于《桑林》之舞,乃中

---

① 杨伯峻:《列子集释》,北京:中华书局,2013 年,第 194—195 页。

② Lambros Malafouris, *How Things Shape The Mind*, Massachusetts Institute of Technology, 2013, p. 66.

③ 钱锺书:《管锥篇·卷二》,上海:生活·读书·新知三联书店,2015 年,第 775 页。

《经首》之会。

　　文惠君曰:"嘻,善哉! 技盖至此乎?"

　　庖丁释刀对曰:"臣之所好者道也,近乎技矣。始臣之解牛之时,所见无非全牛者。三年之后,未尝见全牛者。方今之时,臣以神遇而不以目视,官知止而神欲行。依乎天理,批大郤,导大窾,因其固然,技经肯綮之未尝,而况大軱乎! 良庖岁更刀,割也;族庖月更刀,折也。今臣之刀十九年矣,所解数千牛矣,而刀刃若新发于硎。彼节者有间,而刀刃者无厚,以无厚入有间,恢恢乎其于游刃必有余地矣。是以十九年而刀刃若新发于硎。虽然,每至于族,吾见其难为,怵然为戒,视为止,行为迟。动刀甚微,謋然已解,如土委地。提刀而立,为之四顾,为之踌躇满志,善刀而藏之。"①

　　庖丁解牛经过了三个阶段:始;三年之后;方今之时。庖丁最初面对一头牛时,不知该从何处下手。不知从何处下手也就是不知怎样用刀、下刀,循着牛的机理去解牛,这是"所见无非全牛"之谓。从最初操刀的手触、肩倚、足履、膝踦的眼慢手拙,经过三年的锻年炼月、琢刀磨手的功夫后,庖丁举刀时看到的已经不是一头全牛,而是直刀进入牛身的空隙与理间。再经过日复一日的手触、肩倚、足履、膝踦的操作,牛身的构造在庖丁的手、刀的动作中显现出来,以至于庖丁无须用眼睛刻意察视以监督手的动作,手即自发地随应动作切分牛身。从开始至三年再至十九年,庖丁的手、肩、足、膝与牛的交织日渐深入,这就是深度学习或深度认知的发生,以至手的"神欲行"的动作流形而出。向秀注"从手放意,无心而得,谓之神欲。"②

---

　　① 郭庆藩:《庄子集释》,北京:中华书局,2017 年,第 125 页。

　　② 同上书,第 126 页。

"从手放意"就是一种"意"从手的动作中流泄。用詹姆斯的语言来说,庖丁意动的手就是习惯性的行为;用本杰明·利贝特的语言来说,庖丁解牛的手就是自发、内源性的动作。故此,"神欲行"也就是手、刀、牛在习惯性的动作中形成的闭合神经环路,以及每次庖丁的手尚未动作、但相关的神经环路已经先行兴奋的"预备电位"的发动。因为是自发的、内源性的,故被称为无心之"意",所以"意"与"心"无关,简单地说,即与现代人所说的有意注意的意识活动无关,而是身体的意识。手随着这种"意",即身体的意识的自发而动,无为但已为之,庄子把这不为而为之的手感称为手之技艺。则技艺指归的是动感流形的手的操作性的动作与状态。在手感流形的动作中,手、刀、牛被连为结构性的一体。事实上,能够帮助我们建立与世界的"神欲行"的动作关系才是我们真正的手。

浸身认知即身体学习。手感身知观一经阐发,后世顺流而作,振绪扬风。《艺文类聚》叙齐王僧虔《书赋》是"手以心麾,毫以手从。"[1]挥翰运毫、执笔挥书是手从心命,笔随手动,锋从腕转。笔毫游走于点横之间,或柔或刚,或分锋或合势。然而,运笔发迹无非肤肉之俊秀、肌腱之壮美。唐代张怀瓘《书断》说"力在字中,下笔用力,肌肤之丽。故曰:势来不可止,势去不可遏,惟笔软则奇怪生焉。"[2]笔毫虽柔弱无骨,却势健如骨,循体立形。可"肌肤之丽"的势来势去是如何可能的呢? 唐代张彦远《历代名画记》论"书之体势,一笔而成。气脉通连。隔行不断。"[3]故僧虔所说的"手从心麾"的"心"是"气脉通连",而"势"亦是气脉之发如矢飞动。南宋邓椿《画继》又论"千丈之姿,于用笔之际,非放字亦不能辨,至东坡又

① 欧阳询:《艺文类聚》,上海:古籍出版社,2020 年,第 1899 页。
② 张怀瓘:《书断》,杭州:浙江人民美术出版社,2020 年,第 8 页。
③ 张彦远:《历代名画记》,北京:美术出版社,2004 年,第 23 页。

曲尽其理。如始知真放本细微,不比狂举生客慧。当其下笔风雨快,笔所未到气已吞。"[1]"毫以手从"的手非物性的手,而是气之运;毫也已非毫,而是气之势。书不是客体之独立,而是气脉之性。从毫来看,书是心手之气象;从手来看,书是即手即心。心、手、器是一气之贯注,一脉之通连。气脉论的手与器的关系,进一步地把中国文化的特质与西方文化品性的差异甄陶而出。

　　手感身知观在西方文化语境中也有深刻地阐发,比如海德格尔的"上手状态。""'上手状态'(Zubandenbeit 这个单词的英文表达)是海德格尔在他的本体论中使用的一个术语,用来指明一个根本的,也的确是始源的存在样式。根据海德格尔,世界主要地是由'手性的存在'构成的;'手性'处于他所言称的'存在论分析'的中心。对于海德格尔的《存在与时间》来说,世界是 Da－sein 或此－在'上手状态'的关联,包含在此－在中,经由并向此－在展开,而根本不是传统意义上的'客观显现'的集合,并构成了科学的实在的世界,没有差异的、各不相关的客体。世界不是一堆无意义的物质,或离散孤立的客观实体,而是在上手状态中体现出来的意义网络。"[2]海德格尔关于"上手状态"举的一个最著名的例子是对锤子的使用。锤子不是独立的客体,即便是对于一个不会使用锤子进行捶打的人来说。因为当他看见这把锤子的时候,他知道这是一把用具,用海德格尔的语言来说,这是一个"为了作……的东西。"[3]换言之,这是有可能被使用的用具。一旦它在日常生活中被使用起来,且越来越多地使用,他的手

---

① 邓椿:《画继》,北京:人民美术出版社,2016 年,第 115 页。

② Raymond Tallis, *The Hand—A Philosophical Inquiry into Human Being*, Edinburgh: Edinburgh University Press Ltd,2003,p. 3.

③ Martin Heidegger, *Being and Time*, Harper&Row Publishers Incorporated, Translated by John Macquarrie & Edward Robinson,2008,p. 97.

也越来越适应锤子的结构与用法。锤子也就越来越称手;手也在使用锤子的操作中与锤子连为一体。"锤本身揭示了锤子特有的'称手'。用具拥有的特性——以它自身存在的方式示现自身,我们称为上手状态。"①在"上手状态"中,锤子"抽身而去。"抽身而去的锤子是因为手已经习得了怎样使用锤子;锤子作为用具是由手用之所用的称手的动作体现出来的。锤子在结构上被关联起来并成为手的一部分。不仅如此,手对锤子操作时所关联的被捶打物,以及由此相关的关联物一并在操作活动中显现出来,这是由锤子所勾连的世界在操劳的动作中呈上指头。"上手状态"与"抽身而去"的具身认知使中西哲人在人与世界的身体关联上殊途同归。

但是,"上手状态"的身物一体是西方哲学遭遇主-客二元深度分裂后的弥合。它于二十世纪上半叶发轫,经现象学家的思想接力而发为壮观之潮。斯蒂文·罗森(Steven M. Rosen)说:"在整个西方哲学中,只有本体论现象学表现出了这样的兴趣:追踪存在与生成的悖论(主体与客体,同一与差异等等)一直到生活世界之根。不是简单地消除这种模糊性,相反,本体论现象学有意识地体现了这个悖论,并把它转化成模糊暧昧的肉身……现象学运动的根是十九世纪存在主义思想家的学说。这些思想家是索伦·克尔凯郭尔、弗里德里希·尼采、费奥多尔·陀思妥耶夫斯基。现象学运动经过主要人物的学说而演变成大陆哲学:埃德蒙德·胡塞尔、马丁·海德格尔、莫里斯·梅洛-庞蒂。在这本著作中,我们将集中于后两者的本体论现象学。正是本体-现象学深度质疑了二分法:客-体-立-于-主-体-之-前。"②安迪·克拉克(Andy Clark)同样高扬了"上

---

① Martin Heidegger, *Being and Time*, Harper&Row Publishers Incorporated, Translated by John Macquarrie & Edward Robinson, 2008, p. 99.

② Steven M Rosen, *Topologies of Flesh*, Tthens Ohio: Ohio University Press, 2006, pp. 22—23.

手状态"的海德格尔与具身认知观的梅洛-庞蒂。"心灵的形象作为内在地与身体、世界与行动相互交织已经表露在马丁·海德格尔的《存在与时间》(1927)中,而在梅洛-庞蒂的《行为的结构》(1942)中被表述得更为清楚。"①相比较当代现象学曲折又繁冗的知识具身原理的发展进路,中国哲人自战国时期就以论文叙笔的体知知识观标举了中国文化的殊采。体知知识观并舒布流播于历代典籍中。古人知会我们知识不是概念性的,而是以"得之于手"的身体形式体现出来的。学习是身体介入到学习过程之中,并经由身体的动作转化、示现出来,即浸身性的操作学习。

庖丁的手在操刀分解牛身时,动作快慢有度,缓急有节,故声合宫商,音谐雅调,如同郑师文抚琴操弦之手。换言之,此情景中的手、肩、足、膝早已相互默契,相互协调,以至于全身动感的节律是"桑林之舞,经首之会",如同祭祀仪式活动时巫师舞步之踩点,歌诵时声调之合拍。庄子说在这种状态中惟有庖丁游刃的动作,或者说,这时只有一种状态,即"游"。置身其中的庖丁没有关于牛的意识,因为牛身之理已内具于手的动作中;庖丁也没有关于自我的意识,因为自我意识即是那声合宫商的动感。或者说,这个"游"的动作即是"我",是"我"作为一种活动机制、活动样式在活动中。毕来德说"庄子赋予了这一词汇一种哲学的意涵。而在这一意义上,'游'指的是一种活动的机制。意识在这一机制中由于脱离了一切外在的任务,只是观看我们自己内部所发生的活动。"②在"游"的状态中,对象化的意识消退无痕,身心在操作过程中完全合一。

---

① Andy Clark,*Being and There*：Putting Brain,Body and World Together,Boston：Massachusetts Institutes of Technology,1997,viii.
② 毕来德:《庄子四讲》,北京:中华书局,2009 年,第 57 页。

身、心、物一体之"游"的知识结构既是浸身性的,又是时间性的,这也是庄子标举三个阶段的原因。庖丁十九年的操刀实行也意味着庖丁浸身操作牛身十九年。庖丁之身手日复一日地被牛之经络骨肉浸微,以至于庖丁之筋骨被牛之体摇动、会通,故有其手"游刃有余"的"神欲行"的动作。庄子不仅为我们揭示了知识是浸身的结构,而且也让我们看到时间性的浸身过程本身。《庄子·达生》:

> 梓庆削木为鐻,鐻成,见者惊犹鬼神。鲁侯见而问焉,曰:"子何术以为焉?"对曰:"臣,工人,何术之有! 虽然,有一焉:臣将为鐻,未尝敢以耗气也,必齐以静心。齐三日,而不敢怀庆赏爵禄;齐五日,不敢怀非誉巧拙;齐七日,辄然忘吾有四枝形体也。当是时也,无公朝。其巧专而外骨消,然后入山林,观天性形躯,至矣,然后成见鐻,然后加手焉,不然则已。则以天合天,器之所以疑神者,其是与!"①

斋一日、三日、五日、七日。在时间的连续性中,梓庆逐渐排除了世俗之荣辱,忘记了生活的世界,忘记了身躯,直至肉感的鐻的形式显现。庄子在这个故事中同样突出了时间的连续性与重要性,但不同于庖丁的始、三年、方今以及轮扁的徐、疾、不徐不疾的时间维度——强调知识是深度认知的发生,且是时间性的浸身认知过程的结果。梓庆的时间性是让肉感形式的鐻的结构成形的过程本身示现出来,让肉感形式的鐻的知识这一本质规定性被认识到。毋庸置疑,肉感形式的鐻的结构是梓庆时间性地浸身操作这

---

① 郭庆藩:《庄子集释》,北京:中华书局,2017 年,第 657 页。

一乐器的结果,如同庖丁浸身解牛十九年、轮扁浸身斫轮七十年。不举梓庆学习制作乐器的过程,是因为庖丁、轮扁习技的时间性也就是梓庆学习制作乐器的时间性。然而,"形躯至"的时间性却让肉感的鐻状被揭示而出。手制作鐻的动作只是这肉感的情动理发而已。梓庆忘了心,忘了身,忘了手,遂有鐻成彩定。千年之后的苏轼说"心忘其手手忘笔,笔自落纸非我使"①即是此理。

长年累月的浸身制鐻只是为产出新鐻提供了肉感的可能性。就每一次新鐻制作而言,梓庆需要静心齐气,用志专一,为的是让新鐻的肉感形式成形。即胸有形鐻,手方可顺势而为。时间性身心一体地与世界打交道,并以浸身思维的方式对待人与世界的关系正是中国文化的特色。庖丁尽其心而知牛之理,故牛身之理不在心之外而在心之中,并示现在即心即手的动作中。这就是手的真知:身手之性尽而有身手之深度性的知识形成。孟子说"尽其心者知其性也,知其性则知天矣"②,正是此之谓。王夫之评论朱熹与张载对孟子这句话的不同释义时说:"朱子谓知性乃能尽心,而张子以尽心为知性之功,其说小异,然性处于静而未成法象,非尽其心以体认之,则偶有见闻,遂据为性之实然,此天下之言性者所以凿也。"③尽心才能知物、知物之性。庖丁、轮扁尽用其手,心方有知,而心才能含物之性。心是身之心,随身手的动作化转。尽心之知的前提是以身知之,以体认之。王夫之贬朱扬张与庄子的洞察力暗合也是切至正理。

时间性地介入与物的磨合才有身手的深度学习;深度认知的身手也才能示现"游刃有余"的动作。无独有偶,"游"的知识形式

---

① 苏轼:《苏东坡全集・卷4》,北京:燕山出版社,2009 年,第 1785 页。
② 《十三经注疏・孟子・尽心上》,北京:中华书局,2015 年,第 6014 页。
③ 王夫之:《船山遗书卷十二》,2016 年,第 74 页。

也受到西方学者的关注,譬如美国心理学家米哈里·契克森米哈赖(Mihaly Csikszentmihalyi)就以"游"命名他的专著以及他对"忘我"的"游"的工作状态的解读。在《游——最优化的经验》一书的导言中,契克森米哈赖给出了"游"的定义。"游指的是这样一种状态:人们如此地投入到一项活动中以至于忘记了周围的一切。这种经验本身非常令人愉悦,无论从事它的人需要付出多大的代价。做这项工作纯粹是为了做本身。"①他并把"游"称是"最优化的经验(optimal experience)"。在文中,契克森米哈赖再次解释这个最优化的"游状经验(flowing experience)"的命名。之所以用"游(flowing)"来言称这种经验,是因为"很多受访者用这个词语来描述他们高能状态中的感受:'就好像在漂流中','我好像在流动中'。"②契克森米哈赖利用他本人采访的大量案例来刻画"游"的状态。一个舞蹈者描述她尽情跳舞时的感觉是"你的注意力完全集中了。你的心灵不再神游,而是忘乎一切。你完全融入到你正在做的事情中,你的能量自由畅游。你感到的是轻松,舒适,且充满活力。"③处于这种状态中的人,如果被要求改变反而招致痛苦。契克森米哈赖引证的一个例子是瑞克·麦德林(Rico Medellin)。瑞克从事的是工厂里的流水线工作。当流线作业传到麦德林站区时,他对零件的加工需要 43 分钟,一个工作日像这样的反复精确操作则是 600 次。麦德林已经在这个站区工作 5 年了,不仅没有心生厌倦,相反,他不断有意识地训练自己提高在这条流水线上的工作效率。"麦德林努力提高他的工作表现是为

---

① Mihaly Csikszentmihalyi, *Flow—The Psychology of Optimal Experience*, New York: Harper&Row Publishers,Inc. 1990,p. 3.

② Ibid.,p. 40.

③ Ibid.,p. 53.

了赢得奖金以及上司对他的尊重,但这只是部分原因。更多时候是麦德林并没有让其他人了解到他更高的工作效率,而是沉默地出色工作。他能够胜任他的工作,知道这一点就足够了。因为当他投入工作时,这种工作经验是如此令人沉醉(thrilled)以至于让他慢下来可以说就是一种痛苦。'这是太美妙的体验',瑞克这样说到。"①

契克森米哈赖的描述以及阐述钩沉了庄子的影子。也如同《庄子》,《游——最优化的经验》这本书里处处可见示证的案例。但是,"游"这个概念在《庄子》中与在《游——最优化的经验》中的文化指归截然不同。契克森米哈赖在他的书中问道:"可是这样的经验是怎样发生的呢?"②他并给出解释:"游状经验的发生具有偶然性,因为外在与内在恰巧的吻合……当这样的事件或许自发地发生时,更可能的情况是游或者来自结构性的活动,或者来自个体产生游的能力,或者是两者的结合"③可是什么是 Csikzentmihalyi 所说的结构性的活动呢? 它们是创造音乐、攀岩、跳舞、航海、下棋等。"这些活动容易产生游的原因是这些活动的设计使得最优化经验易于获得。"④根据契克森米哈赖,游状经验不是必然的事件,而是具有偶然的不确定性。这种不确定性受制于两种条件:活动的性质以及活动的主体。我们不妨追问契克森米哈赖,"个体产生游的能力"指的是什么? 究竟是谁产生了游的最优化的经验? Michael Gazzaniga 说"他(Csikzentmihalyi,作者注)发现有两种类

---

① Mihaly Csikszentmihalyi, *Flow—The Psychology of Optimal Experience*, New York: Harper&Row Publishers,Inc. 1990,p. 39.

② Ibid.,p. 71.

③ Ibid.,p. 71.

④ Ibid.,p. 72.

型的快乐：身体快乐比如饮食，以及，甚至是更愉快的，是'进入状态'的一种情形，契克森米哈赖称之为游。"①由此可知，"进入状态"的游并不是身体的体验。游是心灵的游，正如契克森米哈赖说"最优化的经验是精神的熵的对立状态。"②熵是物理学的一个概念，是对一个系统的混乱状态的度量。"精神的熵的对立状态"就是"我们做的每件事有序地出现在意识里。"③反观庖丁的技艺之知，游刃有余的"最优化的经验"是"从手放意"的手感。杨儒宾诠释庖丁解牛的知识是"这种知不只存在于大脑，它更具体化全身，尤其具体化于手上。引导解牛行为的主体，绝不是理智，而是全身。"④庖丁解牛的知是浸身认知，知不是心灵、意识的事件，而是身体操劳的事业。这也就把两者所代表的文化差异性区分开来。

郑师文通神之琴声，庖丁"桑林之舞"的手感，轮扁"不徐不疾"的节奏，使他们都成为各自领域里的精湛的专业者。在经年累月地浸身操作中，他们从"始"的"不知"到数年之后的认知再至十九年或行年七十的深度认知，手之技艺的知识已完全内具于他们的身手肌肤之中，深刻地改变了他们的身体的结构。可是，我们能在身体的结构上把他们与非专业者的差异区分开来么？或者我们可以问这样一个问题："专家在结构与功能上是否有一个不同的大脑？"⑤当代认知神经科学研究恰好为我们提供了透视他们内在图

① Mihaly Csikszentmihalyi, *Flow—The Psychology of Optimal Experience*, New York: Harper&Row Publishers, Inc. 1990, p. 461.

② Ibid., p. 39.

③ Ibid., p. 40.

④ 杨儒斌：《儒门内的庄子》，台北：联经出版事业股份有限公司，2016年，第321页。

⑤ Michael S. Gazzaniga, Richard B. Ivry, George R. Mangun, *Cognitive Neuroscience—The Biology of Mind*, Fifth Edition, New York: W. W. Norton & Company Ltd, 2019, p. 373.

景的可能性。在 *Cognitive Neuroscience—The Biology of Mind*（《认知神经科学——心灵生物学》）著作中，加扎尼加等人写道："掌握一种肌动技能需要大量的训练。"[1]大量的练习究竟改变了什么？他们又写道："对于一个新手，杂要似乎是不可能的。但随着每天适量的练习，数月后很多人的动作就相当娴熟了。这些练习足以在这些脑区产生大量的灰质的增长，即 V5 运动区（颞中回，作者注）、顶内沟以及颞顶区。这些脑区与运动加工、运动计划以及运动控制相关。当他们不再练习杂要时，这些脑区的灰质量会减少，尽管它们仍然处于基线水平之上。"[2]不仅如此，"处于左右半脑辅助运动区的胼胝体，其特定区域的联结随着个体差异性的变化而变化。个体表现出的双手协调的程度与这两个区域的联结紧密是正态的相关。"[3]

只要身、手介入到时间性的操作练习中，即便仅仅只是数月，身体都会发生结构性地重塑。这就是经验的痕迹。浸身其中的时间越长，身体结构性的变化以及由身体体现的、由隐至显的知也就越具深度。时间意义上的深度浸身对知识的习得至关重要。这种结构性的再塑造可以通过探幽大脑的结构重组来透视。身体的结构不仅能够随感、随化手足介入的不同的操作类型，也会根据手指介入的方式发生精细的改变。"如果我们查看右脑运动皮层的手指区，我们就能看到小提琴家与弹奏音乐时并不过分强调左手手指技能的音乐家之间的区别。"[4]显然，我们与世界的关系源于身

① Michael S. Gazzaniga, Richard B. Ivry, George R. Mangun, *Cognitive Neuroscience—The Biology of Mind*, Fifth Edition, New York: W. W. Norton & Company Ltd, 2019, p. 371.

② Ibid., p. 374.

③ Ibid., p. 373.

④ Ibid., p. 375.

体的感性能力,且与世界的关系深受身手介入的不同方式的制约。换言之,我们对世界、知识的感知因为浸身介入的程度与方式不同而不同。

忘记世界、忘记身躯而有纯粹状态的显现,知识并是这纯粹状态的自身同一的形式,同样出现在西方哲人的论著中。在《第一哲学沉思录》中,笛卡尔说"我要把我自己看成是本来没有手,没有眼睛,没有肉,没有血,什么感官都没有"①的一个东西。可是,"什么感官都没有"的东西是什么呢?笛卡尔认识到那个不能用可见性来定义的东西是思维。"我只是一个在思维的东西,也就是说,一个精神,一个理智,或者一个理性,这些名称的意义是我以前不知道的。那么我是一个真的东西,真正存在的东西了;可是,是一个什么东西呢?我说过:是一个在思维的东西……我不是由肢体拼凑起来的人们称之为人体的那种东西。"②同样,笛卡尔也发现了一个纯粹的状态。在这个纯粹状态中,"世界上什么都没有,没有天,没有地,没有精神,也没有物体。"③笛卡尔也认识到现实中的一切意识活动都可以做最终的还原,即还原到一种纯粹状态,世界的显现在因为这种纯粹状态的显现。在这样的一种纯粹状态中,"我"的思维与"我"的存在完全统一起来。黑格尔阐发笛卡尔的"思"是"纯粹的思维……这是深刻的、内在的进程,虽然表现得很朴素。笛卡尔哲学的精神是认识,是思想,是思维与存在的统一。"④于是,"我"即是这个"思",也就是认识本身。"作为主体的思维就是思维者,这就

① 笛卡尔:《第一哲学沉思录》,北京:商务印书馆,2008 年,第 20 页。
② 同上书,第 26 页。
③ 同上书,第 23 页。
④ 黑格尔:《哲学史讲演录卷 4》,北京:商务印书馆,1997 年,第 67 页。

是'我'；思维就是内在地与我在一起，直接与我在一起，——也即是单纯的认识本身。而这个直接的东西恰恰就是所谓存在。"①

　　真正的知识是纯"思"的形式存在与显现。笛卡尔说："我很清楚地看出，只要设定一个三角形，它的三只角就必定等于两直角，可是我并没有因此看出什么东西使我确信世界上有三角形。然而，我回头再看我心里的一个完满的是者的观念时，却发现这个观念里已经包含了存在，就像三角形的观念包含着它的三只角等于两只角、球形的观念包含着球面任何一点都与球心等距离一样，甚至于还要更明确。"②三角形以及三角形的知识是观念性的，它们的真实性与确证性不是来自现实世界，也不在现实世界里，而是在意识领域里，是意识的内容，是"思"的淬炼，与思自身同一。自身同一形式的知的确证性是完满的是者的确信。"认识有对象，有一个被认识的内容；这种联系就叫真理。神的真实性证实这种联系，正是被思维者与存在者的统一。"③与镽的成形是时间性地从纯粹中绽放、显现出来不同，三角形的知识作为与"思"自身同一的形式是内涵于"思"中。知识不在"思"之过程中，而在"思"的运动结果中。因为心灵独守一隅，无涉趣于身；心灵又是"完满是者"的永恒，因此心灵不在世俗的时间中。而作为心灵内容的知识因而也是静止的，非时间性的。这种观念并不始自笛卡尔，它早已由柏拉图发端。在《菲多篇》中，柏拉图借着苏格拉底的辩才引导贝克说出："我们所谓的学习实际上只是一种回忆。"④知识是心灵对自身

---

① 黑格尔：《哲学史讲演录卷4》，北京：商务印书馆，1997年，第71页。
② 笛卡尔：《谈谈方法》，北京：商务印书馆，2007年，第30页。
③ 笛卡尔：《第一哲学沉思录》，北京：商务印书馆，2008年，第81页。
④ 柏拉图：《柏拉图全集卷1》，王晓朝 译，北京：人民出版社，2003年，第72页。

的动作。在与苏格拉底的对话中,西米亚斯问:"我们的灵魂是什么时候获得这种知识的?"①柏拉图以苏格拉底的口吻解释说:"灵魂在获得人形之前。"②时间对于知识的意义在于心灵以及知识都不受制于时间;真正的、概念性的、静止的知识来自心灵对自身的运动。

同是纯粹状态的知识形式,但东西方哲人对它们的理解完全不同。庄子的知识观在于"精神是退身出去,让身体来行动。"③笛卡尔则恰恰相反,身体在他那里是退身出去,精神则运思申志。舒斯特曼(Shusterman)说西方哲学从柏拉图到笛卡尔构成了"主流的柏拉图-基督教-笛卡尔传统"的身心二元。④ 李泽厚评论中国的文化特征是巫文化,并解释巫文化中的"神明"体会:"特别重要的是,它是身心一体而非灵肉两分,它重活动过程而非重客观对象。"⑤李泽厚的用语,诸如"身心一体"与"灵肉两分",就我们正在讨论的主题来说,撮要的正是这两位中西方哲人不同的风骨。纯粹状态于庄子而言是身心一体的"活动机制",而在笛卡尔那里,纯粹状态则是"灵肉二分"的实体心灵的状态。时间性浸身思维的中国文化与非时空性、祛身性思维的西方文化⑥(至少是笛卡尔认识论哲学)的风骨不同一目了然。然而,"心灵是具身的",⑦即心灵是身体的体现性。

---

① 柏拉图:《柏拉图全集卷 1》,王晓朝 译,北京:人民出版社,2003 年,第 78 页。

② 同上书,第 78 页。

③ 毕来德:《庄子四讲》,北京:中华书局,第 87 页。

④ Richard Shusterman, *Body Consciousness—A Philosophy of Mindfulness and Somaesthetics*, New York: Cambridge University Press, 2008, p. 51.

⑤ 李泽厚:《说巫史传统》,上海:上海译文出版社,2012 年,第 16 页。

⑥ 笛卡尔认为思维是精神的特性,而广延是物质的特性。广延性物质是时空性的,但广延并不是心灵的特征,心灵并不是时空性的。它属于非创造性的最高思维实体,即神。参见黑格尔《哲学史演讲录卷 4》,第 84—89 页。

⑦ George Lakoff and Mark Johnson, *Philosophy in the Flesh*, New York: Basic Books, 1999, p. 3.

李泽厚所说的"身心一体",实质上也就是指心灵是身体的感性形式,这也就是情本之身的含义。如果心灵的智识是情本之身以及它介入操作性活动的结果,显然,浸身认知观"分明说实行比智识更重要。"①智识包含在实行中。在实行中,知识不仅有分类学意义上的智识之知,比如动物学、数学等专门知识。实行之中还内源性地生发了对生存、生活、生命维度上的良知之识,即中国文化语境下的良知之学。它既是人生哲学,又是人文主义教育观的规式。

身手对琴、牛、轮等的知识来自身手对物的介入性的操作活动。先秦的浸身认知观的演变在南北朝被概括为体性之知。"八体屡迁,功以学成,才力居中,肇自血气。"②体性之知继续被后人演变,在宋代被概念化为"格物致知。"③朱熹解释"格物者,物理之极处无不到也。知至者,吾心之所知无不尽也。知既尽,则意可得而实矣;意既实,则心可得而正矣。修身以上,明明德之事也。齐家以下,新民之事也。物格致知,则知所止矣。意诚以下,则皆得所止之序也。"④如此,格物、致知、修身、治国、平天下在朱熹那里就是次第之事。不仅如此,"格物"与"致知"就被二分,因而心与理也被二分。朱子说"知致,则理在物,而推吾心之知以知之也;知至,则理在物,而吾心之知已得其极也。"⑤心、理之分似乎使朱熹是心物二元论者,但朱熹又说"知之所以至,却先须格物。本领全只在这两个字上 …… '格物'两字,只是指个路头,须是自去格那物始得,只就纸上说千千万万,不济事。"⑥于是,理之所知源发于

① 梁启超:《孔子与儒家学说》,北京:中华书局,2016年,第18页。
② 刘勰:《文心雕龙》,杭州:浙江古籍出版社,2011年,第106页。
③ 梁启超:《孔子与儒家学说》,北京:中华书局,2016年,第18页。
④ 朱熹:《四书章句集注》,北京:中华书局,第4页。
⑤ 黎靖德编:《朱子语类》,北京:中华书局,第324页。
⑥ 同上书,第255页。

"格物",心之理从格物上来。"格物"既是知之功夫又是知之方法。

不同于朱熹,王阳明认为"格物"之知虽然是从物上来,但不能仅流于物。"格物"仅流于物之理,则消除了心性,亦更未见"格物"之知的"知"乃是心性与物性的统合。"朱子所谓'格物'云者,在即物而穷其理也。即物穷理,是就事事物物上求其所谓定理者也。是以吾心而求理于事事物物之中,析'心'与'理'而为二矣。夫求理于事事物物者,如求孝之理于其亲之谓也。求孝之理于其亲,则孝之理其果在于吾之心邪? 抑果在于亲之身之邪? 假而果在于亲之身,则亲没之后,吾心遂无孝之理与? 见孺子之入井,必有恻隐之理,是恻隐之理果在于孺子之身与? 抑在于吾心之良知与? 其或不可以从之于井与? 是以例之,万事万物之理,莫不皆然。是可以知析心与理为二之非矣…… 若鄙人所谓致知格物者,致吾心之良知于事事物物也。吾心之良知,即所谓天理也。致吾心良知之天理于事事物物,则事事物物皆得其理矣。致吾心之良知者,致知也。事事物物皆得其理者,格物也。是合心与理而为一者也。"①阳明认为二分地对待理在心中或理在事事物物之中,都是统绪失宗、正理偏失。格物是身心一体地与物相接,物也就是身心之物,而身心是含物之理的身心。简言之,理是心物与共的熔裁。

"致良知"的"格物"就不仅仅是方法以及功夫,它首要的是以什么样的心去格物的问题。梁启超说"致良知就是孟子所谓良心,不过是要把心应用到事物上去。"②阳明以良知的心去格事事物物,就是以良心对待事事物物。钱穆在《中国近三百年学术史》中说"功利所在,学者争趋,而书院讲学之风亦衰。其弊也,学者惟知

① 王守仁:《王阳明全集》,上海:世纪出版集团,2006年,第45页。
② 梁启超:《孔子与儒家学说》,北京:中华书局,2016年,第222页。

科第,而学问尽于章句。阳明良知之学,即针对当时章句训诂功利之见而发。其随地讲学之所 …… 与朝廷国学科举生员之所治者,绝然异趣。"①功利的诉求不是处事治学之道,治学问道是行如颜回"博我以文,约我以礼"②的生之问题,最终目标是"内圣外王。"③中国哲学可以人道哲学概括之。梁启超说西洋哲学是追求宇宙论、本体论、知识论的知识,但"中国学问不然。中国先哲虽不看轻知识,但不以求知识为出发点,亦不以求知识为归宿点。直译的 Philosophy,其含义实不适于中国。若勉强借用,只能在上头加个形容词,称为人生哲学。中国哲学以研究人类为出发点,最主要的是人之所以为人道,怎样才算一个人? 人与人相互有什么关系?"④阳明的"致良知"指归的是良心人道。这就比朱熹的"格物致知"更深刻。所以,梁启超评阳明学说"思想接近原始儒家,比程朱好。"⑤

　　中国哲人的学问之道不以专求知、求智为目的,而是《尚书·尧典》的"克明俊德";⑥《论语·为政》的"不逾矩";⑦《孟子·公孙丑》的"至大至刚以直养而无害,则塞于天地之间"的浩然之气;⑧《大学》的"大学之道,在明明德,在亲民,在止于至善。"⑨学问的功夫是涵养德性,发挥善端,砥砺正气,师圣树德。钱穆说"儒家知识从德性起。德性中即有情感。孟子曰:'尧舜性之,汤武反之。'

① 钱穆:《中国近三百年学术史》,北京:商务印书馆,2017 年,第 8 页。
② 刘宝楠:《论语正义》,北京:中华书局,2017 年,第 338 页。
③ 郭庆藩:《庄子集释》,北京:中华书局,2017 年,第 1064 页。
④ 梁启超:《孔子与儒家哲学》,北京:中华书局,2016 年,第 94—95 页。
⑤ 同上书,第 222 页。
⑥ 孙星衍:《尚书今古文注疏》,北京:中华书局,2004 年,第 7 页。
⑦ 刘宝楠:《论语正义》,北京:中华书局,2017 年,第 43 页。
⑧ 《十三经注疏·孟子》,北京:中华书局,第 5840 页。
⑨ 朱熹:《四书章句集注》,北京:中华书局,第 3 页。

性之,谓一切知识行为由天赋德性来。反之,谓见人如此,反而求之己,乃见其诚然。中庸言,'自诚明',即性之。'自明诚',即反之。德性知识,本末始终,一贯相承。德性为本为始,知识为末为终 …… 中国人学字有两义,一曰觉,一曰效。觉即自诚明,性之。效,则自明诚,反之。知识从德性来,而还以为完成其德性。"①"知"并不是一个单独专门的领域,比如西学的知识论,而是发于性。理解"性"这个概念,我们先要从心与身开始。

中国古哲认为心非生理学、解剖学的脏器的心。阳明对心的解释圆通切理。"所谓汝心,亦不专是那一团血肉 …… 所谓汝心,却是那能视听言动的。"②心不是一个实体的概念,相反,视听言动是心。但视听言动亦是身。王夫之说"身,谓耳目之聪明也。形色莫非天性,故天性之知,缘形色而发。知者引闻见之知以穷理而要归于尽性,愚者限于见闻而不反诸心,据所窥测,恃为真知。"③耳目是就身来论,形色是就心来辨。但论"知"要结合心与身,即性。钱穆说"人心则不限于心脏,心之在身,无在而无不在。身内身外,一切相通处皆为心。"④我们不可指辨心居于身之某一确切之处,身心一体不分。这就是"性"。王夫子说"夫性者生理也,日生则日成也。"⑤则"性"兼习,非经世事之天然纯粹,而是日习与天命的变通,如王夫之语"习与性成者,习成而性与成也。"⑥戴震递进释义说"性者,分于阴阳五行以为血气、心知、品物,区以别焉,举凡既生以后所有之事,所具之能,所全之德,

① 钱穆:《晚学盲言》,桂林:广西师范大学出版社,2004 年,第 509 页。
② 王守仁:《王阳明全集》,上海:世纪出版集团,2006 年,第 36 页。
③ 王夫之:《船山遗书卷十二》,北京:中国书店,2016 年,第 75 页。
④ 钱穆:《晚学盲言》,桂林:广西师范大学出版社,2004 年,第 415 页。
⑤ 王夫之:《船山遗书卷十二》,北京:中国书店,2016 年,第 361 页。
⑥ 同上书,第 361 页。

咸以是为其本。"①人禀气而生,身心一体虽各有性分,但大致可以类为别。这就是"性相近也。"②也因为身心之处境不同,日习各异,如郑师文弹琴的手与庖丁解牛的手,故又"习相远也。"③

我们有时会使用身知,这是与西学区分而言。知,在中国文化语境下,确切地说,不是身知,不是心知,而是由性、因性而知。这就是我们命名浸身认知的原因。性分是知之原理,古训早已明之。孔子说"中人以上,可以语上也;中人以下,不可以语上也。"④中人以上、中人以下是性之分,语上或语下是知之限。性分决定了"知"的涯限。不仅如此,性分也决定了"知"的类型。王夫子说"见闻之知,乃物交而知,非德性所知。德性所知,不萌于见闻。"⑤王夫之把"知"分为闻见之知与德性之知。庖丁说"始臣之解牛之时,所见无非全牛者"即是闻见之知。闻见之知起于身物相接之身性。"三年以后未尝见全牛也",这是由闻见之知向德性之知转化,且随着时间性的浸身渐深渐化,直至十九年后,手的动作"游刃有余"。郑师文通神的手感,轮扁"不徐不疾"的手的动作都是德性之知。王夫子注德性之知是"见闻可以证于知已知之后,而知不因见闻而发。德性诚有而自喻,如暗中自指其口鼻,不待镜而悉。"⑥德性之知是身心一体之性的翻移、迁转,是"暗中自指其口鼻"的真知。《文心雕龙》说"摩体以定习,因性以炼才。"⑦我们还有更高级形态的德性之知。《西京杂记》说"杨雄读书,有人语之曰:'无为自苦,

---

① 戴震:《孟子字义疏证》,北京:中华书局,2012 年,第 25 页。
② 刘宝楠:《论语正义》,北京:中华书局,第 676 页。
③ 同上书,第 676 页。
④ 同上书,第 235 页。
⑤ 王夫之:《船山遗书卷十二》,北京:中国书店,2016 年,第 74 页。
⑥ 同上书,第 74 页。
⑦ 刘勰:《文心雕龙》,杭州:浙江古籍出版社,2011 年,第 107 页。

《玄》故难传.'忽然不见。雄著《太玄经》,梦吐凤凰,集《玄》之上,顷而灭。"①《太玄经》于杨雄如神来之笔,梦呓而成。《西京杂记》又说:"司马相如为《上林赋》《子虚赋》,意思萧散,不复与外事相关,控引天地,错综古今,忽然如梦,焕然而兴,数百日而成。"②我们把这种意义上的"知"称为天性之知,即它们不是经验的淬炼,而是己身天性的直感兴发。尽管天性之知并非是脱离生之、习之环境的神之话语,但它是性分的差异。

古哲认为"知"的目的不是为着知识本身,而是"明明德"。就知识的性质来讲,"知"是性之动,更应该说是习性相成的"性"之动;性是"知"之原,由习性淬炼分殊了"知"。"知"始源性地就是身心一体之介入的浸身,即"知"是《文心雕龙》所说的体性——身心一体之性炼。中国文化宗修身以炼性,因善性而明德,它是生存、生活、生命的人生哲学。它关乎的是人,是成人,是人类的命运,正如梁启超语"中国哲学以研究人类为出发点"。天道垂文,圣人布理,德润人心,正养四方。这些是中国文化的人文观、人类观,政化观。与此人生哲学互为表里的性知论,即知识是动态的,是身心一体地日习与渐进浸渍之性,也与西学的知识论不同。中国文化的人类观与性知论规式了中国传统教育观。

杜威在二十世纪初期关于当时的学校教育这样写道:"在各种学校中,受教育者太习惯被视为理论的旁观者以获得知识,心灵通过理智直接的能量来占有知识。正是小学生这个词几乎意味着他不用参与到富有心得的种种经验活动中,就可以直接吸收知识。被称为心灵或意识的东西与活动的身体各器官割裂开来。前者被认

---

①　葛洪:《西京杂记校注》,北京:中华书局,2020 年,第 87 页。

②　同上书,第 88 页。

为是纯粹的理智或认知;后者被认为是无关且是干扰性的实在的因素。原本两者之间亲密的结合,即活动与产生意义的活动的结果,发生断裂。相反,独立的两个片面形成:一方面是纯粹的身体动作,另一方面是由'精神'活动直接领会的意义。"①显然,杜威是在批判身心二元的学习观。根据这种模式的学习观,心灵是认知的主体,学习无需身体的介入,虽然心灵需要身体来承载它,也虽然心灵需要身体的各种感觉信息充当它与世界发生联系的界面,"各种感觉与肌肉不是作为有机成分参与到有意义的经验中,而是作为心灵的入口与出口。"②杜威所批判的教育学领域里的心灵认知不过是身心二元的哲学观在教育领域里的延伸与体现。丘奇兰德说"他(笛卡尔,作者注)可以被看作发展了早期认识论,致力于表征的本质以及表征之间关系的性质。他的观点——我们的知识是一种结构,结构的基础是意识中的种种内容,结构的上层只在这些意识内容被判断为合理的范围内有效——直到今日还主导着认识论。"③

尽管杜威说"充分表陈身心二元论产生的恶果不太可能"④,但他还是铺叙了几条。在他列举的第一个恶果中就指出了学校教育对身体活动的压抑。"部分地看,身体的活动是一种妨碍,它与心理活动无关,正像人们所认为的那样,它干扰了心理活动,是需要抗衡的破坏力量。"⑤为了匡救俯就身体之轭的心灵,"各级学校

---

① John Dewey,*Democracy & Education*,New York:W. W. Norton Company,2011,pp. 164—165.

② Ibid.,p. 166.

③ Patricia Smith Churchland,*Neurophilosophy*,Boston:The MIT Press,1986,p. 244.

④ John Dewey,*Democracy & Education*,New York:W. W. Norton Company,2011,p. 165.

⑤ Ibid.,p. 165.

中，'纪律问题'的第一条就是教师常常占用大多的时间压制学生身体的种种活动。这些活动使心灵偏离了它的对象。保险的做法是身体安静，无声，以及姿势与动作的硬性规定的统一；保险的做法是对心智的兴趣采取形同机器般的刺激。教师所要干的事就是要求小学生遵守各种要求以避免行为出现偏差所招致的惩罚。"①杜威对当时学校教育的切肤之痛是身体被心灵认知这一传统观念捆绑、规戒。学生在课堂中的学习是通过"理论的旁观"来实现的，因为课堂是静听的课堂。

杜威于二十世纪初期批判的身心二元的流弊于当前还在主导着我们的教育模式。事实上，身心二元文化观之于格物致知的中国传统文化是方枘圆凿。这与西学东渐强烈冲击了传统中国文化使其圮坼，几近崩离无不相关。梁漱溟指斥："中国问题盖从近百年世界大交通，西洋人的势力和西洋文化延到东方来，乃发生的。"②梁启超同有发声："清廷政治一日一日的混乱，威权一日一日的失坠……同时'无拣选的'输入外国学说。"③它导致的结果是"学界活力之中枢，已经移到'外来思想之吸收。'"④中国传统浸身文化的教育教学观惨淡式微。而今在《规划》指导下的革故鼎新之际——建构中国特色的哲学社会科学体系，我们就要回到浸身认知的文化样式，回到文化的原形态来立范文化规式下的教育学。我们把它称为浸身认知教育学。

浸身认知教育学是关于教育以及教育开展的理论思考以及实

① John Dewey, *Democracy & Education*, New York: W. W. Norton Company, 2011, p.165.
② 梁漱溟：《中国文化要义》，上海：学林出版社，1994年，第2页。
③ 梁启超：《中国近三百年学术史》，北京：商务印书馆，2018年，第36页。
④ 同上书，第37页。

践活动的新理念,新范式,新学说,是以身体学习的原理来审视实践性的教育活动以及怎样实践的问题。因而,它同样会发篇教育的目的,学习的原则,教师的作用,课程的设置,教与学的评估等问题,如同传统教育学的成规。但根本的差异性在于,浸身认知教育学是以身心一体介入的学习原理来举要篇章,以批判思维的生发与形成为最高的目的诉求。因为"思"以及反思发生的前提条件是身体的介入。王阳明说"视听言动皆是汝心:汝心之视,发穷于目,汝心之听,发穷于耳;汝心之言,发穷于口;汝心之动,发穷于四肢。"①视听言动之所以需要发动起来,是因为"学之不能以无疑,则有问,问即学也,即行也;又不能无疑,则有思,思即学也,即行也,又不能无疑,则有辨,辨即学也,即行也。辨即明矣。"②"思"以及"辨"之明的反思是在视听言动的行中发生;只有"行"出来的知才是真知。"知之真切笃实处,即是行;行之明觉精察处,即是知,知行功夫本不可离。只为后世学者分作两截用功,失却知行本体,故有合一并进之说。"③阳明的这段话分明是对庖丁解牛之注脚:"游刃有余"的手的动作是知行合一。知行一体的传统知识观是浸身教育学理论的原道与总术。

　　为此,浸身认知教育学将合中国古典学习理论、认知神经科学、生物学、人类进化发展史、人类经典学习理论、人工智能等一炉而治。并通过中外沟通,端视课程设计的构成内容。在课程的文化意义上,即课程的文化体现、文化传承以及文化交流的功能层面上,我们会考虑:"第一纬度是中华人文历史学科,包括中华原典中身体认知思想史,象形文字思维与教育,进化的大脑,人类历史、进

① 　王守仁:《王阳明全集》,上海:世纪出版集团,2006 年,第 36 页。
② 　同上书,第 46 页。
③ 　同上书,第 42 页。

化与教育,新中国科技文明与教育观变迁;中国社会发展、经济与教育;当代文明的冲突与中华文明中文化共生的大世界观等。第二纬度是认知神经科学教育学,包括认知神经科学概论,新中国认知神经科学研究史,认知脑与中西方经典学习理论,汉字以及汉语阅读的神经机制,英语以及英语阅读的神经机制,数学的大脑,汉语文化的情绪的神经机制与社会认知,认知神经科学研究与小学教学法,认知神经科学研究与中学教学法,"不愤不启"教学神经原理,技术的身体性原理及本质,具身认知纬度的课程观,认知神经科学范式的心理学等。第三个纬度是中国传统道德观,包括中华孝文化以及历史发展,"不逾矩"修身文化与道德培养,以及中国美学。第四个纬度则是实践课,包括大学与所在地区各类学校建立的实习基地,以及大学的教育学院的各种实验室等。这种课程观是把身体与环境历时性地深度交织视为是人类学习的本质——这既是中国传统文化观,也是现象学哲学以及人类学的文化观,并通过大世界观的课程设置实现优化的教与学策略。"①我们把它称为是大历史观的课程体系。它既章表人类关怀的中国人文观,体现身心一体的学习方法与浸身认知的文化厚度与深度,又是对"立足中国、借鉴国外、挖掘历史、把握当代、关怀人类、面向未来"之金声的应响。

浸身认知教育学认为身体是学习的主体。它的学习能力不仅仅体现在手、足的技艺性知识,还有高级的、抽象性的语言知识。清代桐城派中坚刘大櫆有一段鞭辟入里的叙论。"凡行文多寡短长,抑扬高下,无一定之律,而有一定之妙,可以意会,而不可以言

① 燕燕,李福华:《构建具有中国特色的科学教育学》,http://edu.cssn.cn/jyx/jyx_jydj/202203/t20220324_5400384.shtml.

传。学者求神气而得之于音节,求音节而得之于字句,则思过半矣。其要只在读古人文字时,便设以此身代古人说话,一吞一吐,皆由彼而不由我。烂熟后,我之神气即古人之神气,古人之音节都在我喉吻间,合我喉吻者便是古人神气音节相似处,久之自然铿锵发金石声。"[①]这是一段骨显浸身性中国文化风韵的奇辞丽文。身体总是一定文化时空下的身体,它发散着历史的意义又符契当时的文化。然而,刘大櫆把身体借给古人之言辞音调,"一吞一吐",久练成性,则其言非其言而是古人之言,其神气非其神气而是古人之神气。在身体营造的时空中,刘大櫆的身体会适偕通古人之身,这就是身体默会的学习能力。用西方现象学家的语言来说,身体是"默会的我思。"[②]如同语言是身体的意识,数学、物理学知识同样也是身体的知。杜维明在《体知儒学》中说"Embodied Knowing,'体知'是整合身心灵神的体验之知。你们知道爱因斯坦有灵感的时候体现在什么地方? 他说,我灵感来的时候不是脑子里什么东西相通了,不是心灵解放了,而是身体尤其是脊背会发热。"[③]虽然我们不能说爱因斯坦身体的发热就是数理逻辑或关于宇宙的知识,但是,身体的这种感性形式的不可见性就是爱因斯坦的新思的灵感。

所以,浸身认知教育学强调学习,尤其是课堂学习,是解放身体,让身体介入到对客观形式化的知识的操作中。杜威曾批判性地说:"这个小学生有一个身体,并且带着他的身体与心灵去学校。身体也必然是能量的源泉;身体有它的能力。但身体的活动——

① 刘大櫆:《论文偶记》,北京:人民文学出版社,1998 年,第 12 页。

② Maurice Merleau-Ponty, *Phenomenology of Perception*, translated by Colin Smith,New York:Routledge & Kegan Paul,1962,p. 364.

③ 杜维明:《体知儒学》,杭州:浙江大学出版社,2012 年,第 197 页。

没有被加入到产生意义的对物的操作中——只能是令人心生不悦。身体的活动诱导了这个学生偏离了本该他的'心灵'占有的课堂;身体的活动只能令人沮丧。"①的确,认知并不是去身性的。即便在课堂上身体诱导学生偏离了他的"心灵",那么,匡正身体这种弊端的做法更是要让身体动起来,让身体参与到课堂学习或知性活动中,在活动中统一身心的步调。如此,课堂教学就成为学生的思维操作车间,如哈佛大学伦理学教授迈克尔·桑德尔的课堂。他的课堂是师生之间的对话,是学生关于概念、理论、学说等问题的讨论、辩论、质疑、争鸣。我们把这种课堂学习方式命名为浸身操作的概念学习。概念性知识的获得是在教师的启发下,在视听言动的冲突中发生。这同样是中国文化的古训。孔子说"不愤不启,不悱不发。举一隅不以三隅反,则不复也。"②朱熹注"愤者,心求通而未得之意。悱者,口欲言而未能之貌。启,谓开其意。发,谓达其辞。"③心对认识的对象虽略有浅尝,但无深会就定无通达。求知问学若未至这样的愤悱之状,教师将不能授之以识。"若不待愤悱而启发之,不以三隅反而复之,则彼不惟不理会得,且听得亦未将做事。"④

　　知识的学习是在操作中发生的。在身手的操作中,心亦在操作、转化。我们上文中引证皮亚杰的思维观,即思维有既有形象性,又具有操作性。思维的操作性就是借助思维的形象性进行操作,实现思维自身从一种状态向另一种状态跃迁。课堂上的视听

① John Dewey, *Democracy & Education*, New York: W. W. Norton Company, p. 165.

② 刘宝楠:《论语正义》,北京:中华书局,2017 年,第 259 页。

③ 朱熹:《四书章句集注》,北京:中华书局,第 95 页。

④ 黎靖德编:《朱子语类》,北京:中华书局,2015 年,第 871 页。

言动,或说讨论、争论、辩论、争鸣等,就是体性之知通过介入性的动作,从一种状态向着另一种状态转化。因为思维是身体的动作。身、手介入操作中才有知识的习得正是学之本义。"学"的古文字是 𢽾。《说文解字注》"𢽾,觉悟也。① "学"是怎样觉悟的呢? 俞正燮解"学从教、从冂、从𦥑,为觉悟一也,学之义二也,又为居于学义三也。"②从门,俞正燮解释是居门之下。《论语·子张篇》有"百工居肆以成其事,君子学以致其道。"③注"此'学'以地言,乃'学校'之学,对'居肆'省一'居'字。"④"学"就是身－居某处之学。怎么学的呢? 这是从𦥑义。《说文》训"叜,从𦥑,双手。"⑤所以,"学"是身－居某处以手操作。事实上,构成"学"字右旁的象形字𦥑是"手"的象形。"学"之觉悟在身、手、心一体之介入的操作中。

杜威说"甚至是不得不通过'心灵'的运用才能学会的知识,身体的活动也必不可少。各种感官——尤其是眼睛与耳朵——必须被用起来以吸收来自书本、地图、黑板和教师的信息。唇以及发声器官、手,必须被用起来去说,去写已经习得的知识。各种感官被认为是一种神秘的通道,通过它信息丛外部世界流入心灵;它们被说成是知识的门径。眼睛要盯着课本,耳朵要听着教师的授课,而这些是心智的神秘之源。再者,读、写以及计算——这些都是学校教育的重要技能——也要求肌肉或肌动的训练。"⑥课堂上浸身操作性地概念学习,课堂外的见习、实习以及再回到课堂上操作性地

---

① 段玉裁:《说文解字注》,上海:古籍出版社,2011 年,第 127 页。
② 俞正燮:《癸巳存稿》,沈阳:辽宁出版社,2003 年,第 68 页。
③ 刘宝楠:《论语正义》,北京:中华书局,2017 年,第 740 页。
④ 同上书,第 740 页。
⑤ 段玉裁:《说文解字注》,上海:古籍出版社,2011 年,第 233 页。
⑥ John Dewey,*Democracy & Education*,New York:W. W. Norton Company,p. 165.

展示见习、实习的经历，就成为浸身认知教育学教学论原则的通矩。皮亚杰对认知的阶段性发展所做的区分，比如，0—2 岁的感知 - 运动阶段；2—7 岁的前运算阶段；7—11 岁的具体运算阶段以及 12 岁以上的形式运算阶段，其实是对浸身认知方式、方法的差异性的区分：从对具体的物的介入操作到对概念性知识以及形式逻辑化知识的介入操作。虽然当代有学者挑战皮亚杰的智力发展的阶段论说"认知的发展过程不是阶段性的，而是'波浪式的'"；①也虽然有批评者认为"能力的发展不是从一个阶段的末端跃入下一个阶段的开端，而是一步一步的、一个技能一个技能的学习中逐步提高的。"②但学前儿童的认知能力不同于小学低年级儿童的，而小学低年级儿童的认知能力又不同于小学高年级儿童的。据此，浸身认知教育学就章自班分小学低年级、小学高年级、中学低年级、中学高年级的教学原则。浸身认知教育学范式的教学论不同于传统教学论在于它们不以知识为本位，而是以介入不同类型的知识形式的浸身操作能力的发展为体要。因为知识并不是现成的、静态的。现成的、静态的知识仅仅是知识的客观表达形式。"人类的知识本质上是动态的。获得知识是把现实同化到种种转变系统中。"③

　　知识的学习需要学习者身心一体地介入到操作性的活动中，通过体性的转变再把它肉身形式化，并通过身体的动作示证、体现出来。"练于骨者，析辞必精；深乎风者，述情必显。"④如此，对教

---

① Robert S. Feldman：*Child Development*. Seventh Edition. Pearson Education,Inc. 2016. p. 151.

② Ibid.,p. 151.

③ Jean Piaget,*Genetic Epistemology*,New York：W. W. Norton & Company Inc,p. 15.

④ 刘勰：《文心雕龙》，杭州：浙江古籍出版社，第 108 页。

师的作用就需要新的理解。浸身认知教育学认为教师不是传授知识,而是指引——指引学习者身心一体地介入到对具体可感的物或概念性、形式化知识的操作中,如同路标指引行人通过己身的动作前行。西方学者以学习的神经发生原理表达了相同的主旨。费利佩·弗莱格尼(Felipe Fregni)说"教学并不是一件容易的事。正如同任何类型的其他专业,它要求的是精通。很多教师错误地认为教学就是提供给学生正确的定义与解释。一个老师会有成就感:完成了60张幻灯片的一次授课内容,呈现了所有关于此讲授主题的相关理论,并对一群学生解释了大约1个小时。但这是一种错误的成就感,因为这种教学只是整个教学过程的极小部分(在这种情况下,也是无效的)。"①

　　教学之所以无效是因为在这种静听的教学中,身心一体的介入性学习并没有发生。有效的"学习是指导性的神经可塑性的直接结果。在这种情况下,种种条件能够推动可塑性的神经的发展。教育者需要问一问教学(与目标达成的学习相关)怎样能够增强神经元的放电,不是在严格环路的意义上,而是从 A 点到不相关的 H 点之间的环路的形成。"②教学是指引学生在视听言动介入性的操作中,拓展神经环路形成新的链接,比如 A－H 环路的形成——这是新知识形成必要的神经条件,或者是原有环路的巩固,比如弹琴、解牛等技能性知识。因而,静听的课堂也就违反了人类学习的基本方式。"提高分布式神经环路中的神经元的放电能力有很多方法。其中最基本的方法是人际间的互动与语言沟通。这些活动是人类学习最自然的方式,以及进化过程中大多数情况下

---

①　Felipe Fregni, *Critical Thinking in Teaching & Learning*, Boston: Lumini LLC, 2019, p. 24.

②　Ibid., p. 20.

的学习方式。"①弗莱格尼的神经学习原理来源于卡哈尔（Santiago Ramon Cajal）的学说，即我们上文中引证的知识、才能与神经环路的复杂性相关。与卡哈尔的学说一同构成弗莱格尼的神经学习理论的批判学说还有赫布的突触学习原理或赫布可塑性。弗莱格尼所以从神经学习来说学习的原理，正是因为他认为神经环路的新联结才是批判性思维能力的发生。

以上是我们阐发的浸身认知教育学的理念与实践。如果把教育学作为一门课程来看，那么，它就是对这种理论以及实践在各级、各类学校中的教学活动的反思以及在通论的意义上对各级、各类学校的教育、教学活动形成具体、切实的指导。如此，它可能会对以下内容章自班分：学习的神经原理；阅读的大脑、情绪的大脑、道德的大脑、数学的大脑；人类历史与学习；中国知行合一精论；西方经典学习理论；神经学习－教学论；教与学的过程性评估等。这是让未来的教师——来自各个专业领域的学习者，在接受教育学院提供的专业性的教育、教学知识与技能训练后，能够有效地服务于他们未来的教学生涯。浸身认知教育学在吸收、标举西方神经－学习理论时，更标举中国传统师者的道业操守。荀子说"以善先人者谓之教，以善和人者谓之顺。"②为人师者首先要声教明理，言布德性，以此风化从教者之骨骸，规范其立体。"先生施教，弟子是则。温恭自虚，所受是极。见善从之，闻义则服 …… 行必正直。"③这也就把我们与神经－学习理论的西方学者区分开来，尽管双方都秉持学习的身体原理。浸身认知教育学不是知识论意

---

① Felipe Fregni, *Critical Thinking in Teaching & Learning*, Boston: Lumini LLC, p. 20.

② 《二十二子》，上海：古籍出版社，2007 年，第 289 页。

③ 《中国古代教育文选》，孟宪承选编，北京：人民教育出版社，2014 年，第 6 页。

义上的,而是含知识于人之德性、德行之育化中,它是对人的教育。王国维《人间词话》说"夫人之所以异于禽兽者,岂不以其有纯粹之知识与微妙之感情哉?"①

浸身认知教育学理论发端于浸身性中国传统文化。但中国传统文化中的浸身认知不是实证,而是深描,即对筋骨肉感摇动的知识形式的深描。中国古人用天人合一的概念来表示人、物是筋骨肉感的相连。浸身认知理论资以中华原典,观通变于当今,并兼收并蓄西方优秀的实证科学研究成果。认知神经科学在揭示知识的具身原理上表现出强大的力量。"大脑不能对视觉性的抓握、抛掷或舞蹈等动作形成抽象的表征。相反,我们是在抓握物体或与某人共舞的动作中理解这些动作。这种自我－参照就是具身认知:我们的概念化的知识是以身体的认知为基础。"②尽管如此,我们也只是在工具技术的可用性、适用性的意义上来理解认知神经科学。它打开了不可窥的黑洞,即我们的大脑,辅助我们视觉性地洞见了知识的身体形式,且是身心一体介入性的操作形式。我们不能在还原论的意义上把概念的认知、情感的体验、生命的意志力量与冲动等,指归到相关的神经活动样式。这是十九世纪的"特定神经能量法则"说的幽灵。根据这个法则,"每一根神经都有它特定的'能量'或质能,因为它是神经系统的一部分,而这个神经系统能够产生特定种类的感觉。"③发端西方的认知神经科学以及浩荡弘深的现象学哲学却钩沉了中国浸身认知文化的智慧。而今,中西

---

① 王国维:《人间词话》,南京:凤凰出版传媒集团,2009 年,第 82—83 页。

② Michael S. Gazzaniga,Richard B. Ivry,George R. Mangun,*Cognitive Neuroscience—The Biology of Mind*,Fourth Edition,New York:W. W. Norton & Company Ltd,p. 364.

③ Patricia Smith Churchland,*Neurophilosophy*,Boston:The MIT Press,1986,p. 21.

文化的哲思皆树起身体认知的根本,身心一体的文化性,虽然体知之要义早已内注于中国文化的义脉中。适逢《规划》号召发展中华传统文化的哲学社会科学体系,这也成为我们宣表中国浸身文化教育学建构之契机,宜明文化之体要,并酌古御今,直举它当下的时代意义:历史文化与思想传统才是一个民族的精神、气息与灵魂,才是中华以其道学圣教显扬于世界的宗经。惟有与这种文化相耦合的教育观与实践,即浸身认知教育学,才能使生于斯、长于斯、成于斯的国人在身体的边境线上传承、体现这种文化,并开创具有中国文化特色的未来之道路。浸身认知教育学也突出了受教者是活生活的体验主体,是古今文化沟通的枢纽。我们并以颜元之语辍笔收墨,并明宗义:"明道不在诗书章句,学不在颖悟诵读,而期如孔门博文约礼,身实学之,身实学之,终身不懈者。"①

---

① 《中国古代教育文选》,孟宪承选编,北京:人民教育出版社,2014年,第6页。

结　语

　　当前,在中国教育学领域发生的实证科学范式的教育学的改革,实质上是古老的浸身认知观在二十一世纪人类进入神经科学时代之后,以知识的神经实证样式呈现出来的样态。就教育学在中国的发展前景来说,如果认知神经科学的前导性已经揭示了知识是肉身的性情、浸身的结构,那么,我们就不应该因循守旧空洞、粗浅、文字游戏之教育学,墨守成规地抵御认知神经科学走进、改造中国的教育学课堂。正像埃尔斯贝斯·斯特林(Elsbeth Stern)在 Nature 的社论 Pedagogy Meets Neuroscience 一文中指出:"仅仅是神经科学本身并不能为特殊的学校教学设计强有力的学习环境提供特定性的知识。但通过揭示学习的大脑的能力与局限的深入知识,神经科学可以解释为什么有些学习环境利于学习而有些失败。"[①]教育学并非只能如此,即被神经实证化,但知识的肉身原理的揭开,尤其是神经科学尖端的应用将不可见的肉感形式的知识的可见化,就对课程重建以及教学方法的设计具有启发、指引意义,教育学的时代性标志的变革就成为迫切之宜。所以,认知神经

---

①　Elsbeth Stern,*Pedagogy Meets Neuroscience*,Nature,Vol. 4,2005,p. 745.

科学模式化的教育学是二十一世纪的人类文明在教育学领域里的示范。如此,中国的教育研究者就应该以此为鉴,让脑科学、神经科学、认知科学等跨学科的成果为教育学铺路,并成为探索中国人文教育传统的教育学与科学导向的认知神经科学相结合之新径的路标,为重释怎样培养新时代的准教师教育教育学,建立教师教育教育学的新楷式而致远方寸。

图书在版编目（CIP）数据

神经认知与教师教育 /燕燕著.
—上海：上海三联书店，2023.10
ISBN 978 - 7 - 5426 - 8256 - 7

Ⅰ.①神…　Ⅱ.①燕…　Ⅲ.①特殊教育—教师教育—
研究　Ⅳ.①G76

中国国家版本馆 CIP 数据核字(2023)第 184788 号

神经认知与教师教育

著　　者　燕　燕

责任编辑　钱震华

装帧设计　陈益平

出版发行　上海三联书店
　　　　　中国上海市漕溪北路 331 号
印　　刷　上海新文印刷厂有限公司

版　　次　2023 年 10 月第 1 版
印　　次　2023 年 10 月第 1 次印刷
开　　本　700×1000　1 /16
字　　数　280 千字
印　　张　24
书　　号　ISBN 978 - 7 - 5426 - 8256 - 7 /G・1692
定　　价　88.00 元